教育こそ未来より先に動かなければならない

～未来の必要Ⅱ～

中国・四国・九州地区生涯教育実践研究交流会
第40回大会記念論文集

変化をもたらす力は「学習」ではなく「教育」

三浦清一郎 編著

日本地域社会研究所　　コミュニティ・ブックス

目次

序章
未来の必要は変わらない――社会教育・生涯教育が日本社会の基礎を創る

生涯学習通信「風の便り」編集長　三浦清一郎

1　変化は人間の願望の実現

近年のヤマト運輸株式会社のテレビコマーシャルに「未来より先に動け」というキャッチコピーが登場しました。制作者ももちろんですが、採用した会社にも尊敬の念を禁じ得ません。そうなのです！　日本社会は、教育が未来より先に動かなければ、世界に置いていかれてしまうのです。まして、日々の市民生活の進化・改善を使命とする社会教育こそ、「未来より先に動かなければならない」のです。10年前、第30回大会の記念誌に、社会変化の総体は人間の願望の実現を反映していると書きました。コロナ禍を経た10数年後の今日も基本原理は変わりません。人間の願望は、常に未来志向です。現在に不足している技術やサービスを常に未来に求めています。

こうした願望を実現するためには、まず教育が未来より先に動かなければならないのです。もちろん、用心したとしても、どのような変化にも副作用があり、行き過ぎがあり、変化の過程が不公平を生み、不利益をかぶる人々も発生することでしょう。しかし、一つの変化は次の変化を呼んで、人間社会のあり方を少しずつでもよい方向に変えていく力になります。変化をより速く、より公平に、より合理的に、できれば不利益をかぶる人の犠牲を最小限にとどめようとすることが教育の役割であることは10年前と何ら変わらないのです。

ここで再確認しておきたいのは、変化をもたらす力は「学習」ではなく、「教育」です。教育がきちんと行なわれていれば、学習はおいおい教育に追いついてきます。学習は基本的に個人の選択です。個人の選択とは、選択しなくてもよいという「自侭（じまま）な自由」を含んでいます。

一方、教育は、やり方にもよりますが、基本的に「受けるべき」他律性を含んでいます。フロイトが説いた、負荷から逃げようとする人間の「快楽原則」を思えば、生活に進化や前進をもたらす姿勢の転換には、どこかで「他律」という個人の選択を許さない条件が必要なのです。例えば、義務教育はそういう発想を根本に据えています。子弟の教育を放置したら、社会は崩壊するからです。

変化をもたらす要件は、どの時代でも、どの社会でも、技術革新であり、サービスの革新です。さらに、革新を促す思想の変革であり、システムの変革です。

未来の必要とは、最終的に人々が望むライフスタイルの変革であり、生きる姿勢の変革をもたらすことです。

重要なことは、これらすべての変革には、人々の理解と実践がなければ起こり得ません。この理解と実践を引き起す原動力こそが教育であり、特に、学校生活を終えた成人には、社会教育であり、生涯教育です。

2　社会教育・生涯教育が日本社会の基礎を創る

当然のことですが、ウイズコロナの時代に入っても、日本社会を前進させる基本条件は変わりません。国力を維持し、社会の活力を落とさないためには、まず少子化を止めなければなりません。人口の再生産こそが、社会の原動力であることは、あらゆる「種」の基本です。

少子化を止めるためには男女共同参画を前進させ、子育て支援を一層充実させなければならないことも火を見るより明らかなことでしょう。幼児保育・学童保育の手厚い支援が不可欠であり、不登校や引きこもりのような子育てにマイナスの問題は一刻も早く解決しなければなりません。

3　変化は止まらない

戦後80年近い歳月が過ぎて、「制度疲労」も、「無境界化」も、「価値の多様化」も、「分衆（小衆）の誕生」も、「無縁社会」も進行中です。経済活動の成果が公平に分配されないため、「格差社会」と呼ばれるような国民の分断もあちこちに見えるようになっています。全社会的な仕組みや循環の修正が不可欠になっているのです。

コロナ禍の間も、日本社会をめぐる環境は激変し、国際化、少子化、高齢化の進行、男女共同参画社会の足踏み、過疎・過密の地域差の一層の進行も止まりません。こうした変化から発生した「子どもの貧困」や過疎化・高齢化に伴う「買い物難民」への対応も細々と始まったばかりです。

これらの変化が生み出す社会問題を解決するため、今や教育は衣食住と並んで現代の必需品となっているのです。なぜなら、仕組みを変えるにせよ、技術を導入するにせよ、あらゆる問題解決法の成否は国民の理解と実践にかかっているからです。

人間を育てるのも、その生き方を決めるのも、最後は国民教育の質に帰結します。今や、変化は加速度を増し、しかも人々の生涯にわたって連続しています。人々に、準備や適応を促すためには、学校教育システムだけでは到底、間に合いません。従って、社会には社会教育が、人生には生涯教育が不可欠になっているのです。

この重要な時に、文科省はなぜ「社会教育」を軽視し、生涯教育から生涯学習に舵を切ったのでしょうか。

4　国は社会教育・生涯教育をどう考えて来たのか

ユネスコのポール・ラングランによる生涯教育発想が登場した頃、市場経済のグローバル化が進み、資本主義の国々の国内競争はもちろん、資本主義国と社会主義国との競争も熾烈さを増していきました。技術革新のためにも、新しい時代への適応のためにも、国民の教育は最も重要な条件でした。「リカレント教育」の概念が象徴するように、「再教育」も待ったなしの時代に入りました。

正しく、学校教育だけでは間に合わない中で、社会教育・生涯教育が重視され始めた時代でした。

5　教育がカギであるにもかかわらず、国は「教育」から「学習」へ舵を切った

教育の重要性がますます高まる中で、教育の「目的性」や「意図性」は、社会の方向を決定します。行政主導型で教育を進めてきた日本国家は、教育の過熱に伴って国民が抱くかもしれない疑念を恐れたようでした。生涯教育が説く、「生涯にわたって」が関係者の警戒心を増幅しました、国が恐れたのは、国民が抱くかもしれない「国家主導による統制と支配への疑念」だったと思われます。

教育は、教育主体が人間を望ましい姿に変化させることを目的とします。教育機能とは、心身両面の望ましい変化を目的として、意図的、計画的に働きかけることです。通常、教える者と教わる者は峻別されます。教える側には、教わる側を「想定したように」変えようという「意図」や「目的」があります。それが主体と客体の関係で、主体が国家、客体が国民であったとしたら、どういう問題が起こるでしょうか。日本国の歴史は「軍国主義教育」や「独裁的イデオロギー教育」の苦い経験を知っています。

それ故、国は、国民が、権力による「統制と支配への疑念」を抱くのではないかと恐れたのだと思います。しかも、事は「生涯にわたる」「教育」であり、「統制と支配」は民主主義原理に逆行する発想だったからです。

こうした心配を抱いたのは、日本だけではありません。

生涯教育政策は、アメリカでも、「誰が、どんな権限で、生涯にわたって国民を教育するのか」という議論が湧き起こり、議会が紛糾しました。当時、モンデール副大統領が提出した「生涯教育振興法」は、激論の末、「生涯学習振興法」に改められて議会を通過しました。

この顛末を見ていたのでしょうか。文科省は、教育施策の重点を「教育」から「学習」へと舵を切りました。

すなわち、社会教育・生涯教育から生涯学習へ行政施策の重点を移したのです。当初、大歓迎され、制定した「生涯教育振興法」（１９９０年）は、宙に浮いた形になりました。

6 教育のジレンマ
――中立性・継続性・安定性を強調した法の精神と対立した教育の目的貫徹性

当時の社会教育の位置づけは、「個人の幸福と社会の発展」でした。社会教育は、「市民の教育的要求を満足させ、個人の幸福と社会の発展を図ることを目的とする」という発想が「答申」に盛り込まれました（１９７１〈昭和46〉年 社会教育審議会答申）。

社会教育行政は、教育行政の一環として、教育基本法に規定されている教育の目的を遂行するため、政治的な中立を保ちつつ、国民全体に対して責任をもち、条件整備を目標に展開さるべきもの、と規定されています。それ故、社会教育行政は、「非権力的な行政」であることが強調されました。

一方、社会教育は、市民教育でもあり、人々の自発的・自主的な学習活動を助長・促進・援助することが特別に重視されたのです（改正教育基本法第１条）。

自発性・自主性が強調されればされるほど、国の社会教育行政が、教育の目的や意図を前面に出すことは、はばかられます。自発性・自主性とは、「国民の意志・選択」を重視するという意味ですから、「学習重視」に舵を切らざるを得なかったのでしょう。

7　社会教育行政は、個人の要望や社会の要請に応えることが任務と規定されました

社会教育の重視は「社会において行なわれる教育は、国及び地方公共団体によって奨励されなければならない」と謳われました（教育基本法第12条1）。

また、社会教育に関わる市民の団体を「社会教育関係団体」と呼称し、その定義が社会教育法に謳われ、社会教育関係団体とは、「法人であると否とを問わず、公の支配に属しない団体で社会教育に関する事業を行なうことを主たる目的とするもの」と規定されました（社会教育法第10条）。

8　「公の支配に属しない」を巡って論議を呼びましたが、最終的に、憲法第89条の解釈にならい、「国又は地方公共団体が当該団体の組織、人事、事業、財政等について決定的支配権を持たないこと」となりました

（1）社会教育が果たすべき役割は、ますます重視され、当時まで禁止されていた社会教育関係団体に対する補助金支出を可能としました。

（2）自治体に「生涯学習推進本部」が置かれるようになったのも、「教育」以上に「学習」を重視した現われです（生涯学習振興法第10条2）。

（3）　ネットワーク型行政の重視
総合的なコミュニティ問題を解決する上で、社会教育は、首長部局、大学等高等教育機関、ＮＰＯはじめ民間団体、企業等との積極的・効果的連携の重要性が提起されました（第6期中央教育審議会生涯学習分科会）。

（4）　発達段階別学習機会の拡充
乳幼児期、少年期、青年期、壮年期、高齢期等の発達段階別に、「学習の場」、「学習内容」を分類し、体系化することの重要性が指摘されました（第6期中央教育審議会生涯学習分科会）。

9　未来の診断――未来への処方

（1）大会の継続は、社会教育の同志を結合した
40数年続いた「中国・四国・九州地区生涯教育実践研究交流会」は1000件を超える各地の実践事例を積みあげてきましたが、それは未来の必要の診断――未来への処方を明らかにするためでした。

また、年一回の大会を補完する目的で続けてきた「生涯教育まちづくりフォーラム」も200回の積みあげの結果、近県にも「移動フォーラム」の形で広がり、交流を通して、我々の身近な問題に対する討論が進み、未来への処方への理解が深まったと自負しています。

本書に収録した論文は、そのときどきの時代より先に動いた社会教育実践であったと考えています。

「実践」と「手弁当」を柱とした40数年にわたった実践研究の大会は、古市論文のとおり、その思想と同志の結合となり全国に広がりました。

また、福岡県立社会教育総合センターの平川所長の論文は、40年にわたって、センターが社会教育関係者の同志的結合の核となり、触媒の機能を果たしてきたことを示唆しています。

（2）大会は常に幼少年期の「欠損体験」を問うてきた

大島論文が分析している「学童保育」論は、「放課後のお守り」の中身を充実させることが、子育て支援につながり、未来の社会人の「健全育成」につながることを示唆しています。

また、「生活体験学校」の実践史である正平・原論文は、子どもの「欠損体験」を補うために日常の生活体験を補完した機能の分析であり、全国に「通学合宿」を広めた先駆的貢献を果たした研究です。

（3）「学社連携」は社会教育の永遠の課題です

常に閉鎖的で、他部局との連携を嫌う学校の壁を打ち破った愛知県扶桑町の「町民聴講制度」や福岡県飯塚市の「熟年者マナビ塾」は、おそらく、初めて学校と社会をつないだ成功例であったと思います。

さらに、教育資格や経験にとらわれず、市民の人生経験や職業体験を教育資源と位置づけて生涯教育の講師団を形成した福岡県宗像市の「市民学習ネットワーク事業」は、ある種の人材革命でした。30年以上にわたる事業を福岡県立社会教育総合センターの二人の社会教育主事が取材・分析しました。この事業は、生涯教育の指導者を地域の中から発掘し、市民の必要を先取りし、講師陣を自給自足する生涯教育システムを初めて日本社会に送り出した試みです。宗像市の生涯学習は、市民教授の発掘によって、飛躍的に拡大しましたが、市民教授を学校と結ぶ点では、教育行政の従来通りの学校閉鎖主義が壁となってあまり成功していません。学校教育と社会教育は車の両輪と言われながら、実現にはほど遠いのが実態です。

しかし、福岡県春日市の「なんちゅうカレッジ」は市民教授を発掘し、中学校を拠点に展開する社会教育事業を成功させました。

宗像市の事例も、春日市の事例も、未来の先取りが早過ぎて、まだ1～2の自治体しかこのモデルを採用できていないことが残念です。

また、佐賀県から始まった「不登校・ひきこもり」に対処する「アウトリーチ方式」は、いまや、全国唯一となった救済法であることは、紫園論文が指摘している通りです。

（4）実践なくして発言権なし

このスローガンは、途中から大会の標語になりましした。

大会の初期の頃、ある町の実践発表に対して、一人の大学教授から、AとBの条件を加えれば、効果が増すと思うがどう考えるか、という質問と批評が加えられました。

発表者もそのことはわかっていたのでしょう。わかっていても、現場では、担当者の意見が通らないことはままあります。「そういうことはうちの町長に言ってくれ」、「現場でやってから言ってもらいたい」と語気強く答えました。傍聴していてハラハラする一幕でした。おそらく、教授は現場の状況まで想像を巡らすことはしなかったのでしょう。

以来、実行委員会では大学への大会案内を出すことをやめました。また、「やってから言え」は、大会実行委員会の合い言葉になりました。大会名を「実践研究交流会」とし続けたのも社会教育は現場実践こそが「命」だということへのこだわりでした。

大会は40数年、フォーラムは200回続きました。その広がりと継続の過程は、第1章の古市論文と「あとがき」の森本論文に見るとおりです。巻末に実践報告の一覧を掲載しましたが、我々は不完全であっても、不十分であっても、教育の実践にこだわり、試行錯誤の結果を発表し合い、分析し合ってきたのです。

本書がいくらかでも各地の社会教育・生涯教育の実践に役立つならば、執筆に関わった一同、最大の喜びとするところであります。

第1章　社会教育は同志的連携が推進力

1　コロナ禍の「実践研究交流会」で社会教育の本質が見えた
――広域の生涯教育実践研究交流会の意義と役割

九州共立大学名誉教授　古市勝也

1　諸論

(1) コロナ禍の「実践研究交流会」で社会教育の本質が見えた

令和4（2022）年5月21日（土）～22日（日）、第39回「中国・四国・九州地区生涯教育実践研究交流会（以下、「実践研究交流会」）を開催しました。コロナ感染症のまん延防止等のため、令和2・3年と2年間も延期となり、3年目の開催だったのです。

開催前日（5月20日夜）の各県実行委員による「全体実行委員会」が開催されました。そこでは、「開催し

第 39 回 中国四国九州地区生涯教育実践研究交流会開会式

てよかった。待ちかねていました。会えてよかった」との声で盛り上がりました。また、「前の実行委員から『多くの実践者との出会いの場だから行ってこい。絶対！勉強になるから！』との推薦がありました。参加できて嬉しいです」等の声が聞かれ、「社会教育の仲間はつながっているのだ！」との感動を覚えました。

開催当日の受付では、「会いたかった！　開催してくれてありがとう」「会って話したかった」等の声が聞かれ、「人は仲間を求め、その仲間と会いたがっている！」「間違いない」と確信しました。まさに、社会教育が求めてきた「集い」「話し合い」「学び合い」……「その成果を地域づくりに活用」し、そして「地域に貢献したい」につながると確信し、「これぞ！　社会教育の本質だ」「交流会が証明してくれた」と思いました。

（2）人はなぜ「集い・交流」したいのか――認め合う場が欲しい！

ではなぜ、ここまで人は人と「集いたい」のでしょうか。

意図的に多くの参加者に聞いてみました。

まず、集う人たちは、「活動の仲間に会いたい」「仲間のがんばりを聞きたい！　自分の活動を聞いてもらいたい」と言うのです。まさに、自分たちの実践活動を相互に認め合う仲間を求めているのです。

また、なぜ県域を越える「広域の交流会」に参加するのでしょうか。それは「県域を越えた人たちにも聞いてもらいたい・認めてもらいたい」、地域活動の仲間とともに「発表して反応を見たい・聞きたい・手応えを感じたい」と言うのです。

さらに「一段と高い承認を得たい」、だから県域を越えて「社会的承認を得たい」「一目置く人に認めてもらいたい」とも言っていました。

そしてそこには、「自分の苦労を分かち合える仲間がいる」「手応え・反応の場」がある、「同僚や先輩に認めてもらう社会的承認の場がある」「参加する価値がある」、だから「実践活動事例」を引っさげて、「県域を越えて自費で参加する価値がある」とも言うのです。

(3) 刮目して、相見える

実践活動を発表し合い、相互に共感して評価し合った人たちは、次年度は「お互いにどれ位成長したか刮目して、相見えたい」と言うのです。

「来年はもっとがんばった実践事例を持ってきます！」

これが、大会への常連参加者のエネルギーになっているのです。

2　なぜ今、「人は『つながる』」ことが必要か

(1)　健康寿命に最も効果的なのは「人とのつながり」

ＮＨＫ総合テレビ『ガッテン！』（２０１８年６月６日放送）で「健康寿命を延ばすために最も効果的とされるのは『人とのつながりを作ること』である」というデータが紹介されました。米・英の研究から、長生きに影響を与える要因を調べたところ、肥満解消、運動、禁煙よりも「人とのつながり」が長生きへの影響力が高いことがわかったというのです。

すなわち、人とのつながりが少ないと、心臓病や認知症、筋力低下を引き起こし、結果として「早死にリスクが50％高くなる」という調査結果が出ているそうです。人は「つながり」を求めています。

(2)　参加者は「発表資料」を求め、地元の仲間との「つながり」を求めている

交流会の参加者から、「発表資料が欲しい」との会話が飛び交います。

4部会の発表資料は、参加人数を考慮して配布されているのにも関わらず、瞬時になくなるのです。なぜでしょうか。参加できなかった地元の仲間のために、一人で複数枚持ち帰っているのです。その実践事例を地元の仲間と共有したい、今後の活動の参考にしたいとの意欲がありありと感じられます。

学びの仲間はつながっているのです。

（3）各県実行委員の役割の重要性

実践の仲間に発表の場と出会いの場を紹介し、つなぎ、場を作るのは誰か。それは、各県の「実行委員」なのです。

県内の活動事例を「発見・発掘」し、実践研究交流会の「意義を説明し」、発表の場へと「つなげる」のです。

この発表の場での交流が自分の活動の「位置づけを確認でき」「自信になり」「反省になり」「次なる活動へのモチベーション」にもなるのです。

すなわち、実行委員側は発表の意義と重要性を理解、説明し、次なる活動への案内をすることが重要です。

さらに、大会総括、発表部会の司会者・助言者が活動の成果を「認め合う場」を演出する配慮と責任が重要になります。

3　進化し広がる「実践研究交流会」の輪

（1）「生涯教育まちづくりフォーラム」へと拡充

組織は広がり拡充します。「生涯教育まちづくりフォーラム」（以下、「フォーラム」）が「実践研究交流会」に加わりました。

毎年1回の「実践研究交流会」を基幹としながら、毎月1回（5月を除く）を原則として、平成12（2000）年1月から「フォーラム」を、福岡県立社会教育総合センター（以下、「社教センター」）をメイン会場として実施しています。三浦清一郎先生の論文と実践事例発表を組みあわせて刺激ある研究会になっており、参加者は福岡県を中心に、山口・佐賀・大分県からも集っています。

平成19（２００７）年からは、県内外の研究会や大会等とジョイントする「移動フォーラム」を実施しています。これにより各地の実践者との交流の輪が広がり、５月の「実践研究交流会」参加への輪がさらに広がっています。

（２）参加者も九州地区から中国・四国、さらに関西・関東へと広がる

「実践研究交流会」は、第１回「九州地区生涯教育実践研究交流会」（昭和57年、福岡教育大キャンパスで開催）に始まりました。第３回大会から会場を「社教センター」に移しています。参加者も九州各県に広がり、第８回大会から九州各県選出の実行委員による運営になっています。そして、第12回大会から中国・四国地区からの実践発表がなされるようになりました。

さらに、第14回大会からは中国・四国地区からも実行委員に加わり、大会名も「中国・四国・九州地区生涯教育実践研究交流会」に改称されています。

また、第38回大会から、中国・四国・九州地区以外からも事例発表の希望があれば、実行委員会の承認を得て発表できるようになりました。因みに第38回大会は「大阪狭山ギジムナーの会」の「舞台体験を通した子どもたちの居場所づくり・地域づくり」の素晴らしい発表がありました。これで、希望があれば外国の生涯教育実践事例も発表可能となってきました。関西・関東からも毎年参加があります。

（3）仲間が広げる「実践研究交流会」

平成10（1998）年4月から平成22（2010）年3月まで11年にわたって、いわゆる「平成の大合併」が行なわれました。

平成11（1999）年4月には「地方分権一括法」が施行され、2000年代前半は「地方分権の時代」と言われるようになり、平成21（2009）年には、「地域おこし協力隊」制度（総務省）が生まれています。そこでは「特色あるまちづくり」や「地域づくりを担う人づくり（人材育成）」等が強く求められるようになりました。

平成18（2006）年12月には、「教育基本法」が全面改正され「生涯学習の理念」（第3条）が明文化され、我が国は「生涯学習社会の実現」へと大きく舵を切りました。

平成20（2008）年をピークに我が国は人口減少が始まり、加速的に進んでいます。

我が国は、中央集権から地方分権へと地方・地域が見直されるようになってきました。

この頃からです。各県の実行委員の中から「自分の県でも地域活動の仲間と実践交流会を開催したい」との声が聞かれるようになりました。

ア 人づくり・地域づくりフォーラムin山口

平成18（2006）年2月、第1回「人づくり・地域づくりフォーラムin山口」が山口県セミナーパークで開催され、令和5（2023）年2月18〜19日には第17回を迎えています。

山口県実行委員の赤田博夫氏（山口県生涯学習推進センター）など、実践活動者がコーディネート役となり、

（財）山口県人づくり財団、生涯学習推進センター（以下、「推進センター」）等の関係者が動き、大会設立に至っています。行政・財団・センター等の大きな山（組織）を動かすのは、「現場の実践者である」の感を持った事例です。

主催「（財）山口県ひとづくり財団」、共催「山口県」・「山口県教育委員会」で、「実践研究交流会」も第1回から「後援」団体として協働しています。また、スタッフは「実行委員（委員長：「推進センター」所長）・運営委員・ボランティア」によって構成されています。

山口の特色は、北は北海道から南は沖縄まで全国から事例発表者を募っていることです。また、運営には「推進センター」の研修で育った人たちが実行委員・運営委員・ボランティアとして活躍しています。山口のフォーラムに行くと「全国の実践事例に出会える」がキャッチフレーズになっています。

また、赤田氏は、上野敦子・西山香代子氏等と協働して、平成16年～18年開催の「山口県生涯学習研修会」（三浦清一郎・大島まな講師）の受講者を中心に生涯学習実践交流会「ＶＯＬＯＶＯＬＯの会」を立ち上げ、平成19（２００７）年8月4日（土）～5日（日）には第1回生涯学習実践交流会「ＶＯＬＯＶＯＬＯの会」を開催し、令和4年11月19日（土）には第20回目が開催されています。この「ＶＯＬＯＶＯＬＯの会」の交流会は、「フォーラム」の「移動フォーラム」としても共催で開催し、福岡県実行委員が毎回参加しています。

イ 大分県「地域発『活力・発展・安心』デザイン実践交流会」

平成20（２００８）年3月1日（土）～2日（日）に、第1回が「梅園の里（国東市）」で開催されました。令和5年2月25日（土）には、第15回大会が開催されています。

設立には、大分県実行委員の中川忠宣氏（大分県生涯学習課社会教育監）等が中核になり、大分県教育委員会と開催地の「東国東地域デザイン会議（林浩昭会長）」で協議し、開催されています。第1回大会の基調講演は三浦清一郎先生です。その後、大分大学高等教育開発センターも主催に入り、岡田正彦氏（大分大学）も実行委員として連携いただいています。

ウ 愛媛県「地域教育実践交流集会」

平成20（2008）年11月22～23日、第1回「地域教育実践交流集会」を「国立大洲青少年交流の家」で開催し、令和4（2022）年12月3日（土）には、第15回「地域教育実践交流集会」を開催しています。

主催は「地域教育実践交流集会実行委員会」、後援は愛媛県・「えひめ教育の日」推進会議・愛媛県教育委員会です。

また、当会設立にあたっては、「中国・四国・九州地区実践研究交流会」の愛媛県実行委員の和田瑞穂・中尾治司両氏等がコーディネート役になり、交流会設立に至っています。

その設立当初からの事務局中核である仙波英徳氏は、設立への思いを「全国から実践されている団体を集めて、それぞれの問題について語り合い、交流し、お互いの課題解決になるような場を設けることにした」「本音で語り、お互いに元気になれることで、次のアクションになる」としています。

また、「立ち上げ前に、福岡や山口の交流会には何度も視察に行き、開催方法を検討した」としています。交流会設立のきっかけと「交流の輪」の広がりが見えます。

さらに「開催の基本は、行政の補助金をあてにせず『手弁当の学会方式』で実施し、参加者一人一人が主役になるような形式で開催することにした」というのです。「参加者主体の手弁当」による開催が理念になっているのです。

エ 長崎県「草社の会」

平成23（2011）年5月14日に長崎県「草社の会」が結成されました。長崎県実行委員の武次寛・松本英俊氏等が「発起人・つなぎ役」となり、県内の社会教育OB・OG、現役の行政関係者等有志等が「社会教育を通して『元気なふるさとづくり』をめざす」として結成したのです。

平成23年10月29日には第1回「草社の会秋季研修会」が「移動フォーラム」（共催）として開催され、令和2年へと継続しています（令和3～4年はコロナ禍のため移動フォーラムは中止）。

特色は、会費制で、総会・夏季研修会・秋季研修会・冬季研修会と県内の各会場を巡回して開催していることです。

オ 「関東近県生涯学習・社会教育実践研究交流会」

平成27（2015）年11月7日（土）～8日（日）、第1回「関東近県生涯学習・社会教育実践研究交流会」が茨城大学水戸キャンパスで開催されました。平成27年度は文部科学省「学びによる地域力活性化プログラム普及・啓発事業～学びを通じた地方創生コンファレンス～」として実施しています。第1回記念講演は三浦清一郎先生です。

主催は、「茨城県教育委員会、茨城大学社会連携センター　茨城県生涯学習・社会教育研究会」。主管が「関東近県生涯学習・社会教育実践研究交流会実行委員会」なのです。協力は「国立教育政策研究所社会教育実践研究センター」になっています。

また、平成４（２０２２）年10月27（木）～28日（金）「第８回関東近県生涯学習・社会教育実践研究交流会」は、「第44回全国公民館研究集会・第62回関東甲信越静公民館研究大会茨城大会」と合同開催になっています。

この大会設立にも熱心なコーディネーターがいました。設立の中核であった鈴木昭博氏（当時：茨城県教育庁総務企画部生涯学習課社会教育主事）は、福岡で開催の「実践研究交流会」に熱心に参加し、「関東でも『実践研究交流会』を開催したい」と言い続けていました。ついに「交流会の輪」は関東地区にも広がったのです。

カ「高知県社会教育実践交流会」

平成28（２０１６）年２月20日（土）第１回「高知県社会教育実践交流会」が開催されました。記念講演は三浦清一郎先生です。主催「高知県教育委員会・平成27年度社会教育実践交流会実行委員会」です。また、令和４年１月23日（日）第７回「高知県社会教育実践交流会」は「土佐市複合文化施設『つなーで ブルーホール（土佐市）』」で継続開催されています。

この会の設立には、高知県実行委員の坂井孝史・宮川貴史氏等が民間・行政ぐるみで奮闘していました。福岡県実行委員も日程が可能な限り参画してきました。

特色は、高知県の青年団・婦人会・ＰＴＡ・社会教育委員連絡協議会・公民館連絡協議会等の社会教育関係団体、ＮＰＯ等の団体・サークル等が運営の中核になっていることです。社会教育の底力を感じます。

キ 「宮崎県生涯学習実践研究交流会」

平成29（２０１７）年1月21日（土）～22日（日）第1回「宮崎県生涯学習実践研究交流会」が宮崎県教育研修センターで開催されました。記念講演は三浦清一郎先生です。福岡県の実行委員（森本・古市・大島）も参画しました。第5回（令和2年12月12日（土））はオンライン開催、第6回（令和3年12月18日（土））はハイブリッド（対面&オンライン）で開催しています。令和4年12月10日（土）には第7回を開催しました。見事に継続しているのです。

主催「宮崎県教育委員会」、主管「宮崎県生涯学習実践研究交流会実行委員会」・みやざき社会教育・生涯学習研究会「ひなたネットワーク」、共催「実践研究交流会」・「移動フォーラムinみやざき」です。

宮崎県の「交流会」設立も、宮崎県実行委員でもある竹内一久・佐藤健一郎（宮崎県教育庁生涯学習課）両氏等が中心になり、教育行政や関係機関団体を動かし、連携協働して立ち上げに至っています。

その特色は、企業との連携が深いことです。

第４回宮崎県生涯学習実践研究交流会三浦清一郎先生基調講演

「第1・2回企業によるポスターセッション」「第3回県内で活躍する企業による発表」「第4回企業トークセッション」等々、スタートから企業との連携を重視しています。

今や「ひなたネットワーク」には51社（令和4年現在）を超える企業が会員となって連携協働して、財政的にも大きな支柱となっています。

4 社会教育「未来の必要」―地域活動者の交流と相互支援

（1）対面による「実践研究交流会」の必要

第39回「実践研究交流会」は、地域活動者の「出会い・認め合い・相互向上」の場であることが証明されました。みんなが対面を望んでいたのです。「（地域）社会における教育を担う社会教育」は、まず対面交流・研修会の仕掛け人（企画立案者）でありたいです。

それは、社会教育が今まで求め実践してきた「集い・ふれあい・学び」、そして「人づくり・地域づくり」へという「地域の基盤づくり活動」を他者との「交流」によって質量ともに拡充することだと確信します。

（2）相互「向上の場」「互恵の場」――活動仲間としての相互向上

なぜ県域を越えて「交流会」に参加するのでしょうか。それは、「仲間と会い・お互いを認め合い・向上する場」を求めていることも確かめられました。「間違いない」と確信しました。この「場づくり」は誰がするのでしょうか。社会教育です。未来に向けて社会教育の大事な役割です。

そのためには、日常生活において地域での活動仲間が「集い・語り・学び・認め合う」「居場所づくり」も大事だと思われます。そこは公民館・市町村民センター・コミュニティセンター・喫茶店・古民家等です。そして「地域課題解決」のための活動へと進化・発展することが求められます。

(3) 関係機関団体との連携・協働の推進

最近の実践発表団体で気づくことがあります。それは、社会教育・健康・福祉・介護・環境・まちづくり・消費生活、NPO等々、多様です。関係部局・省庁も多様になっているのです。

注目は、活動する人たちは同じ地域の住民なのです。問題は、この活動が横の連携なくバラバラだということです。さらに気づくのは、「地域への浸透が見られない・上滑り・キャラバン出回るだけ」の感じなのです。常日頃から「住民と共に活動し、住民を大事にする社会教育の手法で社会教育が動かないと住民は動かない！」のです。だから、「他部局の事業は住民に浸透しない」との声も聞かれます。では今後、関係機関団体との連携・協働の推進は誰がするのか。社会教育の役割は大きいと思われます。もっと、人的・財的な社会教育への支援も望まれます。

さらに、関係機関団体間の連携の手法を学ぶ場は「実践研究交流会」であると確信します。

(4) 進化するデジタル化への対応

コロナ禍での「交流会」の運営手法で注目されるのは、オンライン開催です。例えば、令和2年開催の第5

回「宮崎県生涯学習実践研究交流会」はオンライン開催、令和３年はハイブリッド（対面＆オンライン）で開催になっています。また、第８回「関東近県生涯学習社会教育実践研究交流会」は、令和４年10月27日の全体会の様子を当日27日～令和５年７月31日までオンデマンド配信、28日の分科会は同時双方向通信オンラインで実施しました。

確かに、オンライン等は対象地域や参加者の拡大には効果的です。筆者の経験でも、自宅からオンラインで講義できる研修会等は「便利で楽」です。しかし、直接、参加者の反応・雰囲気・息づかいを感じられないオンライン研修は物足りないものです。やはり、基本は「対面による研修・交流」が重要であり、「オンラインもよし！ しかし対面は大事」と提唱したいです。

2 コロナ対策はセンターの知恵で乗り切る

中国・四国・九州地区「生涯教育実践研究交流会」第39回大会の英断（鼎談）

福岡県立社会教育総合センター所長　平川真一
元飯塚市教育委員会教育長　森本精造
生涯学習通信「風の便り」編集長　三浦清一郎

森本　3年間のブランクがある中、まだコロナ禍が予断を許さない中で実施できた39回大会でした。その実施を支えたのは福岡県立社会教育総合センターの力強い後押しと決断でした。決断はもとより、その後の陣頭指揮を執っていただいた平川所長には心から御礼申し上げます。

三浦　実行委員は煩悶とジレンマの中にいました。実行委員会の時のメモを振り返ってみると、我々だけでは踏み出せない状況認識がありました。

まず、当時のWHOが指摘する3条件をクリアする自信がありませんでした。具体的には、大会時の「換気」・「近接会話の防止」・「密集状況の回避」などです。

森本　交流と対話は大会の命ですからね。とても禁止などできません。また、会場を分けて、事例発表をするにしても、皆さんの興味を引くテーマには多くの人が詰めかけますから、密集の回避も難しくなります。

三浦　各地に緊急事態宣言が出されている騒ぎの中で、果たして参加者が来てくれるのか、も大きな心配でした。手弁当・任意参加の大会ですから、1〜2年の延期なら持ちますが、3年となると、忘れられて、エネルギーが衰退することを恐れました。

森本　万一、大会からクラスターが発生した場合、広域から集まっている会ですから、全領域に拡散する恐れもありました。そうなったら、実行委員会より、責められるのは、会場を提供してくれたセンターですよ！　福岡県も厳しい批判の対象になります。

三浦　迷いましたね。万一の場合、感染源の追跡も難しい。世界中がコロナで騒いでいる中で、生死に直接関係のない研究会などやる価値があるのかと問われたら、答えようがないとも思いました。

そうなれば、築き上げてきた大会も39回で途切れますが、私は「中止」にすべきであると結論を出していました。

森本　仮に、限られた会場に、万全のアルコール消毒やマスクの準備ができたとしても、各県の状況は厳しいものでした。特別企画に登壇していただく宮崎県の代表からは、出席できないという知らせがきていました。判断は「待ったなし」でした。

平川　危機的な状況の中で、「進めるべきか、止めるか」の判断は、事業評価によるところが大きいと思っています。私は、所長就任以来、コロナ禍で大会には関われていませんでしたが、大会がセンターや福岡県にもたらす意味については勉強しておりました。

まず、40年近くも手弁当で生涯教育の実践を報告しあう大会は、日本のどこにもないと理解しました。しかも、そういう希有の大会を支えてきたのがセンターであったとは、所長として誇りに思いました。

各地の参加者の、大会への熱意や感謝の言葉にも触れ、センターの腹のくくり時だと感じました。コロナ対策は、センターの知恵で乗り切ると決めました。

森本　三浦先生の言うとおり、3年以上、大会が途切れれば、福岡県に限らず、他県の関係者も人事異動で入れ替わり、大会の熱気も忘れられ、集団のエネルギーが衰退することを恐れました。そうなれば、この先の大会も断念するしかありません。

（写真向かって左から）三浦清一郎、平川真一、森本精造 の各氏

平川　しかし、県内実行委員会では、各委員さんは「1～2年の延期で、大会の熱気が忘れられるはずはない」と言っておられましたよ。私も過去の資料を調べて、この大会は持続する、持続させなければならない、と感じていました。

森本　大会延期は私も賛成したし、途切れるのではないかという不安もありましたが、実行委員会としても、当時のコロナの状況では、やむを得ない結論だったと思います。ただ、ギリギリ直前まで実施準備を進めていましたので、リーフレットの印刷など、労力・経費両面で、社教センターへは大変ご迷惑をおかけし、申し訳ありませんでした。

平川　大会延長が最終的に決まったのは私が所長に赴任した最初の実行委員会でした。前年度、何回も話し合いは持たれていましたが最終結論が出ず、4月の実行委員会がその結論を出す最後の会議でした。年度は変わっていましたが、前所長はこの会議までは私の責任ということで出席され、私は出席しませんでした。その会議で令和2年の39回大会延期が決まりました。

緊急事態宣言が出され、3月から福岡県では県立施設はすべて休所することが決まっていましたので大会延期は仕方がない結論だと思いました。

ただ大会PR用のリーフレットについては、すでに印刷発注することとしていましたので、その分の経費は前もって県で支出することとしました。参加者の参加費を財源とした手弁当事業の苦しさですね。実行委員さんたちから感謝されましたが、福岡県教育委員会は主催者だからその分の経費は県費の支出は当然のことだと思いました。

森本　大会運営の弱点をカバーしていただき、誠にありがたいことでした。大会を手作り手弁当で実施、運営することは大会の特色であり、他県の社会教育関係者への先駆的・モデル的事業提供として大きな役割を果たしてきた事業でしたが、思いがけない弱点を露呈しました。

社教センターへはいろいろ物心両面でお世話になって実施できた事業ですが、財政的負担までお願いするとは考えていませんでした。本当にありがとうございました。

その後もコロナ感染は一向に収束する気配がなく、2波～3波へと感染者の増加や減少を繰り返し、緊急事態宣言に加え、まん延防止等重点施策等の行動制限を伴う自粛要請も加わり、2回目の延期を考えざるを得なくなりました。

平川　私も職員も、延期は1年、2年目は何としてでも実施という強い気持ちがありました。2年目の5月がダメなら10月に延期はできないかとか、縮小バージョンも考えました。

開催や規模の変更、日帰りの開催なども職員と検討し実行委員会へ計画書を提案しました。検討されましたが、一方で、コロナ禍も4波～5波と続いていました。その収まりも見えず結論が出ませんでした。

森本　実行委員もみんなやりたい気持ちはあったけど迷っていました。ついに2年目の新年度が来ました。39回大会実施には困難を伴いました。新型コロナウイルスの感染拡大の第6波の勢いがまだ冷めない中での決断を迫られました。

平川所長もメンバーですからご承知のように何回も開く実行委員会の中で討議された「実施するか、断念するか」の話し合いの中では、なかなか結論が出ませんでした。その都度、社教センターからは感染状況を見据えたウイズコロナ型計画案を提出いただきました。

平川　4月になっての最終実行委員会で、三浦先生から「2年延びたくらいで大会はなくならない」という意見が出されました。

この一言は大きかったですね。コロナがどうなるかは見当がつきませんでしたが、私ももう1年待つのだったら縮小など小手先の変更など考えず、翌年は従来の形で実施とすると腹をくくりました。実行委員さんたちも実施の方向で気持ちが一致しました。そこで2年目の延期が決まりました。

三浦　振り返れば、窮余の一策。やせ我慢の発言だったでしょうね！

森本　社教センターから多様な計画案も出されていましたので、2年延期の最終判断では実行委員も納得したと思っています。でもその後もコロナの収束が見えませんでした。それどころか第6波へと感染は拡大していました。幸い、国や県からは何も自粛要請は出ていず、それどころか社会経済活動を優先させようという機運が大きくなっていました。このことは幸運でしたが、それでも感染者数は収束には程遠い時期でした。39回大会に向けての動きが始まりました。

三浦　私が一番心配したのは、大会が福岡県からだけの参加ではなく、他県からもたくさん参加されるイベントであるだけに、県内での社教センターの立場が苦しくなるのではないかということでした。今回初めて、宮崎県とはリモートでつないで実施させていただきました。

平川　県をまたいでの移動制限は、前年は出ていましたが、当時はその制限はありませんでした。なかなか先が見通せない状況でしたし、逆に他県の皆さんから実施反対の声が出るのではと心配しました。

三浦　我々が覚悟したように、参加者も覚悟して来たのでしょうね。

森本　全体人数が例年より減ったのは、各地の状況次第で、来たくても、行くなと止められた人も多かったのではないでしょうか？

平川　無理してでも参加したいという人が多かったのはありがたかったですね。実施するなら参加します。気をつけて行きますよという声も結構あったということで、なかなか頼もしい人が多いと感じました。

職員からは、心配する声も一部にはあったが「勇気をもらった。ぜひ参加させてほしい」という声が多かったと聞いています。大会運営に初めて関わった私としては、あらためて本大会の持つ意義と力強さを感じました。

森本　初めて参加という人も多かったですね。聞けば先輩職員から「あの大会だけは参加するように」と言われて参加したというのです。平常時ならともかく、コロナの時期だけにこっちが心配ではらはらしていた時ですからね、内心はすごく嬉しかったですね。

平川　他県からのリピーターの中には夜中の12時過ぎにセンターに到着された方もおられました。仕事が終わって何時間もかけてたどり着いたとのことでした。初参加の方からは、来年もまた来たいですという声も多く聞きました。実施できてよかったと思っています。

40年の歴史を振り返って、私は、大会を支えてきた社教センターの役割と覚悟をお伝えしておきたいと思います。

第1は、生涯教育実践の広域連携は、我が国の生涯教育・社会教育発展のためにも今後ますます重要になると思います。この大会は「中国・四国・九州地区」の大会と謳っていますが、少数ながら過去の参加者は全国にわたっています。優れた実践モデルを求める意欲は地域の壁を越えているということです。報告された実践事例はすでに1000を越えています。周年記念の研究書もすでに4冊出版されています。センターの支えがこれらの成果を生んでいるとすれば、嬉しいことです。

第2は、福岡県はいながらにして、広域他県の優れた実践を見聞することができています。その意味でも、センターとの共催事業として、大会は福岡県にも貢献していただいているのです。

第3は、大会が生涯教育実践者の同志的結合の「核」になっているということです。目には見えませんが、大会に参加することで、日々の仕事や実践のエネルギーとなっているとすれば、それこそが大会の我が国への最大の貢献かも知れません。それをセンターが支えているとすれば、センターが我が国を支えていることになります。今後とも、頑張ってよりよい大会に育てていきましょう。ありがとうございました。

3

生涯教育実践者の同志的結合の「核」となる福岡県立社会教育総合センター
～中国・四国・九州地区生涯教育実践研究交流会が創る「実践—発表—共感—交流—新たな実践と交流」という循環～

福岡県立社会教育総合センター所長　平川真一

1　福岡県立社会教育総合センターの誕生

昭和59（1984）年4月、県内社会教育関係者の大きな期待を背負って「福岡県立社会教育総合センター」（以下、「社教センター」）が開所しました。

社教センターは自然豊かな広大なフィールド（面積20万1750㎡）と、充実した研修施設（建築延べ面積1万2492㎡）を有し、また、青少年教育施設「少年自然の家」を併設しています。なお、社教センターは、英彦山青年の家、少年自然の家「玄海の家」に次いで、県立では3カ所めの青少年教育施設となります。

2　なぜ「社会教育」センターなのか

ユネスコで提唱された「生涯教育」という理念については、我が国においても昭和46（１９７１）年の社会教育審議会答申（46答申）において整理されました。社会教育関係者は生涯教育が社会教育の新しい方向であるとして大きな期待を持って受け入れ、また全国的に「生涯教育センター」を新たに設置するなど「生涯教育」熱が高まっていた時期でした。

しかし本県にあっては、当初から「社会教育」を総合的に推進するセンターとして設置することとしていたようです。当時、社会教育課で勤務されていた森本精造氏にお尋ねするも、なぜそのように「社会教育」にこだわったのかは定かではないとのことでした。当時の県教育委員会に「社会教育」への思い入れがあったのかもしれません。

3　生涯学習の登場で揺れる「社会教育」

（1）生涯学習振興課の誕生

臨教審答申（昭和60年〜62年）では教育改革の大きな柱として「生涯教育」ではなく「生涯学習」体系への移行が提言され、その体制整備が求められました。学習者の視点からの「生涯学習」の考え方が示されたのです。そして平成2年に生涯学習振興法（生涯学習の振興のための施策の推進体制等の整備に関する法律）が公布され、一気に「生涯学習」がスタンダードになりました。

これを受け、県教育委員会においても平成3年度に「生涯学習振興課」が新設され、外部有識者等で構成する「生涯学習審議会」、その提言を受け県行政全体での横断的に推進する組織「生涯学習推進本部」が設置されました。

制度面や施策の方向性は「生涯学習振興課」、事業など具体的な取り組みは「社会教育課」を中心にして生涯学習推進体制が構築され、この体制は7年間続きました。

(2) 生涯学習課の誕生と消滅・社会教育課の消滅と復活

平成10年度に「生涯学習課」「企画調整課」が新設され、これに伴い「生涯学習振興課」「社会教育課」が廃課されました。「社会教育課」の機能は「生涯学習課」に移り、「生涯学習振興課」の機能は「企画調整課」に移され、この体制は10年間続きました。また、これまでに、数多くの市町村教育委員会の組織においても「社会教育」から「生涯学習」へと名称変更していきました。

そして、平成20年度には「社会教育課」が再設置され、「生涯学習課」が廃課されました。10年ぶりに「社会教育課」が復活しました。

4 社教センターの役割

社教センターは施設の名称のとおり、「社会教育」を総合的に推進して「社会教育」の振興を図る機関ですが、要覧によると、平成元年度から平成19年度までの間は「生涯学習」の振興を図る機関となっていました。

ただ、社教センターが開所当初から実施している事業の３つの柱、「県民の学習活動支援」、「子どもの育成支援」、「社会教育関係者等の養成」については大きくは変わってはいません。生涯学習の推進が社会教育の推進の方向性を大きく変えることはなかったようです。

5　社会教育の振興を図るには

それではどのようにして社会教育の振興を図るのかが課題となります。

先述した事業の３つの柱はその基本となりますが、社教センターの研修等で得た知識やノウハウによって人々が地域のさまざまな活動の担い手になり、その輪が広がっていくことがなにより大切なことであると考えます。

そしてこの輪を広げるには、創意工夫して取り組まれたそれぞれの活動についての発表の機会が設けられ、それを聞いた人々がその活動を理解し共感を呼ぶことにより交流が始まり、それがきっかけとなってまた新たな活動が始まり、人々の絆が深まっていく。こうした「実践—発表—共感—交流—新しい実践と交流」という循環が社会教育の振興といえるのではないでしょうか。

つまりこの「実践と交流」こそが、社会教育の振興の大きな要素であると考えるところです。

6　学・官の連携・協働で成し得た実践研究交流会の充実・発展

実践研究交流会は昭和57年に日本生涯教育学会九州支部（以下、「生涯教育学会」）の主催で始まりました。第1回、第2回大会は福岡教育大学を実施会場とし、第3回大会から開催会場を社教センターへ移し、福岡県教育委員会も主催者として名を連ねました。本格的な学・官の連携・協働の開始です。この連携・協働により、着実に実践研究交流会は充実、発展できたものと考えることができます。

そしてその鍵は、開催会場内で宿泊が可能となり、大会を2日間に拡大することができたことにあります。まず数多くの実践事例の発表が可能となりました。1日開催であった第2回大会の13事例から2日開催になった初年度の第3回大会は14事例でスタートしましたが、翌年の第4回大会からは23事例となり、以降毎年20から30事例の発表ができており、そのうち8割近くが県外の方々の発表となっています。このようにたくさんの県外事例を集めることができているのは、生涯教育学会のネットワークがあったからこそ可能となったものです。

また、夕食時の交流の時間が十分に確保できるようになりました。交流の時間に、遠方から来られる皆さんがお土産として「おらが町の特産品」を持ち寄り、披露する。これはのちに「競り」となり、実践研究交流会の名物となりました。そしてこの特産品を肴にして、交流が深夜まで続くという伝統が生まれました。交流の輪が広く、深くなっていったのです。

このようにして中国、四国、九州、その他の地区の多彩な実践事例が長年にわたってここ福岡、篠栗の地に結集できていること、そして40年近く継続して開催できていること、これはとても素晴らしいことと考えます。

この継続、蓄積ができた理由は、やはりそれぞれの実践事例の内容が充実しており、それが共感を呼び、たくさんの交流の輪ができ、深まっていく。発表した人もそれを直に見聞きした人もいろいろなヒントを得るとともに元気をもらい、次への活動につながっていく。そうした循環が継続の力となったのではないでしょうか。

7　これからも実践研究交流会とともに歩む社教センター

3年ぶりの開催となった実践研究交流会第39回大会は、まだ収束していないコロナ禍のもとでの手探りの開催となりました。結果的に大きな事故もなく無事に開催でき、参加された皆さんからのたくさんの喜びの声も聞き、職員一同大変喜んでいます。次の第40回大会は節目となる大切な大会であり、さらなる充実を遂げることと確信しています。

実際に実践研究交流会の運営に触れてみて、あらためてこの事業の先駆性や重要性を身に染みて感じることができました。そして、生涯教育実践者の同志的結合の「核」となることができている社教センターにますます愛着が増したところです。

これまで初代代表世話人・三浦清一郎氏、2代目代表世話人・森本精造氏、そして現3代目代表世話人・古市勝也氏が築かれた歴史を大切にし、さらに発展すべく、社教センターはこれからも生涯教育学会の皆さんと密に連携・協働して実践研究交流会の企画・運営に携わり、「実践と交流」によって社教センターのミッションである社会教育の振興に、これは福岡県のみならず広く他県にも影響を与えることができるように、邁進していきたいと考えています。

第2章　少年期の「欠損体験」を補う学校外の教育手法

4 「保教育」発想の学童保育
――子育てを支える放課後の発達支援プログラム――

九州女子大学教授　大島まな

1　人生を生き抜く実力をつけるために必要な教育プログラム

小中学校の不登校児童生徒数が、9年連続で増加、過去最高になったと発表されました（文部科学省、令和4年10月）。「いじめ」の認知件数、「暴力行為」の発生件数も増えています。また、ひきこもりの長期化が問題になっています。子どもや若者の健やかな成長・発達は、未来の希望であり社会の願いですが、それが危うい状況が続いています。

（1）「生きる力」の育成が課題

子どもたちの「生きる力」を育むことが長く教育の課題です。平成10年改訂の学習指導要領に初めて「生きる力」の育成をめざすと明記されました。「生きる力」を育むことが目標になるということは、当時の子どもたちに「生きる力」がついていないという大人たちの認識があったからです。それから20年以上が経ちましたが、最新（平成29年改訂）の学習指導要領でも引き続き「生きる力」の育成が課題とされています。

「生きる力」とは、子どもたちが人生を生き抜いていくために必要な力で、「知・徳・体のバランスのとれた力」とも表現されます。「知」は学力、「徳」は思いやりや豊かな心の下地になる道徳性や社会性、「体」は体力・運動能力や耐性（心身の抵抗力、がまんする力）と言ってもいいでしょう。

（2）「生きる力」を育む教育キャンプの実践研究

この「生きる力」を育むための一つの試みが、昭和58年から3年間、福岡教育大学の三浦清一郎先生の研究室主催で実施した青少年教育キャンプでした。当時は「生きる力」という表現はまだありませんでしたが、子どもたちが家庭・学校・地域で従来身につけてきたさまざまな力が、きちんと身につかないままに大きくなっているのではないか、と関係者が感じたことが出発点でした。たとえば、掃除の時に雑巾がきちんと絞れない、調理実習でりんごの皮むきがうまくできない、朝礼で数十分間立っていられずに倒れてしまう等々、それまではあまり見られなかった子どもたちの姿が報告されるようになっていました。学校に行けない子どもも増えつつありました。

子どもは小さいうちは保護者や教師に守られ、周りの支えがないと一人では生きてはいけない存在ですが、やがては親元から離れ、この社会で人生を生き抜いていかなければなりません。社会の価値や規範を身につけていく過程を「社会化」といいますが、「社会化」の過程ではさまざまな体験が必要です。

従来の日本社会では、地域にも家庭にも多様な体験の機会がありました。都市化や核家族化、科学技術の進歩など子どもを取り巻く環境が変化したことによって、それらの体験が子どもたちの生活から失われてしまったのではないか、子どもたちができないのは「やったことがないからではないか」という考えから、研究室では「子どもたちの健やかな成長過程に本来必要だけれど失われてしまった体験」(欠損体験)を教育プログラム(教育的な目的と目的達成のための内容・方法を含んだもの)にして提供するキャンプを実施したのでした。

(3) その子自身が通るしかない直接体験

直接体験を通してしか学ぶことができないことがあります。「体得」と言うように、頭ではなく身体全体で理解する学習です。他の人の体験談や成功談をいくら聞いても、自分ができるようになるわけではありません(体験の「個体性」)。単純なことですが、体力をつけるには、その子自身が体を動かして心肺機能や筋力や持久力を高めるしかありません。ナイフも自分で使ってみなければ上手に使えるようにはなりませんし、安全に使う方法を学ぶこともできません。親が代わりにやっても、子どもに力がつくわけではありません。特に幼少期の直接体験は重要です。直接体験が、理解力、思考力、判断力などの下地になります。かつては日常の生活や遊びの中にさまざまな体験がありましたが、便利な上に過保護になりがちな現代社会の子どもの生活からは、大事な直接体験の多くが失われています。コロナ禍は、この状況にさらに拍車をかけました。

（4）教育キャンプの効果と教育プログラムの重要性

不便な野外生活では、たとえば、労働（作業）体験、道具（木工や調理の道具）を使う体験、身の回りのこと等を自分で管理しながら行なう自主・自律の体験、困難な状況でも仲間と協力しながら課題を達成する体験など、意図して豊かなプログラムを組むことが可能でした。8日間のキャンプを経た子どもたちにはさまざまな変化が見られました。大きな声で挨拶ができるようになり、道具も少しずつ使えるようになり、共同作業にも進んで協力するようになりました。最初は自信がなさそうだった子どもも、中盤からは生き生きと駆け回る姿が見られました（3年間の教育キャンプの内容・方法と教育効果については、第3回大会〜第6回大会にて発表、昭和59〜62年）。保護者対象の直後のアンケートにも、「手伝いを進んでしてくれるようになった」、「お母さんのご飯はおいしい、ありがとう、と感謝の言葉を口にしてくれるようになった」、「学校の先生から、積極的になったとほめられた」等の記載があり、好評価でした。

できなかったのはやってみたことがなかったからで、今の子どもも「やればできる」、「教わればわかる」ようになることを実感しました。豊かな体験を可能にする条件を整備し、励ましや応援などの働きかけを工夫して〝教育的な意図をプログラムにする〟ことの大切さを学んだキャンプでした。

（5）繰り返さなければ身につかない体験

しかしながら、4カ月後の事後アンケートには、「お手伝いは（元のように）あまりしなくなった」、「身の回りのことも親任せになってしまった」という保護者の声が記されていました。もちろん、すべてが元に戻ったのではなく、自信がついて積極的になった、友だちが増えた、リーダーを進んで引き受けるようになった等の変化は継続して見られました。ただ、一過性の衝撃効果では力が定着しない、「本当にできるようになる」「身につける」ためには日常生活で継続して積み重ねることが必要な体験がある、ということもわかったのです。

体力も数日間ではそれほどつくわけではありません。挨拶、時間を守る、食事のマナー等の基本的生活習慣は、日常的に繰り返さなければ習慣にまではなりません。道具も少し使ったくらいでは、使いこなすまで習熟はしません。少しずつの困難を日々乗り越えていかなければ、心身の抵抗力はつきません。

日常生活で体験を積み重ねるための継続的な指導には、学校と家庭での取り組みと連携が必須ですが、学校は教科の学習が中心です。また、便利で物があふれている豊かな生活、何でも親がやってくれる過保護な環境、保護者も仕事で忙しい毎日の中では、なかなか難しい状況があります。子どもたちの健やかな成長・発達に必要な体験を、日常生活でプログラム化することは大きな宿題となりました。

（6）残された宿題――日常生活の中での体験プログラム

教育キャンプと同じ頃、福岡県庄内町で実践された長期通学キャンプ（第4・5回大会発表、昭和60・61年）は、子どもの日常生活圏内で、学校に通いながら共同生活体験、集団宿泊体験を重ねることができる一つのシステムを示してくれて、大きな励ましになりました。通学合宿はその後全国に広がって、公民館、児童館などを拠点としながら実施されています。また、拠点施設である生活体験学校（福岡県飯塚市：旧庄内町）が幼少年期の活動プログラムを継続して提案しています（第37回大会 特別企画「通学合宿」の30年を振り返る、平成30年）。（詳細は、第2章 5 参照）

もう一つの日常的な体験プログラム実践の場、それが学童保育です。このことに気づかせてくれたのは、学童保育の主任支援員との出会いでした。教育キャンプを実施した三浦先生とともに講師を務めていた山口県の地域人材育成研修で、子どもの発達を支援するプログラムの必要性についての講義後に、上野敦子支援員が駆け寄ってきて、「そのプログラムをうちの学童保育でできませんか」と声をかけてくれたのでした。

山口市の「井関にこにこクラブ」（以下、「井関」）での実践はここからスタートしました。残された宿題にようやく取り組む機会を得たのでした。夏休み期間限定の試みを経て（第29回大会 特別企画「学童保育になぜ教育プログラムが不可欠なのか」、平成22年）、平成24年度に1年間の教育プログラム実践を行ない、子どもたちの変化を記録しました。井関の実践で、毎日の放課後の活動が子どもたちの発達支援に大きな効果があることを示すことができました（三浦清一郎・大島まな共著『明日の学童保育』日本地域社会研究所、2013）。井関では、その後も支援員が主体的に中身を工夫しながら教育プログラムを続けています。

2　学童保育の可能性と重要性

学童保育の正式名称は「放課後児童健全育成事業」です。「放課後児童クラブ」や「学童クラブ」とも称されます。「児童福祉法」第6条に、保護者が労働等により昼間家庭にいない児童に、放課後「適切な遊び及び生活の場」を与えて、その「健全な育成を図る」事業と明記されています。

（1）学童保育の教育的可能性――子どもの日常生活プログラム

学童保育に潜在する教育的可能性は、学校よりも大きいといっても過言ではありません。小学校の授業日数は196日から205日の間に集中しています(文部科学省)。これに対して学童保育は、長期休暇も土曜日も、自治体によっては日曜日まで含むので、年間280日以上開所しているクラブが7割を超えています（厚生労働省)。共働き家庭の子どもは、学校より長く、放課後や休暇中の時間を学童保育で過ごしているのです。まさに、日常生活の場なのです。

この事実を踏まえれば、子どもの発達に関して、学童保育は家庭にも学校にも劣らない重要性を持ち、プログラムと指導方法の工夫次第で家庭教育、学校教育を補完し、大きな教育効果を期待することができるのではないでしょうか。

（2）低学年中心の異年齢集団

学童保育は、小学校1年から6年までを受け入れていますが、利用児童の主流は低学年です。小学1・2年生が約6割、小学1~3年生で8割（平成29年度）となっています。基本的生活習慣でも遊びや生活技術においても、この時期の脳の吸収力はめざましいものです。実際の活動場面でも、上級生よりも速く1・2年生があっという間にカルタや詩歌を覚えて暗唱する姿がみられました。また、身体が柔らかいため、側転、ブリッジなどは、はじめはできなかった1・2年生が、最終的には上級生を凌駕しました。学童保育の可能性は、下級生集団を長く預かるというところにあるといって間違いないと思います。

また、学童保育は、障害児を受け入れる施策（補助金事業など）を強化しており、5割以上のクラブで障害児の利用があります（平成29年度）。

異年齢の子ども、障害のある子どもが共に生活する場である学童保育は、多様な能力・個性が混在している生活空間であり、学校よりも一般社会に近いトレーニングの場といえます。教科の指導が中心の学校では同年齢集団の学年・学級編成であることは仕方がないことかもしれませんが、「生活と遊びの場」である学童保育では、年齢や能力にこだわらないプログラムが可能です。あるいは、年齢差や能力差を活かした指導ができます。上級生をお手本にし、リーダーにすることもできます。上級生に憧れて「おにいちゃんのようになりたい」とがんばる子が出てくるかもしれません。兄弟が少ない昨今ですが、上級生が下級生の世話をしたり、遊びの中で「手加減する」ことを学ぶこともできます。

学童保育は、異年齢集団の持つ教育的可能性を活かすことができるのです。

（3）保育と教育に欠けがちな共働き家庭の支援

学童保育に通っている子どもたちは、ほとんどが「共働き」家庭の子どもです。家庭教育の重要性は言うまでもありませんが、「共働き」であれば保護者が家庭にいる時間は少なく、子どものしつけや教育にあたる時間も限られることになります。学童保育に預けるということは、子どもが地域に出る時間もなくなるわけですから、地域での体験活動や教育も欠けがちになります。体験の格差や家庭教育の格差が、人生の格差に連鎖することが心配されています。

発達が顕著な少年期に、成長を促すプログラムが準備されなければ、女性の社会参画や就労によって家庭と子どもに皺寄せがくることになります。子どもの発達を支援し、保育に欠けがちな家族の安心を保障することは、男女共同参画社会の最重要課題です。学童保育のプログラムの質、豊かな放課後の保障は、保護者が安心して働くための重要な条件なのです。

（4）男女共同参画社会の「社会的養育」

少子化が止まりません。合計特殊出生率（一人の女性が産む子どもの平均数を統計的に算出したもの。2・07程度で人口が維持される）は1.3〜1.4あたりを推移している現状です。政府は、平成に入って矢継ぎ早に少子化対策を打ち出してきましたが、少子化傾向は変わらず続いています。結果、人口減少社会となり、生産年齢人口も縮小を続けています。このままでいくと、労働力となる生産年齢人口は２０６０年には現在の半分以下になると推計されています。そうなれば社会保障制度の基盤は崩れ、社会の活力も失われます。

この危機感から、日本社会は現在、女性に二つの期待を抱いています。「子どもを産んでほしい」という期待、同時に、足りない労働力を補うために「働き続けてほしい」という期待です。これが、子育て支援と「女性活躍推進」施策の背景です。

子どものいる女性が働くためには、保育の充実が欠かせません。養育の責任は父親も母親も負っているわけですが、一般的に女性に負担が集中しています。社会全体が女性に働き続けながら出産し、育児をすることを期待するのであれば、養育の責任を社会全体で引き受ける「社会的養育」が必要です。

これまで、男性主導の政治は、女性や子どもに関する政策に力を入れてきませんでした。最大の理由は、育児は「私事」であるという観念の存在であったと思われます。「自分が産んだ子どもは自分で育てよ」という考え方です。しかし、今や少子化防止と男女共同参画は国の最重要課題となり、未来の生産力を担う子どもは「家族の子」であると同時に「社会の子ども」として認識されるようになりました。子育て支援事業は「公共の事業」となったのです。

ただ、子育て支援事業にいくら力を注いでも、子育てや家事の負担が女性にのみ集中している状況が変わらなければ、少子化を止めることはできないでしょう。子育てや家事の負担と責任を男性もシェアする「家庭内の男女共同参画」とワーク・ライフ・バランスの推進は、もう一つの未来の必要なのです。

(5) ケア中心の学童保育

男女共同参画の意義を理解せず、労働力不足をもたらす少子化の危機をそれほど深刻に受け止めてこなかった政治と行政は、学童保育を福祉の領域に閉じ込め、福祉は教育をしなくてもいいという「行政の縦割り」分業の論理の上にあぐらをかき続けてきました。福祉はケア(安全の見守りと世話)が中心で、教育発想に欠けがちです。

「放課後児童健全育成事業」である学童保育は、子どもたちの「健全な育成」を意図しているわけですが、多くの学童保育において「健全育成」を図る教育プログラムはありません。数人の支援員が、子どもたちを見守り、保護者が迎えに来るまで遊ばせる放課後の居場所として、それぞれ工夫して取り組んでいると思いますが、多くは児童福祉法の趣旨を実現しているとは言えません。支援の中身は、教育原理上のバランスも指導体制も十分ではない状況です。

理由は、学童保育は「お守(おもり)」だけしていればいい、という考えが根底にあるからです。結果的に、発達支援や教育の視点が欠けることになります。

子どもの養育は、当然「お守」だけでは不十分です。子どもと接する時間が少なくなるひとり親や共働きの親に代わって、基本的生活習慣の確立、規範のしつけ、社会的適応、豊かな遊びなどを保障しなければなりません。このことに気づいた民間の保育施設では、「Education：教育」と「Child Care：保育」を合わせた「Edu-Care」を掲げるところも出てきています。

(6) 保育と教育的指導の融合――「保教育」プログラム

近年、「幼保一元化」の推進やこども家庭庁の設置など、子ども政策を複数省庁で一体的に行なう体制づくりが進められていますが、「縦割り」分業の解消を待っているだけでは、今を生きる母親も子どもも救われません。

そうした状況の中から生み出した工夫が「保教育」の発想とプログラムです。保育行政と教育行政の統合が難しいのであれば、現行保育の中に教育プログラムを入れることが二義的な解決法です。子どもにとっても親にとっても、必要なのは安全な居場所と健全な成長を保障する「保育」と「教育」の同時提供です。保育と教育的指導を融合したプログラムを「保教育」という概念で呼んでいます。前述した井関の取組も「保教育」プログラムでの実践です。

井関の実践に先立って、三浦清一郎先生が福岡県京都郡の旧豊津町で実施した「豊津寺子屋」（以下、「豊津」）は、「保教育」発想による最初の事業でした（有志指導者による全日制「豊津寺子屋」の「保・教育」実践の原理と方法、第24回大会、平成17年）。

また、同じ頃、鳥取県大山町の山田晋教育長が保育所に小学校教員を配置した実践も、「保教育」発想によるものだと言えるでしょう（幼少年教育システムにおける「教育」と「福祉」の融合、第25回大会、平成18年）。

子どもの健やかな成長・発達に必要なことは、幼稚園・小学校の子どもでも、保育所・放課後児童クラブの子どもでも、同じように必要であり、保育に教育視点を取り入れたプログラムを導入することによる教育効果は大きいということを、これらの実践は示しています。

3 「保教育」を支える学校の力

学童保育における「保教育」は、放課後や長期休暇中に、保護者が欠けるときに、子どもの居場所と安全を保障し、同時に、成長期の子どもたちにその発達を促す教育と遊びの指導を保障します。子どもたちのための公的教育機関である学校が学童保育と手を携れば、発達支援の可能性が広がります。

(1)「保教育」の実施には学校開放が不可欠

少子化が進み、子どもの数は減少しているにもかかわらず、学童保育を利用している子どもたちの数は増加し続けています。女性の社会参画を推進している以上、また経済的な理由から就労の必要が増していることから も、この傾向は続くと考えられます。小学校低学年の子どもの多くが学童保育を利用していることは、学校にとっても見過ごせない大事なことでしょう。学童保育と学校が連携すれば、より効果的な教育支援が可能になります。

豊津でも井関でも学校施設を可能な限り開放してくれました。豊津では町長の英断によって、井関では校長の理解によって、放課後と土曜・長期休暇中の学校施設を使うことができました。また、支援員と教員が連携して、より効果的な支援ができました。教員との連携と学校開放の利点は、次のとおりです。

・教員と支援員の協力によって生活指導が充実し、結果的に学力の指導効果も上がります。
・放課後の子どもは移動せずに済むので、移動中の事故や事件の心配がありません。
・学校にとっては同じ学校の子どもですから、学校施設利用の抵抗が少ないはずです。子どもたちは使い慣れた子どものための施設で過ごすことができます。
・図書室、体育館など多種・多機能な施設が利用可能であることは、多様なプログラムを実施可能にします。
・学校は税金でつくった公共施設です。すでに存在している学校施設の活用は、施設の建設・保守点検という観点で最も経済的な運営方法です。

(2)「学・保連携」による学童保育——福岡県飯塚市の挑戦

学校開放の発想をさらに数歩進めて、学校教育課が放課後児童クラブを所管しているのが、福岡県飯塚市です。

福岡県旧穂波町の教育行政は、子育て環境の貧しさを改善しきれない現状に気づき、学校開放や「子どもマナビ塾」(学校施設で放課後、地域人材が講師となりさまざまな講座を平日、土曜、長期休暇中に全児童対象に開講)の施策を講じ、合併後の飯塚市に発想を引き継ぎました。

菰田(こもだ)小学校と菰田児童クラブが連携して先行的に実施した「保教育」推進事業「菰田プロジェクト」など数

年の準備期間を経て、飯塚市は2017年、学童保育の所管を教育委員会に置き、学校教育課が担当するという仕組みを決定し、一気に市内19の全児童クラブで「保教育」体制ができあがりました。各小学校に「児童クラブ担当」の教員が任命され、学校教育課には全体を統轄する「児童クラブ担当指導主事」(元小学校長)も任命、「放課後児童クラブ係」も増設され、特別な応援体制として元子ども支援課長が嘱託職員として配置されました。校長会等の中で説明を行ない、学校教育課、福祉行政の児童クラブ担当課、児童クラブを運営するNPO、個々の小学校との連絡調整、情報収集と提供等の任を受け持ち、「児童クラブ担当指導主事」は連携事業に欠かせない存在となっています。

また、小規模校1校を除く全小学校で毎月1回の教師と児童クラブ支援員との「連携会議」が定着し、児童クラブに通う子どもたちの生活状況を学校と児童クラブで共有しています。特に課題を抱える子どもの指導に効果をあげています。児童クラブは保護者が毎日迎えにくるので家庭情報は豊富です。連携会議では双方が得た情報が交換され、指導する内容や方法が話し合われています。

各校に新設された児童クラブ担当教員には連携会議の世話が課せられ、児童クラブが基本的生活習慣や社会性の習得、家庭教育支援の役割を担っていること、学童保育と連携することの意義が理解されているとのことです。毎月発行される学校だよりには、学校スケジュールの中に連携会議が明記されています。

現存する経済格差から生じる家庭の貧困が、子どもの発達や教育の貧困に連動することを防止することが、市長の発想の根底にあります。片峯誠市長は教育長出身ですが、「学校の子どもも、学童の子どもも、地域(飯塚)の子ども」と常に口にされてきました。「縦割り」行政のセクト化を突破できたのは市長だからこそですが、制度上、地域の子どもを一体的にとらえて成長を支援する「養育の社会化」モデルは、大きな可能性を示唆しています（第37回大会 特別企画「保教育」を展望する「飯塚プラン」の革新性、平成30年）、（三浦・森本・大島共著『子どもに豊かな放課後を』日本地域社会研究所、２０１９）

（3）「学・保連携」は「学社連携」

市長の決断の背景には、森本精造元教育長の「学社連携」に対する強い思いがありました。学校教育と社会教育は車の両輪と言われながら、現実には学校は自己完結しがちで、他分野との連携には消極的です。森本教育長時代に「学社連携」を形にしたのが、「子どもマナビ塾」と地域の高齢者が活躍する「熟年者マナビ塾」（第3章 8 参照）でした。「子どもマナビ塾」では、子どもの「生きる力」の向上を目的として放課後の「学社連携」事業を進めたのです。

豊津や井関の取り組みを見てきた森本先生は、児童福祉事業に教育活動を導入することの意義と効果を、自ら積極的に関わって「菰田プロジェクト」で証明されました。そこには、学童保育における教育プログラム実践は社会教育にほかならないという発想があります。

「学校の教育課程として行なわれる教育活動を除き」行なわれる教育活動は社会教育と法にも謳われています（社会教育法第2条）。学校と学童保育の連携は、まさに「学校と社会教育の連携（学社連携）」そのものである、という森本先生の思いを、片峯市長は受け継いだのでした。

この「学社連携」発想は、子ども施策を一体化して進めようとしている国を先取りしているといってもいいのではないでしょうか。

4 「放課後の教育力」を支える発達支援プログラムと人材

「保教育」を実質化して子どもの「生きる力」を育成するためには、活動の中身と指導のあり方が重要です。「教育力」とは適切なプログラムの存在を意味します。豊津や井関で実施した教育プログラムの要点は、以下の通りです。

(1) 体力と耐性が土台

「生きる力」の原点は体力です。体力は、あらゆる生き物に共通した「生きる力」の基礎であり、身体的エネルギーの源です。体力は、身体能力や持続力として現われ、健康や行動能力に関わっています。

一方、耐性は、精神的エネルギーの源で、「がまんする力」や気力に代表されます。社会生活の規範を守る力も耐性が原点です。「やりたくてもやってはならないこと」をがまんし、「やりたくなくてもやるべきこと」をやり通すことは、すべて耐性が身についているからできることです。耐性の積極面は意欲ややる気として現われ、消極面はがまんや辛抱として現われます。だから、耐性は集中力や意志力や持久力に関わっているのです。

体力と耐性は人間の社会生活の基本部分を支えている基礎と土台です。この二つがしっかりしていれば、学力の積み上げは楽になります。

子どもたちの体力低下は文部科学省の調査結果でも報告されていますが、体力をつけるには身体を動かして体力を使う活動が必要です。耐性をつくるには、心身に適度な負荷をかけ、がまんして「がんばる」体験が必要です。

発達上極めて重要な学童期の子どもには、体力と耐性をつけるプログラムを企図することが大切なのです。遊びの中で精一杯身体を動かし、異年齢の仲間との生活の中で、わがままを抑えながら少しずつのがまんを経験し、協力を学んでいくことは、学童保育では難しいことではないと思います。

（2）学童保育の基本は遊び

学校は教科の学習が中心ですが、学童保育は「生活と遊び」の場です。プログラムの基本は「集団の遊び」です。遊びは本来楽しくてワクワクするものです。常に楽しく、ワクワクしながら取り組めるような工夫が大切になります。

子ども時代は「遊びが仕事」とも言われます。ところが今の子どもの多くは、室内で電子ゲームなど個々で遊ぶことが多く、塾や習い事で忙しいために遊ぶ時間も限られていることが報告されています。体力低下の一つの要因でしょう。

集団の遊びでは、ルールを守ること、「学ぶこと」を遊びに翻訳してゲームにすること（カルタとり等）、競争することによって意欲をかきたてること等、子どもの向上心を導くさまざまな要素を組み込むことが可能です。たとえば、井関では、跳び箱を使うことができたので、学校の体育とは違って、障害物競争のように次々に跳ぶ「連続跳び」のスリルを子どもたちは楽しんでいました。事前の柔軟体操として、子どもたちの選曲に振りをつけたエアロビックダンスで体をほぐした後、支援員が周囲について安全に配慮していました。ジャンケンで競い合う陣取りゲームは、異年齢でも楽しめるため、低学年児や障がいのある子が上級生を負かすことができたときは大いに盛りあがりました。

「井関にこにこクラブ」練習風景：跳び箱の連続とび

「井関にこにこクラブ」発表会：ブリッジ（柔軟）

（3）「向上をめざす集団」を育てる

井関等の実践では「向上をめざす集団」を育てることに力を入れました。向上しようとする集団を育てることができれば、間違いなくその中の個人も育ちます。個々人の学習のスピードもレベルも向上します。集団における「向上の空気」を醸成できれば、「みんなそうする」から「わたしもそうする」という「同調行動」と呼ばれる感化の機能が起こるのです。支援員は意識して「みんなで協力しよう」と声をかけます。皆のレベルが高くなれば、個人は自分の限界を超えて皆に追いつこうと挑戦します。一人一人にかけるエネルギーが少なくても、個々人の能力も高められていきます。これが集団教育の不思議です。

ただし、集団が乱れていれば負の感化も起こり得ます。よくもわるくも「朱に交われば、赤くなる」のです。それゆえ、向上をめざす集団づくりのためには、生活上のルールづくりや、挨拶・言葉づかいなどの「型の指導」が大切です。

支援員は「型」を体現する手本でもあります。井関等では、「はじめの会」で集合した際に「誓いのことば」として、自分たちが決めたルール（「何ごとにも協力してがんばります」のような簡潔な言葉）を正しい姿勢で朗唱させていました。支援員や地域ボランティアに対する乱暴な言葉づかいは、徹底して戒めました。礼節を教えると子ども集団の秩序が確立し、「集団の気」が整い、活動への構えができるのです。

（4）支援員が楽になり、楽しくなる

教育プログラムの意味を、現場で指導に当たる支援員が理解することが重要です。教育プログラムの実践を始めてしばらくしてからのこと、支援員たちが「プログラムを入れると忙しくて大変だと思っていましたが、

実際にやってみると、私たちが楽になりました！」と嬉しそうに報告してくれました。集団の「行動規律」が整ったからです。それまでは、「集合に時間がかかる」、支援員が話をするときも「おしゃべりも悪ふざけも止まらない」、「じっとしていられない」、ときには「数人で一人の子をいじめる」という状態の子どもたちでした。支援員が注意をしても言うことを聞かず、中には悪態をつく子どももいて、支援員は喉がかれ、心身がへとへとに疲れてしまう日常だったとのことでした。

それが、プログラムを入れて教育的な指導を始めたことによって、子どもたちが変わりました。時間内行動がとれるようになり、宿題の時間は静かに取り組み、支援員の話を集中して聴くようになったのです。子ども同士のいさかいも少なくなりました。いちいち声を張り上げなくていい、注意や叱責を繰り返さなくてもいい。子どもたちが変わり始めると、楽になっただけでなく、教育的指導の意味がわかり、やりがいを感じ、学童保育の日常と指導が楽しくなったのでした。できなかったことができるようになった子どもたちの喜びも伝わってきます。

教育効果が出てくるまでには少し時間がかかります。習慣づけには日々の継続的な繰り返しが必要です。よい変化が見え始めるまでの期間は支援員の踏ん張りどころです。しかし、やれば子どもは必ずできるようになるので、あきらめずに続けること、支援員全員がぶれずに信じて行動することが肝要です。

（5）発表会の魔法

発表会は教育プログラムの成果の最も雄弁な証明になります。支援員が子どもたちと心を通わす上でも、保護者とのコミュニケーションを密にする上でも、学校や地域の人たちの信頼を得る上でも、定例的な発表会は大切です。

発表会を開くことによって、子どもも支援員も大きく成長することを、これまでの取り組みで実感してきました。発表会は子どもにとっても支援員にとっても晴れ舞台です。目の前に共通の目標があればそれが励みになり、気持ちを一つにしてがんばることができます。

発表会当日には不思議な「火事場力」が発揮されます。「火事場力」とは、火事のような緊急事態に直面したときに普段以上の力が出ることを言います。発表会本番で子どもたちがリハーサルの何倍も上手にやってみせる場面を何度も見ました。

「火事場力」は観客の拍手によっても引き出されます。保護者や学校の先生や地域の皆さんが大きな拍手をくださると、その次のプログラムには一段と弾みがつきます。観客から感嘆の声がもれると、子どもたちの力はさらに引き出されます。支援員も自分たちが育てた子どもたちを誇らしく思える瞬間です。

飯塚市「鯰田児童クラブ」発表会：手話英語

飯塚市「菰田児童クラブ」発表会：「若い力」集団演技

拍手によって、子どもたちはがんばってよかったと思い、自分が認められたことを実感し、それが明日からのやる気につながります。支援員も日頃の努力が報われます。そして、翌日からまた新たな挑戦の日々を踏み出せるのです。

(6) 地域の力、高齢者の力の活用

放課後の教育プログラムには、活動を組み立て、方法を工夫し、子どもの安全を確保しつつ彼らの活動を応援してプログラムを実施する指導者の存在が不可欠です。学童保育では通常、支援員がその役割を担っているわけですが、多くの子どもたちを限られた人数の支援員でみるのは大変なことです。また、子どもたちの体験を豊かで多様なものにしようとすれば、遊びから集団生活まで、プログラムも多種多様なものが求められます。そのすべてを、数人の支援員だけでこなすのは難しいことです。

地域の人材、特に経験に富み、エネルギーと豊富な時間を持っている熟年の方々に応援をお願いすることに

よって、さまざまな活動が可能になります。学童保育を舞台に、高齢者と児童の共生空間をつくることができれば、高齢者の元気と児童の元気を同時に向上させることができます。

豊津でも井関でも、更生保護女性会、食生活改善推進員、助産師会、民生委員等の地域の団体やグループ、個人など近隣の皆さんにお願いして、茶道、絵手紙、俳句、木工、エアロダンス、裁縫、平和学習、読み聞かせ、お手玉、食育、環境学習、水泳、料理、生花、命の学習、落語、体操などを実施しました。

ほとんどは一般の方です。支援員も体育の専門家ではありませんが、跳び箱もエアロビクスも指導していいます。放課後の指導は、特別な専門家でなくても十分できます。もちろん、得意な分野や技術を持っている人はそれを生かしてくださればありがたいことですが、何もできないけれど「見守り」はできるという方も大切な要員です。多くの場合、「見守り」の方は子どもに応援の声かけなどもしてくださるので、子どもは励まされ、見られていることを意識してがんばるため、教育的にも意味のある存在なのです。遊びをあまり知らない今の子どもに、昔やっていた遊びを教えてくださることもありがたいことです。

ただ、今の日本では、社会全体が過保護になりがちです。たとえば、「自分のことを自分でする」力をつけたいのに、地域の方が親切心でつい横から手を出してしまうと、子ども自身が「やってみる」体験ができなくなってしまいます。子どもの自立をめざすプログラムでは望ましいことではありません。

そこで、指導に当たる者全員が事前に研修（打ち合わせ）をして、指導上の条件やルールを確認しあってから子どもに接することが大切です。大人がバラバラの対応をすると、子どもは相手によって行動を使い分けるようになります。

地域の方々は子どもにとっては「世間」の代表です。社会を知っている大人たちです。したがって、「社会ではそれは通用しないよ」ということも伝えられる存在です。礼儀作法やルールを守ることは社会生活の基本です。気づいたことはその場ですぐに注意したり、手本を示してくださったり、「もう一度やってごらん」と促してくださることが貴重な体得の機会となります。

5 「保教育」ですべての子どもに豊かな放課後を

学童期の放課後が教育上空白に近く、発達を促し社会生活の基礎となる集団や共同の体験を積んでいくプログラムがほとんど存在しないということは、現代の地域社会の致命的な問題です。厚生労働省と文部科学省が連携して放課後児童クラブ（学童保育）と放課後子ども教室を一体的に実施、推進していますが、部分的な連携に留まっていることが多いのが現状です。

子どもにとっての放課後や休日は、かつては地域での遊びや活動の時間でした。今では、子ども会をはじめ、地域における「異年齢の子ども集団」を想定した放課後や休日の教育プログラムは壊滅状態です。体験不足なのは、学童保育の子どもだけではなく、すべての子どもたちと言っていいでしょう。

できれば、学童保育を制約している「共働き」条件を撤廃して、希望すればすべての子どもが参加できる放課後の「保教育」を創始すべきではないでしょうか。もちろん、子育てには「私事」の部分が残っているのは間違いないので、選択制にして、参加者から応分の受益者負担をいただくことは不可欠です。学童保育を拡大改変して、希望する子どもが参加できる「学童保教育」とすることができれば、現代の学校教育では達成できていない「集団の遊び」や「放課後の教育力」を復活することができます。

「保教育」の目的は、「社会の子ども」のために「放課後の教育力」を整備し、保護者が安心できる子育ての条件を確立することです。子どもたちは、大人たちが審議を重ねている間、きょうも明日も日々成長していきます。未来を背負っている子どもたちの成長・発達を社会全体で支えていく「保教育」事業は、待ったなしの課題ではないでしょうか。

5

40数年にわたる幼少年期の生活体験支援
～飯塚市庄内生活体験学校が支える方策と展望～

飯塚市庄内生活体験学校館長　正平辰男
次長　原　和也

■飯塚市庄内生活体験学校（以下、「生活体験学校」）誕生の沿革42年

1980（昭和55）年	庄内町に青少年教育キャンプ場開設	42年前
1983（昭和58）年	長期の通学キャンプ開始	39年前
1988（昭和63）年	管理棟での小規模通学合宿開始	34年前
1989（昭和元）年	庄内町立生活体験学校の生活棟・作業棟竣工／6泊7日の通学合宿を年間20回実施する	33年前
1995（平成7）年	福岡県下で通学合宿の委託事業開始	27年前
1996（平成8）年	中央教育審議会第1次答申で合宿通学として例示される	26年前
2006（平成18）年	町村合併（嘉穂郡4町と飯塚市）	16年前
2015（平成27）年	NPOドングリが生活体験学校の指定管理者となる（＊NPOドングリ：特定非営利活動法人体験教育研究会ドングリの略称）	7年前
2017（平成29）年	幼児体験活動支援開始（今年度で6年めに入る）	5年前

はじめに――大きな変革４回を経て生まれた生活体験学校

１回めの変革は、通学キャンプから通学合宿への転換でした。幕営から舎営への変化です。幕営はボランティアが主導しました。年に１回実施し、10泊12日という長期キャンプのうち６泊７日を通学しました。生活体験学校生活棟が竣工して始まった舎営は、行政が主導しました。年20回、６泊７日の通学合宿を実施しました。

２回めの変革は、嘉穂郡４町と飯塚市の合併でした。それまで庄内小学校１校だけを対象に実施してきた通学合宿でしたが、合併後は、あくまで市内20校を対象に実施する宿泊事業を進めなければなりません。この段階での変革は、回り舞台が一回転したほどの一大転換でした。

３度めの変革は、ＮＰＯドングリが指定管理者となって運営する生活体験学校でした。行政直営から民間運営への移行でした。

４度めの変革は、幼児の野外における生活体験活動支援に取り組み始めた２０１７（平成29）年です。約40年の間に、変革を自ら求めて変わった部分もありましたが、自ら求めて変わったわけではない部分もありました。否応なしに対応を迫られ、変遷に変遷を重ねて今の姿になりました。

社会教育の営みは多年にわたって、たくさんの人々に受け継がれて続いていきます。少数の何人かの奮闘によって生まれる成果がないとは言いませんが、それだけで続くわけではありません。

受け継がれ、続けていってこその営みが社会教育です。以下、生活体験学校の歩みを振り返ります。

1―1　通学合宿の前の形は「通学キャンプ」でした

通学合宿を始める一つ前の形は通学キャンプでした。幕営しながら学校に通うというプログラムですが、その狙いは子どもたちに長期のキャンプをさせたいという大人の願いから出発しています。

もともと庄内町では地域の子ども会活動の一環として1泊2日の短いキャンプがいくつも行なわれていました。1983（昭和58）年に5泊7日（2泊と3泊）のキャンプを開始し、後半を通学するというキャンプを実施しました。1986（昭和61）には10泊12日に延長して、後半6泊7日を通学しました。電気も水道もない自然そのままのキャンプ場で展開した活動でしたが、厳しい生活環境にもかかわらず参加者は増え続けました。

子どもの高い参加意欲とこれを支えるボランティアの熱意に応えて、庄内町の行政は先行事例のない通学合宿専用施設「庄内町立生活体験学校」を開設しました。1993（平成元）年4月のことでした。

1―2　野営から舎営へ、日常体験と非日常体験を抱き合わせた通学合宿

生活体験学校で合宿しながら行なう通学合宿は、通学という日常生活と合宿という非日常体験の組み合わせでした。量的な面では、年に1回しか実施しない通学キャンプ、かたや年に20回程度実施する通学合宿との違いがありました。さらには担い手の違いとして年に1回しか実施しない通学キャンプはボランティアが主導しました。かたや年に20回実施する通学合宿はボランティアだけで担いきれるものではありません。当然のことに行政職員が主導する通学合宿になります。両者には大きな違いがありました。

通学キャンプと通学合宿には、誕生の経緯において連続性はありますが、全く別物といっても過言ではないような違いがありました。しかも、町内にわずか1校しかない庄内小学校のためだけに開設された公立の社会教育施設「生活体験学校」ですから、当時としても、また今現在としても稀有の社会教育施策でした。通学合宿の実践から導かれる実践目標を当時の庄内町では、次のように整理していました。

①年齢相応に依存から自立へ、他律から自律へと、段階を追って成長させること。
②家族への依存関係を断ち切った環境において、仲間と共同し規律正しい共同生活をさせること。
③自他の関係を正しく認識し調整できる力、苦しさに耐えて生き抜く力の必要性。
④善悪を正しく判断できる力の必要性。（参考文献(1)）

1―3　生活の場面に見られる体験の不足・欠損に大人が抱く危機感と期待感

通学キャンプでも通学合宿でも、子どもの共同生活の場面について大人が抱いた危機感は、「力を合わせて何かをする」ということが、どう行動することなのかを全く認識できていない子どもが珍しくないという現実でした。

例えば、リヤカーで重い物を運ぶという場面で一人の子どもがリヤカーを引いている、しかし、一緒にいる他の子どもがリヤカーを一緒になって押すわけではない、リヤカーと一緒に子どもが歩いているという、信じられないような光景が現実でした。また、一人で物を運ぶ一輪車を二人で運ぼうとして、積んだ荷物の全部をひっくり返して慌てふためく子どもも珍しくありません。

しかし、そんな子どもでも大人に仕方を教えてもらって繰り返し体験するうちにできるようになり、やがてリヤカーも一輪車も大人に引けを取らない操作ができるようになります。時間はかかりますが、子どもは、「やったことのないことはできない」、それでも「繰り返し練習すれば上手になる」を、絵に書いたような場面を見ることができるのです。子どもの姿に、「これじゃ、いかん！」という危機感を抱き、一方で、「繰り返しやれば上達する」という期待感が次第に湧き出てくる、だから大人と子どもの足が繰り返し生活体験学校に向うのです。誰かと力を合わせて何かを成し遂げる難しさと達成感を、生活のあらゆる場面で体験を通して学び合うことができる、そんな機会にあふれた生活体験の連続が通学合宿にはあります。

1―4 「働く体験」「まるごと体験」を志向して

今の子どもに大きく欠損している体験の領域は生産する体験、それも汚れることをいとわず、汗を流して働く体験です。

リヤカーを引く子どもたち

反対に物心ついた時から山ほど積んだ体験は、消費する体験です。特に生命を支える食料の生産体験では、実働を伴う体験はないといってもよいレベルです。

生活体験学校では、食材の野菜の生産体験を重視しています。合宿中に子どもが食べる野菜は、生活体験学校で生産したものに限定して献立を作り、お店で野菜を買うことはほとんどありません。生活体験学校の体験活動は、断片的な体験を排して前準備も後片づけも省略しない「まるごと体験」を重視しています。

例えば、堆肥作りは開設当初から続けている取り組みですが、開設以来、生ごみを収集車に出したことがありません。現在は飼養しているヤギとウサギの糞尿と合宿事業で発生する生ごみを主な原料に堆肥を作ります。作った堆肥は畑に入れて野菜作りに使います。堆肥の発酵には使用済みの煮油が有効です。使用済みの油は堆肥小屋の発酵中の堆肥に混ぜます。発酵温度は50℃を超えます。冬には湯気が立ち昇る光景を見ることができます。食材のシイタケは原木から作ります。ドングリを種まきして苗を育て、山に定植して15年後に伐採します。寒中に伐採して乾燥させ、1カ月後に玉切りします。ホダギに穿孔してコマ打ちをします。2年後にシイタケを収穫します。収穫し終わって古くなったホダギは積み重ねてカブトムシの棲み家にします。それが朽ちてバラバラになれば畑に投入します。投入すれば土壌の改良に役立ちます。無駄な物は一切出ません。

1―5 現在の実施状況

2018（平成30）年度　体験合宿事業参加者数一覧

事業名	実施回数	参加者数					合計
		2年	3年	4年	5年	6年	
通学合宿（6泊7日）	3回	／	／	12回	9回	16回	37回
生活体験合宿（1泊2日）	17回	48回	71回	54回	62回	22回	257回
事前研修（日帰り）	9回	55回	65回	52回	58回	22回	252回

1―6　求められる新たな通学合宿の方法

「市村自然塾九州」（佐賀県鳥栖市）のように36名の定員で公募し、年間15回（1泊2日）の日程で農業体験を取り組んでいる事例があります。同名のＮＰＯ法人が主催しています。

一方で、みやま市立江浦小学校（福岡県）の「協働生活体験学習」は、同校のＰＴＡと江浦小学校が協力して実施している通学合宿で、校区内のほとんどの児童が参加しています。日程もＰＴＡの地区別に決めて、入浴タイムを設けて、自宅で入浴しながら共同生活をしています（江浦小学校は２０２３年３月をもって閉校。同校を含む４校が統合して新設される高田小学校になりました）。

前者は参加者一人一人の体験密度が重厚になっており、後者は参加対象者のほとんどが参加するという全員通学合宿になっています。全員参加の通学合宿が望ましいのですが、実施するには大がかりな体制作りが必要です。実施方法を具体的に検討してみますと、例えば、次のようになります。実施主体は市町村教育委員会として、予算措置、実施施設の確保・斡旋などを担います。実施の時期、規模は学校長が主導して決定します。実施機関はＮＰＯや青少年団体、国公立の青少年施設やＰＴＡなどとして実施することが考えられます。

1―7　産業構造の激変に見合う社会教育施策の必要

１９５５（昭和30）年、日本の第１次産業は41・１％を占めていましたが、５年ごとに約10％ずつ減り続けて、２００５（平成17）年には5.1％にまで減少しました。１９５６（昭和31）年度の『経済白書』には「もはや戦後ではない」と書かれました。50年の歳月の間に、子どもは親の背中を見ようにも見る時間がない日本社会に変貌しました。親子が共にいる時間の長さは極限にまで短くなりました。日本が１９５５（昭和30）年以前の日本に戻ることはないのですから、親子が共にいた時間の長さに匹敵する新たな教育政策が求められたのは当然のことです。産業構造の激変がもたらす教育機能の喪失を、何をもって代替・補完するかは政策立案者、とりわけ社会教育政策担当者に求められる政策課題でした。

上杉孝實氏は、家族の教育機能は自営業家庭などで見られた親子の共同労働の場面で発揮してきたと指摘しておられます。（参考文献⑵）

第１次産業中心の経済構造の中では、親子が共に働く場面が望むと望まぬとにかかわらず大きかったのは確かです。その中で親が子に教え伝えてきたものは大きかったに違いありません。その大きさは、従来役割を果たしてきた社会教育関係の団体活動の貢献に待つなどということで代替・補完できるようなレベルではありませんでした。日本の産業構造を変えてしまった改革は、その質と規模に見合う問題を教育の側面で惹起するのは当然のことで、新たな教育政策の企画と実施を必要としていたのです。

子どもの生活そのものを見つめ続けて、生活の喜びや苦しみを共にし、ゆがみや歪(ひず)みがあれば、それを直していこうとする営みの一つが通学合宿です。日本の産業構造の激変が始まったその時から、通学合宿の必要は始まっていたのでした。

2—1　生活体験活動支援の必要性、児童への支援を超えて幼児への支援を始める

新聞の投稿欄に、「当たり前のことが大事」として、主婦鎌田庸さんの意見が掲載されていました。（参考文献(3)）「きちんと食べて、寝て、人と話して生活する。そんな当たり前のことが子どもにとって大事だと思うのです。今の受験競争や管理体制は、それらを削ってでもというところがあるでしょう。先生も子どもたちも、そして私たち親も考え直さなければいけないのではないでしょうか」

通学合宿での生活は、投稿者の鎌田さんが言う「当たり前」のことをやろうというのです。共同生活では、家事と呼ばれる活動がたくさんあります。家事について、広岡守穂氏は、「家事は自立の問題である以前に共同生活の基本の問題である。自分のことは自分でする。そしてお互いに家族全体のことを多少でも分担する。それが共同生活の基本ルールではないだろうか」と述べています。（参考文献(4)）

坂本廣子氏（故人）は、長年、神戸市内の幼稚園で月1回の料理教室を続けた人ですが、幼児に料理を教え始める時期について、「頭と手の先との距離が近ければ近いほどいい。」と言っています。（参考文献(5)）

社会教育では、図書館活動以外の分野では幼児を対象にした活動は稀です。あえて、リスクの多い幼児を対象に事業を企画することを敬遠するという安全第一主義もあると思われます。それと裏腹の関係として先行実践が少ない、したがって指導者が少ないことがあげられます。

生活体験学校では長年、小学生（最低2年生以上）を対象に事業を実施してきました。それ以外には、野菜作りなどで幼児の参加する事業も実施してきました。主たる事業ではありませんでしたが、見てきた幼児の活動状況から幼児を対象にした事業の実施の必要性を感じてきました。何よりも参加した幼児の活動が積極的で、意欲的でしたから、野外の活動を企画すれば成功するだろうという感触を得ていました。決断して開始するかどうかを決めるだけでした。宿泊体験を軸とする本校の生活体

落ち葉プールで遊ぶ幼児

験活動は、もともと幼児の興味関心の高い活動内容で、幼児の参加自体を敬遠する理由はありません。生活体験学校では幼児の利用日に、地元の幼児教育に長年携わった経験者に職員の一員として対応してもらっており、園の職員の安心感を高めるように配慮しています。

2―2　幼児の生活体験活動支援の開始と現況

２０１７（平成29）年、今まで取り組んだことのない幼児を対象にした野外における生活体験活動支援を始めました。始めた理由の一つには、幼児の保育にあたって、豊かな生活体験をはじめ保育内容の充実が求められていること（保育所保育指針第２章保育の内容３）があります。

飯塚市内に公立私立合わせて40の保育園、保育所、幼稚園、こども園（以下、園と略称します）があります。

園ではサツマイモ掘りなどの体験活動を実施していますが、活動展開にあたってはいくつかの困難を抱えてい

北のサツマイモ菜園。サツマイモの苗植えをする保育者

るようです。

現在の活動事例としては、サツマイモ掘りと石焼き芋の支援が全件数の半数以上です。取り組み始めた２０１７（平成29）年度は、サツマイモ掘り2園、石焼き芋の園庭支援３園、シイタケのコマ打ち体験２園、ヤギの移動展示2園という小さな規模から始まりました。活動を始めて5年目にあたる２０２１（令和３）年度は、園の数で延べ46園、園児の人数が２０９９名、保育士等の人数は３９５名に達しました。このほか、園児の人数には参入していませんが、園の小規模菜園に出かけてサツマイモ、タマネギ、ジャガイモの植え付けを支援しました。

	幼児	保育者	園の数
平成29年度	693	78	7
平成30年度	1091	120	18
令和元年度	1203	192	31
令和２年度	1367	271	28
令和３年度	2099	395	46
合計	6363	1056	130

５年間の利用者一覧

2―3　活動参加が増えた理由

幼児の生活体験活動参加が増えた理由の一つに、２０１９（令和元）年度から、バスの予算が計上されたことがあります。飯塚市教育委員会がバスの予算を確保してくれたのです。

園と生活体験学校の往復のバス予算を確保してもらえれば、生活体験学校に行きたいという園はたくさんあります。予算総額の制約は当然ありますが、バスの予算がついたという効果は大きなものでした。園の視線が生活体験学校に向いたのは当然でした。

2―4　幼児受け入れのための工夫と改善

生活体験学校は児童専用として設計してありますので、幼児のためには種々改変しなければならない施設の状態があります。

野外の体験活動のあと、園児が一斉に手洗いをする場面があります。手洗い場を園児が使いやすい高さに設計し、手作りで新設しました。２０１９（令和元）年9月に蛇口6個、加えて２０２１（令和３）年1月に蛇口7個を取りつけました。これで園児が一斉に手洗いができるようになりました。２０２０（令和２）年6月、幼児用の便器（男女各１）を取りつけました。児童用の便器の一つを幼児用に取り換えたのです。

北の菜園は東西が約26ｍ、南北が約46ｍの広さがあります。令和3年度は、北の菜園を全面イモ畑にしました。サツマイモの苗を鹿児島県指宿市から取り寄せ、全てを「紅はるか（バイオ苗）」にしました。バイオ苗の効果もあって実入りがよく、活動に参加した児童と幼児が、掘り当てたイモの大きさに歓声をあげました。幼児の喜ぶ姿は、生産体験活動の効果を象徴しています。また、5年もかかって、ようやく気づいたことは、幼児が芋掘りをするには畑の溝の幅が狭過ぎるということでした。収穫後に溝の幅と畝立てをやり変えました。2畝ごとにこれまでの2倍の溝の幅を設けました。その分、収穫量は減りますが、幼児が二人で同時に歩ける溝の幅に広げました。

文字に書けば数行に収まりますが、実際に土を動かして溝の幅を広げる労力はどれほどのものか、作業をやった人にしかわからない骨折りでした。取り組んでみて、幼児の野外における生活体験活動を支援するということは、こういうことなのだと実感しました。

2―5　事前打ち合わせシートの作成と事前の指導演習

２０２１（令和３）年度の生活体験活動支援は、先述したように園の数が増え、園児の数が増え、保育士等の人数も増えました。参加人数が増えた分だけ、引率指導する保育士等の知識経験の度合いが受け入れ活動展開に連動します。２０２１（令和３）年11月から事前打ち合わせシートを作って、当日の活動展開を具体的に反映した表を作成・共有し、なおかつ前日に事前打ち合わせシートに基づく演習をすることにしました。こうした事前学習と事前演習の成果が当日の生活体験活動の展開を園主導の活動に進展させつつあります。

2―6　保育者体験講座の開始

この講座は、保育者等を対象にした体験講座で、具体的には生活体験学校で行なう体験活動の仕方を会得しながら、我が子を同伴して幼児・児童の反応を確かめ、自園での保育・教育に活かせる側面を見出していくという、二正面の体験講座です（ただし、単身者の参加を規制してはおりません）。

２０２１（令和３）年度は４回継続して参加できることを期待して公募しましたが、４回続けてという縛りは少し難しかったようです。２０２２（令和４）年度は一回ごとの参加を基本に公募しました。園単位の活動内容を充実していくためには、こうした講座を通じて個々の保育者の活動体験を積み重ねていくことが必要です。令和４年度第１回の講座は６月５日に実施しましたが、保育者17名、こども９名でした。園の数にして６園からの参加がありました。活動内容はサツマイモの苗植えでした。令和４年度の参加者数は令和３年度に比べると急増しています。

実施日	保育者	子ども	活動プログラム
2020（令2）年11月23日（月・祝）	5	5	サツマイモ掘り、タマネギの植え付け、焼き芋試食
2021（令3）年3月21日（日）	8	9	シイタケのコマ打ち、石窯のピザ焼き
2021（令3）年6月27日（日）	6	9	ジャガイモ掘り、サツマイモ苗植え
2021（令3）年10月10日（日）	1	3	サツマイモ掘り、採蜜活動
2021（令3）年12月19日（日）	4	8	石焼き芋体験、落ち葉プール
2022（令4）年3月27日（日）	3	4	石窯のピザ焼き
2022（令4）年6月5日（日）	17	9	サツマイモ苗植え

2―7　幼児の生活体験活動支援事業と連続性

幼児の生活体験活動支援を始めて6年目に入っていますが、1泊3日の生活塾に参加してくる小学生のかなりの部分が小学校入学前に生活体験学校に来たことがある子どもだということがわかってきました。

２０２２（令和４）年度は具体的な人数の把握を進めていますが、把握した人数がはっきりすれば、幼児の生活体験活動支援が生活体験学校の宿泊事業参加の誘因になっていることを推認できます。幼児の野外における生活体験活動支援は、従来から進めてきた生活体験学校の小学生の宿泊体験事業への参加率向上への口コミ効果に貢献しているとすれば、幼児と児童を対象にした二つの事業に連続性を認めることができることになります。

2—8　小学校1年生対象の体験活動の事業を開始

２０２１（令和３）年、長い間の懸案事項だった小学校1年生を公募対象に加える事業を実施しました。年度後半の公募に際して1年生の参加者を募集したところ、１３０名の応募者がありました。抽選の結果、30名を受け入れました。1年生のみで3班に分けて編成し実施しましたが、結果は好評でした。抽選から外れた応募者が１００名にも及びました。次年度はより多くの受け入れができるよう工夫する必要があります。また、この事業は泊まりなし日帰り事業として実施しましたが、園児のころにお泊り保育を体験していることから、1年生だけを今後も日帰り体験に留めるプログラムは再検討し、1泊事業に強化する必要があります。今後の課題です。

2—9　活動支援方法の今後の方向性

生活体験活動の、どのような活動を、どのように支援していくかは重要なことです。

活動内容の選定は、現に園が取り組んでいる活動か、または今後取り組みたいと考えている活動を支援していきます。実際に支援活動に入る場合は、これまでの生活体験学校の実践で確かめられた効果あるいは有効性に照らして着手の順番を決めていきます。園の保育士等の実践力を高めていく工夫をしながら、年を追って支援の方法を改善して、次第に生活体験学校職員の手を離れて保育士等が主体的に野外で園児を指導していけるように進めていきます。

具体的には、場所と道具はお貸ししますが、活動は保育士等の皆さんで進めてくださいという仕方になります。生活体験学校の敷地内の活動と同じ程度に園庭支援を重視して進めます。例えば、サツマイモ掘りを生活体験学校の敷地内ですることができても、サツマイモの成長過程を観察することはできません。狭くても園庭に菜園を設けて、サツマイモの苗植えから取り組めば、生育過程の観察は園庭で行ない、本格的な収穫体験は生活体験学校のイモ畑で行なうことができます。そうすれば、園児は過程の全体を知ることができます。すでに、生活体験学校の職員が一部の園には出向いて支援していますが、園庭と生活体験学校の敷地という、二つの場所での取り組みを基本的な支援の形態とします。どんな活動を支援するかは、園が選択する活動を可能な範囲で支援することにします。支援の方法は園庭に出向いて支援するだけでなく、活動に関連する情報の問い合わせと情報の提供を重視して進めます。また、石焼き芋の場合は、器具と燃料の薪を園庭に持ち込んでイモを焼くという支援が増えてきましたが、例えば園児を運ぶバスの予算が足りない場合には、園庭支援の一つとして今の方法で実施することができます。

2―10　幼児の野外における生活体験活動支援の今後の方向性

わずか5年間の取り組みで、これだけの参加がありました（p84表「5年間の利用者一覧」参照）。つまり、この活動は幼児教育の現場が求めていた切実な支援要請に応えるものでした。通学合宿が社会教育の一つの課題発見であったように、幼児の野外における生活体験活動支援もまた社会教育の一つの課題発見であるといえます。

生活体験活動をキーワードに、幼児教育と家庭教育と学校教育を切れ目なくつないでいく活動を、生活体験活動支援という範疇で具体化していけるのではないかという見立てが成り立ちます。家庭も学校も社会教育も同じ土俵で考えたり実行できたりするという可能性を追求していけば、子どもの生活レベルの自立が見通せるのではないでしょうか。取り組みは緒に就いたばかりですが、飯塚市の社会教育は大きな転換点にさしかかっており、今後、幼児教育と社会教育の関係者に、この取り組みの情報を発信して参ります。

＊参考文献

(1)『未来の必要—生涯教育立国の条件』p126　三浦清一郎編著　学文社　２０１１年
(2)『未来を拓く子どもの社会教育』　立柳聡・姥貝壮一編著　p33　学文社
(3)「毎日新聞」１９９８（平成10）年１月７日
(4)広岡守穂氏、１９９６（平成８）年12月４日　中央大学法学部教授（当時）
(5)『坂本廣子の台所育児 一歳から包丁を』　坂本廣子　農山漁村文化協会　１９９０年

6

不登校やひきこもりなどの社会的不適応問題の解決に対する「アウトリーチ」（訪問支援）と重層的な支援ネットワークを活用したスチューデント・サポート・フェイス（S.S.F.）の多面的アプローチ

オフィス・しおん　代表　紫園来未

1　子どもの孤立をもたらした社会的背景

子どもの孤立の大局的な原因は、資本主義経済の競争主義の中にあると考えられます。日本社会はある時期から経済発展を最優先し、全国民が競争主義に巻き込まれました。結果的に、現代社会の教育は、資本主義経済の効率性と有用性を生活原理として実施されてきました。効率性と有用性の重視こそ、日本経済を発展させた原理だからです。

日本の戦後は「団塊（だんかい）の世代」から「デジタル世代」（α世代ともいう）まで、激しい競争主義の中で生きてきました。「団塊の世代」とは、戦後の第一ベビーブーム期に生まれ、高度経済成長期の中心となった世代です。「昭和22（1947）年生まれ～昭和24（1949）年生まれ」で、この世代だけでおよそ800万人の子どもが生まれたと言われています。

終身雇用が当たり前、残業休日出勤は当然、家庭より会社優先、と猛烈に働いた世代です。「モーレツ社員」「24時間戦えますか」などで表現された、まさに、戦後日本を復興に導いた世代です。彼らは自らの体験をふまえて、競争原理の価値をことあるごとに評価し、次の世代さらにはその次の世代に、語り続けてきました。

その後の高度経済成長期後半に生まれたバブル世代も同様の考えを持っていました。

2　環境は激変したが、競争主義原理は変わらなかった

団塊の世代の「巨大な塊」のあとには、「団塊ジュニア世代」、「ゆとり世代」、「さとり世代」（1987年生～2004年生）が続き、世代の特性は変わっても効率性と有用性を競い合う生き方は続きました。

「ゆとり世代」は、バブル崩壊、リーマンショックなど平成大不況を経験し、高校生時の2011年には東日本大震災など環境の激変を体験した世代です。教育界では学習内容が30％減少し、学校週五日制が採用され、競争よりゆとりが強調されました。

3　子どもたちは競争の残酷さに慣れていなかった

過保護に育った子どもが競争主義に巻き込まれれば、不適応が起こるのは不思議ではありません。

根本の問題は、貧しい時代に育った親の困難に対する抵抗力と豊かな時代に育った子どもの抵抗力は同じではないのです。解決法は、「競争主義を和らげるか」、もしくは、「競争の過酷さに耐えられるまで個人を強くするか」しかないのです。

4　いじめ・不登校・ひきこもり等子どもの問題が顕在化した

不登校、ひきこもりが社会的に顕在化して、すでに何十年もの時が経過しました。しかも、不登校も、ひきこもりも、解決できないままに、長期化しています。青少年が社会に参加できないことは、本人はもちろん、家族にも、地域社会にもさまざまな面で悪循環をもたらします。若い世代の多くに社会的自立が困難であるという状況は、社会の再生産システムが機能しなくなるということです。

5　子どもの「サイン」を受け止められず多くの支援策が失敗！

不登校やひきこもりが解決できないまま長期化しているという現実は、支援策の失敗の結果としか言いようがありません。不登校やひきこもりの初期の段階で相応しい解決策を講じられなかった子どもたちは、今や、若者であり、成人になりました。しかも、過去を引きずったまま、多くの子どもが、不登校、ひきこもり、ニートなど、学校や社会との「つながり」を失い、孤立に陥った状態が続いています。

ひきこもりの長期化は「８０５０問題（※1　＊本項参考文献p105）」と呼ばれ、親子ともに高齢化し、支援につながらないまま孤立を深めています。社会的不適応の二次災害として、親の死後、残された子が、誰にも頼ることができず、餓死や病死する、いわゆる「ひきこもり死」という悲惨な問題も顕在化しています。皮肉なことに、こうした問題に直面した地域では、すでに多くの支援組織・団体が存在し、支援活動は行なわれていたのです。まことに残念ながら支援方法が適切でなかったということです。

6　不登校、ひきこもり、社会的孤立など複合化した問題の解決策
――「認定特定非営利活動法人スチューデント・サポート・フェイス」のアウトリーチの有効性

■S. S. F. 設立とアウトリーチが解決策の原点

子どもの社会的不適応が頻発し、しかも長期化して行く中で、着々と、世の中の諸問題の解決に取り組む団体が佐賀県で活動しています。谷口仁史氏が代表を務める「認定特定非営利活動法人スチューデント・サポート・フェイス（以下、「S. S. F.」）です。

S. S. F.（※2）は平成15年に、不登校、ひきこもり、ニートなど、不適応問題を抱えた若年層の支援を目的として設立されたNPO法人で、既存の公的支援の不備を補う新しい手法、アウトリーチ伴走型・訪問支援（以下、「アウトリーチ」）を中心とする包括的な支援事業を展開することを目的としています。不登校、ひきこもりを引き金とする「社会的孤立」に関わる諸問題解決のため、アウトリーチに身を挺して取り組んでいる団体です。

●アウトリーチとは

ひきこもり、不登校、自殺未遂など社会の人間関係に傷つき、心を閉ざした若者たちの多くが、悩みや苦しみを誰にも打ち明けられず、孤独の中で暮らしている。そうした若者たちを救うため、相談に来るのを待つのではなく、若者たちのもとにこちらから出向き、直接支援する手法をいう。

アウトリーチは、谷口氏が学生時代に家庭教師をしていた経験から確証を得た手法で、問題解決の圧倒的成功率から、今や我が国を代表する支援方法と評価されています。アウトリーチは当事者の生活に伴走し、本人のニーズに対してきめ細かな気遣いと、社会環境の変化に対応した支援が特徴です。

設立以来、令和3年度までの19年間で、相談件数は約32倍、家庭へのスタッフ派遣数も27倍増となっています。この実績は、アウトリーチの実践と結果でその有効性・必要性を実証し、行政や各機関との協働・連携を広げた結果、他の窓口に持ち込まれた複雑な案件でさえS. S. F. に回ってきているという結果を出しています。まさに、社会的孤立を解消する「切り札」となったアウトリーチは、年々、その質・内容のレベルアップを遂げ、今や日本政府の認めるところとなり、その手法は、全国各地の支援組織に広まっています（※2）。

今、社会問題となっている子ども・若者の孤立、それにともなう複合化した問題の解決策はS. S. F. のアウトリーチに期待できます。

7　深刻化する社会的孤立と伴走型支援におけるアウトリーチの有効性

まさに、今、社会問題となっている子ども・若者の孤立、それにともなう複合化した問題の解決策、「切り札」ともいえる「アウトリーチ」と、数ある既存の「待機型支援」にはどのような違いがあるのでしょうか。

アウトリーチの実際のあり方について主宰者の谷口仁史氏にお話を伺いました。

認定特定非営利活動法人スチューデント・サポート・フェイス　代表　谷口仁史

聞き手　オフィス・しおん　代表　紫園来未

（1）待機型支援の実際と不備

谷口　待機型支援は、読んで字のごとく窓口で支援者が待っている方法です。いわゆる、相談者が相談窓口を訪れることが支援を受ける前提条件となります。

紫園　窓口に行くことさえ悩みぬいている子どもたちがいるのですね。

谷口　相談者が窓口に出向かないかぎり、支援を受けられないということです。しかし、相談者がようやくたどり着いた窓口で相談したとしても、解決が難しいケースも少なくありません。また、「縦割り」の弊害もあります。子どもたちの卒業後・中退後どうなったかわからないといった年齢ごとの縦割りも、支援からの離脱や孤立を生む要因になることは十分に立証されています。

さらに、専門分化した課題ごとの相談窓口では、複合化した問題に十分対処できません。仮に相談者が抱えている問題が明らかになったとしても、その窓口の分野外のことであれば、自分たちには「ここまでしか支援できないので、これから先のことは別の窓口に行ってください」ということになってしまいます。相談者はいくつもの窓口を回らねばならず、そのたびに同じような事務手続きを繰り返すという負担もストレスとなります。あげくのはてに、解決はできず虚脱感、不信感に陥ってしまいます。それらの事実からも、従来の待機型支援には限界があるとしか言いようがありません。

（2）アウトリーチ（訪問・伴走型支援）の有効性

谷口　その点、アウトリーチは、従来の待機型支援の不備を補うものとして奏功した手法です。「どんな境遇の子ども・若者も見捨てない」との理念のもとに「来られないのであれば、こちらから出向いて支援しよう」という積極的な支援手法です。

ひきこもり、不登校、自殺未遂など、社会の人間関係に傷つき、心を閉ざした若者たちの多くが、悩みや苦しみを誰にも打ち明けられず、孤独の中でもがき苦しんでいます。そのような若者の多くが自ら相談施設に足を運ぶことはとても難しくてできないでしょう。しかし、支援を受けなければ、自ら解決策を得ることや自立することは困難を極めます。そうした若者たちの「声なきSOS」を受け止めて救うため、若者たちのもとに、こちらから出向いていって支援を届ける方法です。社会参加まで責任を持って見届けるという伴走型支援、それがアウトリーチとよばれる訪問支援です。
S. S. F. のスタッフは、決して強引にアプローチするわけではありません。「この子にとって一番大切なものは何だろう?」「どういった存在の人物ならば受け入れ易いのだろうか?」、孤立した経緯やきっかけ、家族や外部関係者との関係性の分析など、徹底した事前準備を行なった上で家庭訪問をし、対話の中でていねいに関係性を紡ぎ、寄り添うように努めています。
継続的に家庭にお伺いすると、潜在化しているさまざまな課題が見えてきます。若者本人が抱えるメンタルヘルスの問題等はもちろんのこと、貧困や虐待、DV、保護者の精神疾患など家族問題が把握されることも少なくありません。多重に折り重なる困難であっても、S. S. F. では多職種連携を原則としており、チーム対応によって限界を突破し解決を図り、根気強く自立まで伴走していきます。主役は相談者。支援する私たちは寄りそって見守りながら目的地までたどり着くのを見届ける伴走者としての役割を担っています。
紫園　とても生半可な気持ちでは取り組むことはできない責任が伴うということがよくわかりました。

（3）アウトリーチの成否のカギを握る「事前準備」

紫園　家庭訪問で当事者にすぐに受け入れてもらうことは可能なのでしょうか。

谷口　それはとても難しいことです。心を閉ざした若者たちとの接触はリスクも高く、場合によっては、彼らをさらに追いつめ、状況を悪化させる恐れもあります。一度、心を閉ざした若者たちへのアプローチは至難の業といえます。ですから、彼らへの細心の気遣いが必要なのです。長期化すればするほど、当事者は複数の支援機関の窓口を訪ねても解決に至らなかった、あるいは支援者との信頼関係を築くことができず、拒絶感や不信感を抱いているなどの状況は往々にしてあることです。

ポイントは「最初のアプローチ」にあります（※3）。とりわけ、ひきこもるなどして孤立する若者の場合、本人と接触できるのは、ほんの一瞬かもしれません。ですから、そのチャンスを最大限に活かさねばなりません。

重要なことは「接触前に本人の拒絶感をいかに軽減して同意を得るか」ということです。それを探るために、家族や周囲の関係者から徹底的に聞き取りを行ないます。主訴や現状などの一般的な相談情報だけでなく、孤立するに至ったきっかけや経緯、障がいおよび精神疾患にかかわる情報、対立構図を含む家族関係など、多角的に分析を行ない、まずは避けるべき言動など、回避事項を把握します。

その上で、本人が好きなことや得意なこと、興味・関心、こだわりなど価値観レベルの情報も詳細に聞き取った上で、われわれもそこにリンクできるよう、徹底的な事前準備をします。私たちが「価値観のチャンネルを合わせる」と呼んでいる作業です。

学校や社会生活上のさまざまな傷つきで閉ざしてしまった心を開いてもらうためには、まずは、関わる前の段階で本人が持つ価値観を感覚レベルで理解することはとても重要なのです。

紫園　支援を受ける当事者を中心に専門分野の関係者も含めて、多くの方が関与されるのですね。

谷口　はい、時間をかけての事前準備は惜しみません。死を意識するような極限の状態に追い込まれている当事者を対象とするわけですから、「やってみたけどうまくいかなかった」といった言い訳は許されません。より適切かつ効果的な支援導入を図るためには、事前準備の段階から複数の専門職がチームで情報収集を行ない、支援プランの策定にあたっても多角的に議論を尽くすことが求められます。

自立に至るまでの支援過程を伴走する際も、スタッフとの密なる情報共有は欠かせません。本人との信頼関係を築くことができなければ、支援は始まりません。価値観が多様化し急速に変化を遂げる時代ですので、この「チャンネル合わせ」の段階においてもチーム力が重要です。

例えば、ネット依存状態の若者にはオンラインゲームの世界から、釣りの好きな若者には人目を避けての夜釣りなど、あらゆる対処法を模索しながら接していきます。この際、一人の支援者がすべての当事者の「チャンネル」に合わせることは容易ではありません。特に世代間のギャップが関係性を構築する際の障壁になる場合もあります。

そこで、専門性や経験だけでなく世代的条件も加味したマッチングが可能となるよう、「お兄さん」「お姉さん」世代の支援員を積極的に登用しています。このように多様性を内包したチームで対応することで、従来の個人的資質に依存した対策の限界を補うことができるというわけです。

紫園　予想をはるかに超えた多面的な支援策！　まさにチーム力ですね。

谷口　家庭に継続的に入っていくことで問題が見えてくるのは、当事者と同じ立場を共有できるからだと思います。客観的に分析できる専門性が重要であることは間違いありませんが、それよりも当事者の抱える問題を「我が事」として受け止められるのか、共に悩み、共に解決を図っていけるのか、その姿勢が当事者の心を動かすということも少なくありません。

もちろん、共有された問題の解決は常にチームでのミーティング、情報共有は欠かせません。チームの仲間がいるから支援の限界を突破できるのです。

（4）重層的な支援ネットワーク

紫園　ひきこもりの子どもたちは、心を閉ざして、殻に閉じ込もってしまうのでしょうね。

谷口　そうですね。まず「結果的に」そうなったという当事者の存在に焦点を当てる必要があると思います。我々の就労支援の窓口における実態調査では、アウトリーチの対象者の63・1%は、過去に複数の公的相談サービスの利用経験を持っています。それにも関わらず、改善しなかったわけですので、相談や支援に対する不信感や拒絶感が強化されている側面があります。

もちろん、一人ひとり状態や状況は異なるわけですが、傾向として複雑かつ深刻な問題を抱えるケース程、孤立化・長期化しやすいということです。

中には、いじめ、虐待、DV、家族の精神疾患や介護問題、貧困など、困難が多重に折り重なってしまう場合もあります。家族機能が低下して、家族丸ごと孤立した状態に陥れば、SOSの声を上げること自体が困難になってしまいます。

こういった事態に対処するために大切なことは、まずは、「どんな境遇の子も見捨てない」、「誰一人取り残さない」という思いなんですが、同様に大切にしているのは、支援者自身が自分の限界を認めるということです。

当事者とその家族を支援するには、対人面、心理面、医療面、経済面など、多面的に支える必要がありますし、学校や社会生活を円滑に営むことができるようになるまでは、さまざまな関係者、関係機関の力が必要となります。

だからこそ、S.S.F.では、ネットワークを重視しており、地域レベルから全国規模に至るまで、25以上の重層的なネットワークを構築しており、常時1000団体を超える関係機関との連携・協働のもと、活動を展開しています。

安心の支援ネットワークとは

県内の主要機関が参加し、県が調整機関を担う佐賀県子ども・若者支援地域協議会、青少年サポートネットワーク in SAGA を始めとする市民活動団体から行政機関まで幅広い団体との協力によって 14 の支援ネットワークを構成しています。サポステでは、ネットワーク構成機関との協力関係を活かし、若者の自立に向けた活動を総合的かつ継続的にサポートしています。

佐賀県子ども・若者支援地域協議会 令和4年4月17日現在

- 佐賀労働局職業安定部（ハローワーク主務課）
- ジョブカフェ SAGA（佐賀県若年者就職支援センター）
- 佐賀県立産業技術学院
- 佐賀県産業労働部産業人材課
- さが若者サポートステーション、たけお若者サポートステーション
- 佐賀県中央児童相談所
- 佐賀県北部児童相談所
- 佐賀県精神保健福祉センター
- 佐賀県健康福祉部社会福祉課
- 佐賀県健康福祉部障害福祉課
- 佐賀県健康福祉部男女参画・こども局こども家庭課
- 佐賀県東部発達障碍者支援センター 結
- 独立行政法人 国立病院機構肥前精神医療センター
- 佐賀県教育庁学校教育課（県立学校主務課）
- 佐賀県県環境部まなび課
- 佐賀県総務部法務私学課 私立中高・専修学校支援室
- 佐賀少年鑑別所
- 少年サポートセンター（佐賀県警察本部生活安全部 人身安全・少年課）
- 特定非営利活動法人スチューデント・サポート・フェイス
- 親の会「ほっとケーキ」
- 特定非営利活動法人それいゆ
- 臨床心理相談センター
- （事務局）佐賀県健康福祉部男女参画・こども局こども未来課

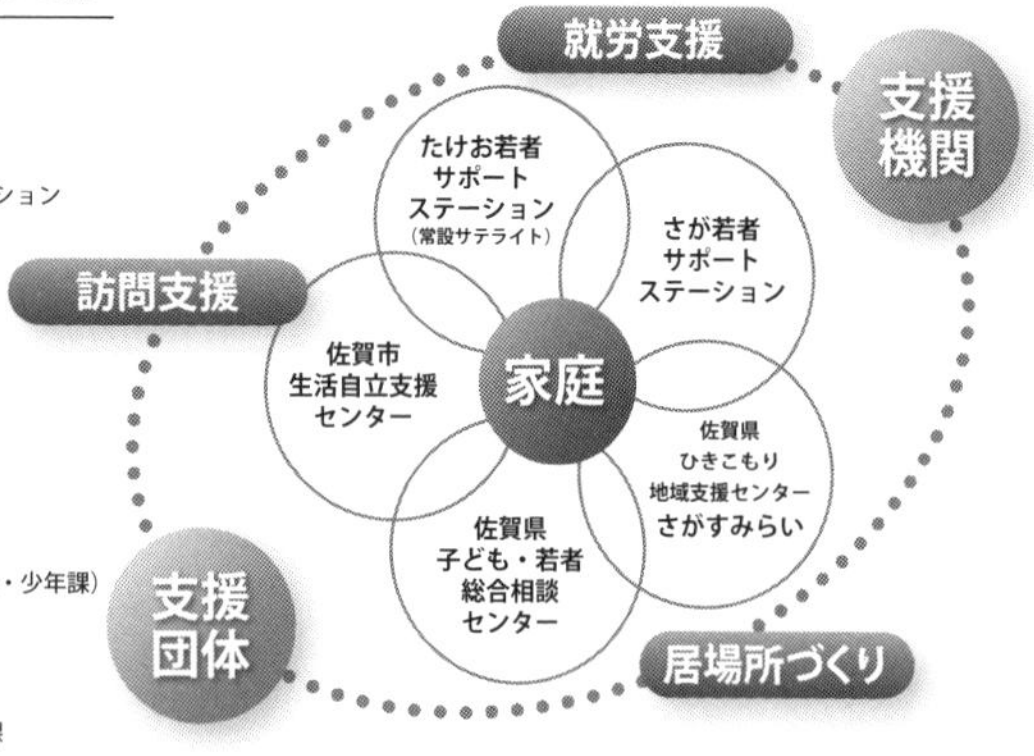

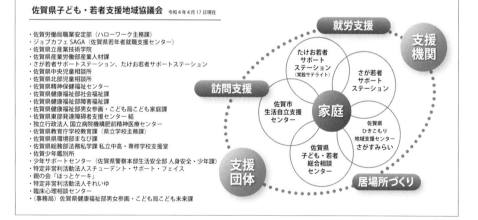

（5）社会参加まで責任を持って見届ける

紫園　専門機関が支援に関与する時は、相談者を専門家に手放すということでしょうか。

谷口　いいえ、支援なかばで手を放すようなことはできません。学校や社会に出て、自律的に生活できるようになるまで寄り添います。専門家や関係機関につなぐ際も留意が必要です。

ひきこもりの当事者の多くは、学校や社会生活の中の対人関係で傷つき、不安や不信感から人とつながる力、つながりを維持する力が弱くなった状態にあります。「行ってみなよ」といった単なる紹介では、一時的につながれたとしても関係性を崩してつながりが切れることも少なくありません。ですから代理で説明を行なったり、同行支援してていねいに、かつ確実につないでいきます。

もちろん、延々と手取り足取りといった対応を続けていくのは、依存関係を生むだけで当事者のためになりません。本人支援と並行的に実施する家族支援や環境調整の進捗状況などを勘案して、段階的に関与の度合いを減らすと共に、様々な経験を積み直す過程で自力を高めていきます。

紫園　「常に伴走型支援」を前提としたアウトリーチのあり方についての熱き思いと、当事者の「ＳＯＳ」に耳を傾け、応えるための繊細な活動について学ばせていただきました。ありがとうございました。

（6）伴走型支援には、支援者として連携している多くのスタッフ、専門家、様々な機関が関わる

伴走型支援の最終段階は、本人と家族、そして本人を取り巻く環境ごと変えてしまうことです。

谷口氏は、「『環境ごと変える』ためには『負の連鎖を断ち切ることがカギ』になる。複雑化した問題を部分的に捉えても解決にはつながらない。真の問題解決のためには、部分的にとらえるのではなく『包括的に捉え、支援すること』によって負の連鎖を断ち切ることができる」と述べています。支援チームとして連携・協働し、活動している多くの専門家、関係機関が関わる事は必要不可欠なのです。

最終着地点は、相談者をとりまく諸問題、不登校脱却、債務整理、心理支援、家計改善、就労支援ほか多岐に亘る問題を重層的な支援ネットワークとの協働で解決し、いわゆる本人と家族、環境を丸ごと健全に変えてしまうということです。

「多職種連携合同研修会」連携している他業種チームの面々が一堂に会し、アウトリーチ手法の研修を受講。講師：谷口仁史氏。

（7）アウトリーチ手法の核心

アウトリーチ手法の核心は、不適応状態にある若者が当面している重層的な問題に対する専門的支援で、細心の注意を払い、独自ノウハウに基づくカウンセリグから、学習支援、各種適応訓練、家庭環境の改善等、自立に至るまでの包括的な支援を組み込んだ「関与継続型」の支援にあります。

現在、抱えている社会問題となる、ひきこもり・不登校などの子ども・若者に対する支援策として、アウトリーチは、平成22年に施行された「子ども・若者育成支援推進法」において法律上初めて明記された他、平成27年に施行された「生活困窮者自立支援法」においても重視され、全国で躍動しています。

令和5年度から始動する「こども家庭庁」においても「アウトリーチ型支援への転換」が打ち出されており、従来型の申請主義、消極的な待ちの姿勢からの脱却が図られるなど、ますます進展しています。

これらのことから、現在危惧される子ども・若者の社会的孤立の救いの望み、つまりある意味で治療薬は確かにあると言えるでしょう。谷口氏は、過去8年間で全国3000カ所にアウトリーチ研修の指導に赴いています。この数字は、言うまでもなく需要が大きいことを示しています。現在、第2第3の谷口仁史を目指す「アウトリーチ」支援員の養成が急がれています。

8　社会的不適応を予防する未来の必要

（1）予防に勝る治療なし

不適応問題の切り札となるアウトリーチ手法は、治療策として希望を与えてくれます。しかし、それ以前に根本的に大切な「教育」という予防策を見落とすわけにはいきません。

「子ども・若者育成支援推進法」第一章第2条から、親、家族、学校、地域が、子どもに必要な教育をもって社会的孤立などに陥らぬよう取り組むことが大切であり、責任を伴うということを思い起こさせてくれます。治療以前に予防が大切であり、共にめざさなければならないことと理解できます。アウトリーチの広がりへの期待は大きいものの、他力本願では責務を全うすることはできません。『予防に勝る治療なし』。今、この時から、各自できることをめざす、それが大切であると考えます。

（2）体験が「生きる力」を育む

少子化の勢いが止まらない今、予防策として、誰ひとり孤立に陥らないように、学校、家庭、地域、皆が、子どもたちが「生きる力」を身につけることに真剣に関わっていくことが重要かつ必要不可欠であり、急務と考えます。むしろ、長期にわたって、子どもに必要な経験、体験をさせず、過保護というぬるま湯に放り込んだままにしていた社会にツケが回ってきたとしか言いようがありません。子どもたちに我慢強さ、忍耐力を身につけられるような体験やトレーニングの場を与え続けることは、責務です（本書第2章参照）。

人は、誰でも身をもってさまざまなことを経験し、体験を重ねることにより、耐性をつけることができるのです。積み重ねた耐性は応用力を発揮し、新しい体験の中で、さらに鍛えられた強い耐性が育っていきます。「やったことがないことはうまくやれない」のです。耐性を育てるために日々の訓練が必要となります。もちろん、頑張るためには、周囲の応援機能も大切です。日々繰り返される訓練は耐性と体力を強靭なものへと育みます。体力と我慢強さが身につくと辛いことに直面したとしても「なにくそ、負けるものか！」と立ち向かう精神を発揮できるのを期待できるでしょう。それが最大の予防策となるのです。

＊参考文献

1　８０５０問題　ウィキペディア百科事典より
https://ja.wikipedia.org/wiki/8050%E5%95%8F%E9%A1%8C

2　認定特定非営利活動法人 スチューデント・サポート・フェイス
公式ホームページ　http://student-support.jp/

3　『新しい支援と社会のカタチ』（谷口仁史著、有斐閣、２０２１）第５章「アウトリーチと伴奏型支援」より、71～93ページ　奥田 知志（ＮＰＯ法人抱樸理事長、牧師）、原田 正樹（日本福祉大学教授）編

7 中学校が拠点の「なんちゅうカレッジ」
――市民が先生、中学生と市民が一緒に学ぶ

春日市立春日南中学校　なんちゅうカレッジ実行委員会
実行委員　神田芳樹

1　未来の必要

(1)　次代を担い、超高齢社会を支える中学生の体験・学びの必要

感染症の影響や社会経済の変化のもと、デジタル化が進み、子どもに限らずインターネットでの情報収集やバーチャルによる体験機会などが増えている中、ものづくりや観察、伝統文化などを、直接的に五感を使って体験し、学んでいくことは子どもたちにとって変わらず必要なことです。

脳に刻まれたこれらの体験や学びが人生の引き出しを増やすことにより、将来の問題解決や生活上のさまざまな課題対応に対する発想の展開の助けになっていくことが期待され、直接的に体験したことが自らの進路選択や趣味、生き方を広げる契機になるものと考えます。

特に、小学生から中学生へと、学校における学びの内容は、具体からより抽象的な概念へと移行する中、具体的な体験が抽象的な概念と結び合ってこそ、真の学びや気づきにつながっていくものと考えます。

(2) 団塊の世代ジュニアの生き方の必要

現在の超高齢社会において、健康寿命を延ばし、できるだけ介護、医療のお世話にならずに豊かな人生を送るためには、人と人との関わりのある社会的な活動が必要とされています。

今後、団塊の世代ジュニアが50歳代、60歳代へと高齢化し、次の超高齢社会の主役になっていくにあたり、自らの知識、技能などの能力を生かした活動ができるような受け皿や人と人とのつながりを深める地域参加の機会が求められています。

特に、次代にその知識、技能を伝え、伝承していくことが人間社会にとって必要とされる世代間のあり方であると考えます。

(3) 地域学校協働活動の推進の必要

学校運営に地域、保護者等の意見を反映させる学校運営協議会を設置するコミュニティ・スクールの推進が公立小中学校において主流になっています。

一方、学校の教育課程における社会に開かれた教育課程の展開においては、それぞれの教科、領域の内容により、一定の限界があります。これが、一方で地域学校協働活動の推進が叫ばれている要因ではないかと考えています。

子どもを育む上で、学習指導要領に基づく教科、領域の学習に加え、地域のひと、もの、ことを地域の大人や多年齢構成の中で体験することで、教育課程だけでは得られない社会性、他者理解等を学び、体験する機会となる地域学校協働活動が展開されることにより、子どもたちが育つ環境が整えられていくものと考えます。

地域学校協働活動は、小学生を対象としたものが多く、中学生と地域との距離はまだまだ縮まっていないものと考えています。地域学校協働活動を通じ、住民の一人としての自覚や地域への貢献を考える素地が養われることが期待されることから、地域学校協働活動の一層の推進が必要であると考えます。

2 なんちゅうカレッジと未来の必要

(1) 発端

なんちゅうカレッジは、平成14年度、春日南中学校が創立20周年を迎えるにあたり、記念事業実行委員会の委員として選ばれ、集まったPTA役員の経験者（学校教育に一定の理解を有する者）が、一過性でない事業を、と発案し、学校の理解を得て、実施に至りました。

(2) 春日南中学校で展開されるなんちゅうカレッジとは？

・専門や得意分野を持つ「地域の大人が講師」となり、
・「中学生」と、希望する「地域の大人（地区回覧で募集）」が一緒に受講する、
・「土曜日」の「体験や学び」の場――です。

地域の大人が講師となることで、地域の大人にとっては活躍の場、知識、技能を生かす機会、学校教育への理解を進める機会に、生徒にとっては地域の大人と接し、交流することで社会性を育む場となっています。

（3）なんちゅうカレッジのねらい（平成14年度から継承）

・生徒が、社会生活に必要な考え方、人間関係づくり、マナーを学べるように
・学校の教科では学べない社会知識を身につけること
・未来の人生設計を考える契機をつかむこと
・保護者以外の大人、社会との接し方を学ぶこと
・家庭では得られない社会生活のルールを学ぶこと
・地域の大人が、地域の教育につき理解を深める契機にすること

このねらいは、21年を経過した現在も必要とされるテーマであり、当時から今日まで、中学生の育ちに必要なものが大局では変わっていないことが感じられ、未来に向かって追求すべきものと実感しています。

（4）なんちゅうカレッジの仕組み

ア 運営

なんちゅうカレッジは、「なんちゅうカレッジ実行委員会」が運営しています。実行委員会は、学校創立20周年記念事業実行委員会に集まったＰＴＡの役員経験者に、住民のボランティアが加わり、組織されています。

財政面は、地域の大人の受講者からいただく協力金、校区の自治会やなんちゅうカレッジ後援会（地域の事業者で構成）から協賛金をいただき、できるだけ、子どもたちに本物体験ができるような教材の費用に充てています。

イ 講座・講師の決定

開設講座は、前述のねらいに沿って、多様な講座が開設できるよう、実行委員会で協議して決定しています。講師が事情で講座を担うことができなくなれば同講座の他の講師を探し、実行委員が口コミで入手した新たな地域の達人の情報が入れば新規講座の開設の検討を行います。

また、実行委員会の中で生徒に学ばせたい新たな分野の提案があれば、その講座開設のため講師探しに情報収集するなど、毎年度、実行委員会の話し合いと地域でのネットワークを生かした情報収集により、開設講座が決まっていきます。

なお、講師は、校区住民、市民、講座によっては市外から招へいしていますが、原則としてボランティアで関わっていただける方にお願いしています。

令和4年度の講座（18講座）と日程等

番号	講座名	講師
1	おもしろサイエンス	九州大学筑紫キャンパス、企業、大学教授
2	電気機器工作	校区住民（技術系会社員）
3	パソコン画像処理	市外・自営業者
×	デジタルカメラ	市民　※体調面で本年度休講
4	天体・気象	市立天文台、気象予報士
5	自然観察	市民、校区住民（野鳥の会、植物友の会所属）

×	救護・介護	消防本部、社会福祉協議会、校区内特養　※希望生徒なく休講
×	川柳	市民　※希望生徒なく休講
×	郷土の歴史	市民、市立歴史資料館　※希望生徒なく休講
6	手書きPOP（紹介文）	市民
7	書道	校区住民
8	切り絵	校区住民
9	ステンドグラス	市外
10	アロマセラピー	市民
11	陶芸	校区住民
12	料理にトライ	市民
13	三味線	市民
14	演劇・ミュージカル	市内劇団
15	茶道	校区住民
16	囲碁	校区住民、市民
17	軟式テニス	市テニス協会
18	ゴルフ	校区住民、市外

・開講期間　左記日程（10回）毎回土曜日 午前9時～10時50分
7月23日開講式、30日、8月6日、20日、9月10日、10月15日、11月5日、26日、12月3日、17日成果発表会
・参加生徒　約３２０人
・地域受講者　約40人
・講師　約50人

ウ 講座への参加

生徒と地域の大人の受講者は、自分でどの講座を受けたいのかを選択し、申し込むことにより、参加することができます。生徒にとっては、一斉の授業とは異なるところです。

エ 広報活動

ホームページを開設し、内外に情報を発信しています。
また、令和４年度からは、ホームページから欠席連絡ができるようにしています。

講師のみなさん

(5) なんちゅうカレッジの成果

ア 生徒

受講アンケートによれば、生徒は概ね楽しく活動ができているようです。受講した講座内容だけでなく、講師の真剣さや雰囲気作りなど、講師の努力や人間力に負うところが大きいものと考えています。

そのほか、アンケートによれば、「多くのことを学んだ」、「友達が増えた（生徒間）」、「学んだことは今後自分でも勉強したい」、「家族の話題になった」、「地域の人と知り合いになった」、「新しい世界が開けた」などの結果が得られています。

また、この21年間の中で、学んだ講座をきっかけに、高校、大学と進路選択をした生徒、講師として戻ってきた生徒、高校の部活動に学んだ講座内容を選択した生徒などが見られています。

コミュニティ・スクールのもと、社会に開かれた教育課程の中で、地域のひと、もの、ことを学び、教育課程外において、組織的に分担しながら地域行事の準備や運営などに参画する地域活動に加え、「なんちゅうカレッジ」を通じた、個の選択による体験、学びの活動が加わることにより、生徒の育ちに多様な機会を提供しているものと考えています。

イ 講師

講師は地域住民が中心です。自ら手を挙げて講師に応募してきたわけではなく、実行委員が趣旨を説明し、共感して講師になっていただいた方ばかりです。講師が自分に務まるのかなど不安を持ちつつ、講師経験がないまま、最初は手探りの中で初年度の講座を迎えています。生徒との関わりの中で関係性を築き、どの講座も生徒の満足度は高く、1年を終えています。

講師になっていただいている方々は、いわば、地域に埋もれた人材であり、地域資源といえます。「なんちゅうカレッジ」を通じて、表舞台に立ち、自らの知識、技術、技能を活かし、社会参画していることは、地域社会にとっても、講師の人生においても、一つの成果ではないかと考えています。

ウ 学校

学校にとって、現在、求められている社会に開かれた教育課程、コミュニティ・スクールの推進、地域学校協働本部体制の構築、地域学校協働活動の推進などにおいて、この間の「なんちゅうカレッジ」の取り組みが、それらの多くを先駆けて準備してきたこととなっていることは、学校にとって好都合ではなかったかと考えています。

ものづくり　ステンドグラス講座

舞台芸術　演劇・ミュージカル講座

（6）なんちゅうカレッジの変遷と今後の展開

「なんちゅうカレッジ」は、令和4年度から、働き方改革を主な要因とし、土曜日の授業ではなく、自由参加制の土曜日の地域学校協働活動となりました。

平成14年度に自由参加制で始まり、平成23年度に授業化（コミュニティ・スクールの推進）、令和4年度に自由参加制の復活と、この間、学校の取組や社会の要請に応じ、実行委員会や学校との真剣な協議の中で変化し、対応してきました。

活動団体の多くで耳にするスタッフの高齢化など、「なんちゅうカレッジ」を下支えする実行委員会の活動の持続性の課題はありますが、将来の社会を担う子どもたちの育成に対する思いを大事に、これからも、諸課題を解決しながら、また、実施し、振り返り、改善しながら、活動は続けていくものと考えています。

一つの中学校区の取り組みではありますが、コミュニティ・スクール創成期には市内他校のモデルともなりました。この活動のこれまでの経験と今後の持続的な継続が、他の地域の参考になることを大いに期待しています。

なんちゅうカレッジの変遷

年度	内容	講座数
平成14	○なんちゅうカレッジのスタート 春日南中学校創立20周年で集まったPTA役員経験者が、一過性でない事業をと発案、実施 ※社会背景：学校週5日制スタート ※生徒は土曜日の自由参加 ○市教育委員会事業「生涯学習市民のつどい『子どもを地域で育てよう』実践発表会」で発表	22
平成15	○優良PTA文部科学大臣賞受賞「なんちゅうカレッジ」などの地域連携が評価 ○なんちゅうカレッジのロゴマーク決定（生徒に募集）	19
平成16		14
平成17	○なんちゅうカレッジのテーマソング決定（演劇講座のミュージカルで使用された曲）	19
平成18		18
平成19		20
平成20		20
平成21		13
平成22	○学校がコミュニティ・スクールに指定 （なんちゅうカレッジを学校のプロジェクトの一つに位置づけ）	21

平成23	○なんちゅうカレッジが土曜日の授業へ （総合的な学習の時間、キャリア教育、1・2年生全員参加）	26
平成24	○「優れた『地域による学校支援』にかかわる文部科学大臣表彰」受賞（学校運営協議会が受賞）	27
平成25		29
平成26	○「福岡県市民教育賞」受賞	28
平成27		28
平成28	○なんちゅうカレッジ後援会が発足（地域の事業者の財政面での支援、事業基盤の安定化） ○市表彰「市民活動表彰」受賞（実行委員会） ○教育委員会感謝状贈呈（講師、実行委員） ○市あんどん祭りアートコンクール入賞 （木工講座生徒の作品。市長賞、教育長賞、市議会議長賞、市民祭り振興会長賞）	28
平成29	○「第9回協働まちづくり表彰」でグランプリ受賞 （一般社団法人日本経営協会「自治体総合フェア2017」） ○「ふくおか共助社会づくり表彰」優れた協働事例として表彰 ○記録誌「地域で育つ中学生～なんちゅうカレッジ15年の軌跡～」発行 ○「第10回地域教育実践交流集会（愛媛県）」で実践発表	27

平成30	○教育委員会感謝状贈呈（講師） ○「第170回生涯教育まちづくりフォーラム」で実践発表 ○「南筑後地区社会教育主事等ネットワーク協議会研修会」で実践発表 ○「第14回人づくり・地域づくりフォーラムin山口」で実践発表	28
令和元	○「むなかた市民学習ネットワーク有志指導者研修会」で実践発表 ○「田川郡社会教育委員連絡協議会講演会」で実践発表	27
令和2	感染症で中止	—
令和3	感染症で中止 ○「社会教育主事講習社会教育実践演習」受け入れ	—
令和4	○なんちゅうカレッジ再開 ○生徒の自由参加制へ戻る（働き方改革ほか）	18

第3章　学社連携の生涯教育革命——高齢期の健康寿命を向上させる

8　「幼老共生」の社会教育戦略
学社連携による高齢者の活力維持と学校支援活動の同時進行

生涯学習通信「風の便り」編集長　三浦清一郎

Ⅰ　学校開放は、高齢社会を乗り越える生涯教育の必須条件

1　義務教育学校の開放が重要なのは、高齢者の自律的行動範囲が小さいから

(1)　筆者の大失敗

筆者の妻はアメリカ人でした。日本での暮らしの最大の問題は日本語の習得。当時、彼女は、「日本人を夫に持つ外国人の妻の会」：ＡＦＷＪ（Association of Foreign Wives of Japanese）の会長でした。彼女の仲間たちの共通課題も日本語の習得でした。

私は、近所の学校にお願いして、授業の邪魔にならない約束をして聴講させてもらうのが一番の早道だよ、と言ったのです。私は当時、福岡教育大学の教授だったので、「教育大学の先生がそう言うのなら、大丈夫だろう。やってみよう」ということになったらしいのです。何十人かの外国人妻がそれぞれの居住地の小・中学校の校長先生に面談して、授業聴講のお願いに行ったそうです。

結果は悲惨なものでした。全員が門前払いで断られたそうです。大事な仲間の前で、大恥をかいた妻は怒り心頭に発して、私が絞り上げられたことは言うまでもありません。

そんな折も折、全国公民館大会のシンポジウムで愛知県扶桑町の河村教育長さんと同席することになりました。気さくで、大らかな方だったので、お茶の席で、つい甘えて、学校に対する普段の憤まんをぶちまけたのでした。驚いたことに、教育長さんは「うちは聴講を許していますよ」と軽くおっしゃったのです。「どうしてそんなことがおできになったのですか?」とたずねたら、「行政主導でいくのです」とおっしゃいました。「学校は、決められたことは守りますから……」。「行政の指示・命令であれば、学校は従順に従います」。

さらに、河村教育長さんから、「福岡県からも、古賀市とか、那珂川町(当時)とか、幾つかの自治体が聞きにみえましたよ」と言われて、後日調べたのが、次にご説明する「市民聴講制度」です。

(2) 身近にある生涯学習機会

日本語のわからない外国人にとっても、もちろん、高齢者にとっても、暮らしの身近に学習機会があることが生涯教育の不可欠の条件です。中等・高等教育機関の開放も大事ですが、高齢者にとっては、これらの学校が日常の暮らしに必ずしも近くないことがマイナス条件です。

逆に、義務教育学校は、高齢者が自転車や徒歩で行くことのできる暮らしの中にあります。第1次生活圏にある小・中学校が市民の聴講を許可してくれることは、高齢者にとって何より身近な学習促進策になるのです。高齢者の日常に隣接し、暮らしの一番近いところにあるのが義務教育学校だからです。

しかも、現行の義務教育に市民を受け入れることは、市民にはもちろん、学校にとっても工夫次第で、従来の教育に新しい活力や方法をもたらします。小・中学校が市民の生涯学習の場となり得れば、市民と児童・生徒の共生によって、新しい学校のあり方が生まれる可能性も大です。

特に、地の利を生かして、高齢者が聴講を始めれば、本論が掲げた「幼老共生」が実現し、子どもと接し、学校支援活動に参加する高齢者の活力向上に資するであろうことは疑いありません。このことは、20年以上にわたって続けられてきた後段の福岡県飯塚市の「熟年者学び塾」が見事に証明しています。

2　義務教育学校の開放は、第1次生活圏の生涯教育の基本システム

義務教育学校の聴講が実現すれば、市民の希望者にとって、生涯学習への最短距離になります。

文科省が推奨する「コミュニティ・スクール」は、市民の声が学校や教育行政に届くというメリットがあると謳われていますが、地方自治体の教育行政が進める市民聴講制度は、正にもっとも簡便かつ迅速なコミュニティ・スクールを確立することになります。

3　授業に適度な緊張感を与え、教員にも、児童・生徒にも意識の変革をもたらす

学校の授業に市民が入ることは、教師も児童・生徒も、日常を他者から客観的に見られることになります。

同一人物が長くいることになれば、どこかで慣れも生じるでしょうが、聴講生が入れ替われば、そのたびに新しい緊張感が生まれます。人間の常として、いい印象を与えて、よく思われたいとするもので、そうなれば、頑張ろうという意欲も湧いてくるはずです。

Ⅱ　愛知県扶桑町――全国初の市民聴講制度

扶桑町では、２００２年度より、町立の小中学校に聴講生制度を導入しています。市民聴講制度とは、希望すれば一般の人が小中学校の授業を受講できる制度を意味します。

もちろん、小・中学校に導入したのは扶桑町が全国初でした。

1　認知症1千万人時代の「幼老共生」

認知症患者1千万人と言われる時代です。高齢者が子どもと接することが、どれほど新鮮で、刺激的なことか、このあと紹介する福岡県飯塚市の「熟年者マナビ塾」の調査でも証明されています。

教育行政の呼びかけに応じて高齢者が学校の授業にすわることは、老若が同じ時間と空間を過ごすことですから、「幼老共生」と呼んでいます。学校を舞台にこれが実現すれば、高齢者の元気と活力を向上させる革命的な方法です。もちろん、学校の授業に参加できることだけでも、高齢者の脳が活性化し、ボケ防止・認知症予防の効果も絶大なものとなることでしょう。

幼老共生は高齢社会を突破するために学校と社会教育を連携させる絶好の戦略なのです。

2　扶桑町の実施方法

扶桑町の実施方法は、呼びかけも募集も教育行政主導です。参加方法には次の４つがあります。

① 教育委員会に電話で申し込む。　☎０５８７―９３―×××
② はがきで「扶桑町大字高雄字×××　扶桑町教育委員会」まで郵送する。
③ 教育委員会ホームページにある申込書に記入し、教育委員会へ提出する。
④ メールを利用して申し込む。

注意事項には、「ご自分の孫・子の在籍する教室はお避けください」というユーモラスな禁止事項もつけられていました。驚くべきことに、聴講希望者は、校区外・扶桑町外の市民でもいいのです。また、受講したい教科は何科目でも許可されます。ただし、学校の負担を考慮した上でしょうが、聴講人数は1学級２名までと決められています。

3　きめ細かい具体的な参加方法

参加する際の心得や注意事項も具体的に示されています。

- 継続的な受講（原則1年間）をお願いいたします。
- 遠足、運動会なども希望によりご参加いただきます。
- 希望により、給食も実費で用意いたします。
- 受講料は無料ですが、教科書、教材費など必要経費は、実費ご負担ください。
- 児童生徒の教育に支障をきたす行為があった場合には、受講をお断りいたします。
- 事故等の保障制度はありませんので、個人の責任において処理いただくようお願いいたします。
- 扶桑町外の方も受講できます。

4　生き生きと参加している聴講生

扶桑町は聴講生の感想を聞いていますが、結果は、後段に紹介する福岡県飯塚市の「熟年者マナビ塾」の皆さんと相通じるものがあります。子どもと接した高齢者は、皆さん元気をもらっているのです。子どもには高齢者を元気にする不思議な力が備わっていると思わざるを得ません。

「頭が働くようになった」、「できなかったことができるようになった」といった目に見える具体的効果もあるのですが、皆さんに共通しているのは、活力を取り戻し、生き生きしているということです。中でも、先生から依頼されて、学級や学校の支援に何らかの役割を果たされた方は、大きな自信を取り戻しています。高齢者にとって、「誰かの役に立つ」ということがいかに重要であるかを痛感します。

心理学では、社会貢献と社会的承認とは裏表の関係だといいますが、正しく学校から感謝され、子どもの指導に加わることができたという「役割分担」は、高齢者の「やり甲斐」と自信を支えているのです。「聴講制度」をきっかけに始まった高齢者の学校支援は、正しく幼老共生の切り札になっています。しかも、河村教育長さんがご指摘のとおり、この事業にはほとんど予算がいらないのです。

給食費は、高齢者の自己負担ですが、生徒と給食を一緒に食べたこと、その席でいろいろ話ができたことは宝物のような思い出になっているのです。中には、社会科見学や遠足に参加した人、子どもと同じテストを受けた人もいました。「何回受けても時間がたりませんでした」と感想を述べながら、〝ボケ防止〟につながるとおっしゃっています。

Ⅲ　生涯教育としての市民聴講制度

学校を開放して、市民の聴講を受け入れるということは、学校教育を生涯教育の体系の中に位置づけることです。開かれた学校は、使い方次第で生涯教育施設になるということです。これまで多くの学校は、地域の方が入ることを敬遠する傾向が強かったですが、聴講制度が根づいてみれば、市民の力を学校教育に活用できることにも気づいたのです。

第1に、学校開放は学校理解につながり、学校評価にもつながります。市民の意見を聞けるに留まらず、安全管理面でも、地域の協力が得られます。

第2に、聴講生の熱意やまじめな受講態度は子どもたちの手本になり、学習への緊張感をもたらします。

第3に、これが高齢者にとっては最も重要なことですが、世代を超えた交流の中で、いたわりや気遣いなど社会生活の基本を教えることができます。

第4に、聴講生は教員の支援ができます。具体的には、授業の手伝いをしたり、理解の遅い子への支援に回るなどです。

第5に　高齢者の学習態度や教室での礼儀正しい姿勢が子どものモデルとなれば、現代の家族が当面している家庭の教育力低下を補う機会ともなり得るでしょう。

Ⅳ　サロンを名のらない最強の高齢者サロン――飯塚市「熟年者マナビ塾」

1　学社連携で高齢者を支援する飯塚市「熟年者マナビ塾」

社会福祉協議会は全国で「高齢者サロン」事業を実施していますが、福岡県飯塚市は「サロン」を名のっていません。しかし、高齢者支援の素晴らしい方法が展開されています。それが20年以上も続いている「熟年者マナビ塾」です。

この報告は、元教育長の森本精造氏と飯塚市の現職の生涯学習課長、安藤孝市氏の発表をもとに筆者がまとめました。

サロンの原義は「客間」「応接間」という意味で、サロン事業はフランスの上流階級が自宅の応接間を使っ

熟年者マナビ塾（穂波東校）集合写真

て、コンサートや社交の会を催したのが発端だそうです（広辞苑）。一方で、日本の「高齢者サロン」事業は、主として、「居場所づくり」「交流・社交」「介護予防」などのプログラムを提供しています。

「熟年者マナビ塾」は、名称こそ「サロン」ではありませんが、福岡県で最も包括的な高齢者支援事業になっています。事業の開始は旧穂波町で、学社連携の実験的事業として、森本教育長さんが着手し、合併後の飯塚市が引き継いだ事業です。すでに20年以上の歴史があります。

過日、福岡県立社会教育総合センターにおいて、「第193回生涯教育まちづくりフォーラム」が開催され、飯塚市の安藤課長が現状の報告をされたので、20年以上も続いてきた学社連携の高齢者支援の目標と実態を再確認できました。この事業の構想は多面的で、次にまとめるとおり、日本社会の近未来に対する「予言」と「提案」を含んでいます。

2 「熟年者マナビ塾」の発想の原点

想定される近未来の問題は三つあります。

第1は、高齢期の格差の顕在化です。

介護予防活動は、参加対象の高齢者を幅広く募って支援しなければ、「生涯学習格差」のひろがりを抑制することができなくなり、教育プログラムのあり方次第で、高齢期の「生活格差」を生んでしまう結果を招きます。

第2は、地域社会の活力喪失です。

高齢者を対象とした施策に失敗すれば、高齢者率が増加し続ける地域社会の活力は大きく失われざるを得なくなります。

第3は、社会的コストの増大です。

高齢者が、総じて、「老衰の抑制」に失敗すれば、高齢者の社会的安全と安心を保障する介護施策に膨大なコストが生じます。

第4は、世代間軋轢が大きくなります。

高齢者の社会依存度が増大するにしたがって、高齢者と高齢者保護のコストを担う若い世代との間に世代間の軋轢が生じます。

すでに高齢者率は全国平均でも20%を優に超え、地域によっては40〜50%のところも出てきました。日常の自立的生活が困難な高齢者も10%を優に超えました。高齢者の医療費、介護費の増加が人事、財政両面で現行システムを圧迫することは誰が見ても明らかでしょう。

3 「熟年者マナビ塾」が目指したもの
――高齢者の自立能力の向上と社会参画ステージの創造――

高齢化率が確実に増大し、しかも、高齢者の自立支援が遅れた場合、医療費、介護費の高騰は必然の結果であり、社会保障を国民に約束した日本社会は、確実に財政の圧迫が起こり、時に自治体財政の破綻すら予想されます。

予防医療、予防介護の観点からはもとより、健全財政維持の視点からも高齢者の活力を保全し、元気な高齢者の社会参画を促すことは喫緊の行政課題であるといって過言ではないでしょう。しかし、そうした行政課題に対応する高齢者教育の施策は誠に不十分であったと言わなければなりません。

旧穂波町および合併後の飯塚市では、学校と社会教育をつないだ「熟年者マナビ塾」事業を継続し、高齢者自身が学ぶプログラムと高齢者が学校を支援するボランティア活動を同時進行させて、高齢者の活力維持を図ろうとしました。

自立のトレーニングと学校支援という社会貢献活動の両立によって、学校は高齢者に活動ステージを提供することになり、高齢者は学校教育に対する多機能を有した支援グループを形成することになりました。

飯塚市の教育行政が主導した結果、「学び塾」構想は、市内22の公立小学校の全部に受け入れられました。学校とつなげば高齢者の活力維持のためのステージの創造は可能であり、自治体の財政負担も極めて軽微で済むことが証明されたのです。事業から発生するトラブルの責任は、教育行政が引き受けるという発想が事業を前進させた点は、扶桑町の市民聴講制度と共通しています。

4 「熟年者マナビ塾」の概要

飯塚市熟年者マナビ塾（平成22年度実績）

1 経過　平成16年（２００４年）度（旧穂波町で実施、平成19年度から合併後の飯塚市で実施）
2 対象　原則60歳以上の高齢者
3 主たる活動（活動時間帯は小学校に合わせる）
　1時限　脳トレ（読み・書き・計算・朗唱など）と軽体操等
　2時限　自主学習（塾生が提案する相互学習）
　3時限　学校支援ボランティア
4 活動拠点　飯塚市立の全小学校の空き教室等
5 活動経費　受講料　1回１００円（塾の活動経費、受益者負担、資料費別）
6 支援のシステム　毎週1回　授業のある日の午前中3時間
7 現在の連絡先　飯塚市中央公民館　０９４８―２２―３２７４
8 受講生　市内全22の小学校で実施　受講生２３５人（Ｈ22年12月現在）

学校からの積極的支援要請があって初めて高齢者が動けるので、学校側の高齢者の能力に対する評価がカギになっています。

5　「熟年者マナビ塾」の効用

「マナビ塾」の効用については、福岡県立社会教育総合センターがまとめた塾生調査：「熟年者マナビ塾の存在意義（＊1）」が雄弁に証明しました。

調査結果の概要は次のとおりです。

第1に、圧倒的多数の塾生が「マナビ塾」活動を通して複数の「新しい老後」を実感しています。

①まず、生活の新しいリズムとスケジュールを実感しています。
②これまで存在しなかった友人、知人、子どもたちとの交流が始まっています。
③新しい趣味・活動に楽しみや喜びを感じています。
④生活のはり、生きがい、やりがい、緊張感も実感しています。

第2に、圧倒的多数の塾生が、自らの活動および学校支援活動を通して、「機能快」を感じ、これまで「できなかったこと」が「できるようになった」と評価しています。塾生の達成感、成就感、会得感は明らかです。具体的成果は自由記述評価の中から次のように要約されました。

①読み書きを始め、脳が活性化していることを自覚している。
②交流・社交が始まり、その質量が共に向上している。
③工作・手作業に関わった結果、手先の作業能力が向上している。
④運動能力、身体能力、行動耐性が向上している。

熟年者マナビ塾　学校支援活動（家庭科の指導）鯰田小学校

第3に、圧倒的多数の塾生が「活力」の向上を実感しています。内容的には「機能快」の実感と重複するところがありますが、具体的成果は自由記述評価の中から次のように要約されました。

①読み書きなど知的能力の向上
②身体的能力の向上
③各種作品の作成など作業能力の向上
④意欲、好奇心、やる気の向上
⑤生活リズム、生活スケジュールなど時間に関する感覚の変化
⑥日常生活の行動範囲の拡大

第4に、交流が拡大し、孤立化が予防できています。大部分の参加者の交流が拡大し、子どもとの交流は特に新鮮であるという評価に集約されます。具体的成果は自由記述評価の中から次のように要約されました。

①マナビ塾を契機に、塾生同士の新しい人間関係や社交が始まっています。

② 学習の縁、同好の縁、志の縁などをとおして、これまでの人間関係が「深化」「拡大」しています。
③ 人間関係の拡大と深化は、交流における年齢の幅、地域の広がり、多様性をもたらしています。
④ 学校支援活動に伴う子どもとの交流は参加者の想像と期待を超えた新鮮さや喜びをもたらしています。

第5に、塾生は「マナビ塾」を楽しんでいます。具体的評価は自由記述評価の中から次のように要約されました。

① 子どもとの交流の新鮮さが楽しい。
② 新しい仲間との交流・集団活動が楽しい。
③ 学習・創作活動が楽しい。
④ 自分の貢献や向上が楽しい。

（調査資料註＊1）益田茂、「熟年者の活動が熟年者の活力を育む ―― 飯塚市熟年者マナビ塾の存在意義」第90回生涯学習フォーラムin福岡の発表資料

6　社会参画という教育力

「熟年者マナビ塾」事業は、高齢者が、学校支援という社会貢献活動をとおして、自らの元気と学校の元気・子どもの元気を同時に向上させ得ることを証明したのです。

日本社会の高齢社会対応は、治療だけを目的として予防を忘れていることも大問題ですが、たとえ予防に注

目したとしても、老衰予防の体操や認知症予防のゲームなど局所的な対応に終始し、総合的に高齢者の「元気」を保つ社会的視点が欠落していることが大きな問題なのです。

高齢者が社会的活動に参画できるステージを準備しないということは、最終的に、社会的役割における高齢者「無用論」に通じ、高齢者に「出番」はいらないという考えに直結しています。「隠居文化」のアキレス腱です。高齢者の元気のためには、高齢者の社会的「出番」こそが不可欠なのです。

「熟年者マナビ塾」が証明したもっとも重要なことは、社会参画プログラムには「活力創造機能」が潜在しており、換言すれば、人間の生きる意欲を引き出す「教育力」の宝庫になり得るということです。

高齢者を対象とする現行の介護予防プログラムの多くに、高齢者を社会参画させるという視点が欠如し、結果的に、潜在する教育力を活用できていないのは誠にもったいないことです。

高齢者の健康プログラムも、楽しいプログラムも、もちろん大切ですが、真の問題は、高齢者が「元気を取り戻した」あとの活動が課題なのです。言いかえれば、高齢者が元気を保って、その先に何をすべきなのか、元気な高齢者は社会の一員として「役割」を分担しなくていいのか、が問われているのです。

現行行政が企画する高齢者のための多くのプログラムには、高齢者がその経験や活力を生かして社会貢献を続けることを価値とする思想が欠落しています。それゆえ、未来の福祉・教育行政は、高齢者の社会的活動を推奨・振興するための、例えば、「高齢者ボランテティア基金」を確立することが不可欠だと考えます。ボランティアは、時間と労力の無償提供です。しかし、人々がそれぞれの時間と労力を提供してくださるにしても、交通費や食費はかかります。学校支援活動にしても、子育て支援活動にしても、間接経費がかかることは同じです。この間接経費を部分的にでも、政治や行政や、事業の関係者が負担することが「費用弁償」です。

したがって、「費用弁償」とは、高齢者の社会的活動に対する顕彰と感謝の象徴を意味しています。同時に、高齢者の社会貢献に対する社会的承認の意味もあるでしょう。この種の考えに基づいた「基金」の創設は、かならず高齢者に新しい社会参画の展望を開くことになり、高齢者の活力を維持する教育力となるであろうことを確信しています。

9 「むなかた市民学習ネットワーク事業」の人材革命

福岡県立社会教育総合センター　主任社会教育主事　水落義行
社会教育主事　上野修司

1　生涯学習・社会教育の新たな役割

人生100年時代とSociety5.0（超スマート社会）の到来、DX（デジタルトランスフォーメーション）の急速な進展、新型コロナウイルス感染症への対応等、社会は急速・急激な変化を続けています。予測困難な時代において一人ひとりが変化を前向きに受け止め、未来の社会を自立的に生きていくことが求められています。福岡県においても、社会やライフスタイルの変化等により、人と人のつながりの希薄化、困難な立場にある人々（貧困の状況にある子ども、障がい者、高齢者、孤独・孤立の状態にある者、外国人等）に関する課題が顕在化・深刻化しています。

そのような中、社会的包摂と、その実現を支える地域コミュニティが一層重要になり、社会人の学び直しをはじめとする生涯学習・社会教育が果たしうる役割が注目されています。生涯学習を通じた個人の成長と、持続的な地域コミュニティを支える社会教育は、一人ひとりの多様な幸せであるとともに社会全体の幸せでもあるウェルビーイングの実現には密接不可分です。

さまざまな背景を持つ年代の異なる多様な個人が、共に学び、支え合う。こうした相互性のある学びの活動の中から、学びを通したつながりが生まれ、学びに関わる各人にとっての生きがいや喜びが生まれ、学びが継続し、広がっていきます。こうした「学びの好循環」を生み出し、共に学び支え合う地域コミュニティを形成していくことは、生涯学習・社会教育の醍醐味ともいえます。

福岡県宗像市においては、「むなかた市民学習ネットワーク事業」がその役割を担っています。社会の多様な主体の自助・共助と行政による環境整備が進み、地理的な制約、年齢、性別、障がいや疾病の有無、国籍、経済的な状況等に関わらずに誰一人取り残さない学びとして、30年以上積み重ねられてきました。

この事業は、生涯教育の指導者を地域の中から発掘し、市民の必要を先取りし、講師陣を自給自足するシステムを初めて日本社会に送り出した試みです。今なお、行政主導ではない市民主導型の画期的な相互学習システムが実践されています。

2 「むなかた市民学習ネットワーク事業」の概要

(1) 宗像市の概要

宗像市は総合計画（平成27年度）において、「ときを紡ぎ躍動するまち」を掲げています。基本方針は「まちの成長」「まちの成熟」、柱は「元気を育むまちづくり」「賑わいのあるまちづくり」「調和のとれたまちづくり」「みんなで取り組むまちづくり」です。高齢者人口の増加と生産年齢人口の減少が引き起こすさまざまな問題や課題の抑止に努め、住みよいまちづくりを進めてきました。

ここ数年間のさまざまな施策の結果、総人口は緩やかに増減を繰り返し、令和元年度は9万6816人となりました。一方、将来人口の推計では令和2年をピークに人口減少局面を迎えることが予測されています。今後、定住化施策等の推進が必要不可欠となっています。このような状況下で本事業は、社会教育を基盤とした「人づくり・つながりづくり・地域づくり」の一翼を担っています。

（2）発足までの経過

日本経済の高度成長に伴い、生活様式や教育の価値観が高度化、多様化してきたこと等の点から、宗像市としては、生涯学習をはじめとする市民へのニーズにどのように対応するかが大きな課題となってきました。そこで、生涯学習への取り組みを進めるために、教育委員会では、昭和55年に当時、福岡教育大学社会教育研究室の教授だった三浦清一郎氏の協力により社会教育基本調査（1236人）を実施しました。

これによると、「知識・技術を習得したいと思っている」と答えた市民が約83%で、「自分の趣味や教養を高めるための知識・技術」は約67%と最も多くなっています。また、ボランティア活動参加の意思では、「ぜひやりたい」「やりたい」「やりたいが今はできない」が78%にも及びます。

当時の教育委員会は、この調査を基にさまざまな社会教育施策を進めました。特に調査結果中の「住民の学習ニーズの高さ」と「ボランティア活動の意思」を重視し、生涯学習支援が単なる学習支援にとどまらず、市民相互を結びつける「交流」を促進するための機能を発揮する「むなかた市民学習ネットワーク事業」を昭和59年（1984年）に発足しました。

（3）目的

市民の学習要求に対応する指導者を市民の中から発掘・養成し、その活用を図ることによって相互学習の機会を高め、「いつでも・どこでも・誰でも」が身近な場所を利用して少人数で自分たちのやりたい学習を安い料金で行なえるように、指導者と学習者をつないで学習のための出会いをつくることです。

（4）組織と運営

運営委員は14人（有志指導者7人、有識者6人、編集委員1人）で構成されています。毎月1回運営委員会を開催し、事業運営にあたっています。

定例もしくは随時、有志指導者連絡会議や研修会・交流会を開催し、学習活動の情報交換および指導者相互の連携・交流を図っています。また、視察研修も実施しています。さらに、学習発表会を毎年1回実施し、行事等への協力も行なっています。

（5）生涯学習通信「風の便り」にみる「先駆の予感」と「未来への提案」

三浦氏は、生涯学習通信「風の便り」第63号（平成17年3月）において、ボランティアの「市民教授システム」を確立して、市民の知識と技術を生かして市民の学習機会を拡充してきたこの事業を、一つの有効なモデルとして提示されています。発足時から30年以上が経過していますが、この事業システムの革新性は今なお色褪せません。一部を紹介します。

「ネットワーク」事業は、市民による市民のための生涯学習システムである。当時、一般市民は、あくまでも「学習者」であり、「見物人」であり、「鑑賞者」でしかなかった。それゆえ、一般市民が指導者になることはほとんど不可能であった。

しかし、「ネットワーク」事業は、従来の概念を革新して、市民を「創造者」に位置づけ、「プレイヤー」に位置づけ、然るに「指導者」にも位置づけたのである。この事業によって「学習者」と「指導者」の概念を相互に乗り入れ、学習者が指導者であり、指導者もまた学習者であるという双方向の考え方をシステム化することに成功したのである。

この事業は、趣味や芸事、教養やスポーツに秀でた市民がその指導の資格を受けるところから出発する。時に彼らはプロよりも魅力的であり、プロよりも効果的であった。年間何万人もの人々が学び、結果的に何万人もの人々の交流をつくり出すことができた。

この事業が未来に生き残る条件は、市民の「有志指導者」を高齢者福祉と結び、高齢者の「生きる力」を支える講座として拡大することであり、最大の強調点は指導の対象を大幅に子どもにシフトすることである。１００名を超える経験豊かな「有志指導者」の方々が学校に入り、放課後や週末等の子どものプログラムを担当すれば、「戦力」は一挙に増加する。子どもの活動プログラムも居場所問題も女性の社会参画支援も同時に解決ができる。市民はその威力を実感するであろう。

３「むなかた市民学習ネットワーク」の革新性

『未来の必要』（三浦清一郎編著、学文社、２０１１）において、この事業の革新性を考察しています。分析の核心は次のとおりです。

（1）市民の教授可能領域のプログラム化

「教えること」の自由を重視し、資格や学歴や経験年数など通常の専門性評価の基準とされる条件による制約を排除しています。結果的に、指導領域は市民が提供できる知識・技能・技術・経験などあらゆる分野をプログラム化して提供する原則を掲げています。

当時の指導領域は、人々の日常を網羅した5分野（①趣味・お稽古ごと54人、②家庭生活・日常生活27人、③スポーツ・レクリエーション34人、④教養13人、⑤伝承文化２人）です。学習項目は細分化され１００種類を超えています（平成22年度は最大で１２９プログラム）。

コロナ禍においても約１００プログラムを維持し、令和３年度は１２１プログラムまで回復しています。延べプログラム数は３７６６にも上ります。年々「伝承文化」が減少しており、今後、「家庭生活・日常生活」のＩＣＴ（パソコンなど）が増加することが予想されます。

（2）指導者発掘法の特性

①特性１：第三者推薦制

有志指導者の発掘・養成は自薦による公募制ではなく「第三者による推薦」を原則としています。日本文化における「謙譲の美徳」を配慮した結果です。指導者の資格は、学習指導の意思と能力を有するボランティアを志向する方で満20歳以上、市内在住、または通勤・通学している人です。

② 特性2：専用の事業広報誌を活用

広報誌「むなかたタウンプレス」を全世帯に配布して周知しています。日頃から読み慣れている新聞タイプで、学級生募集や講座報告、有志指導者の想いを発信し、市民の学習意欲の喚起に努めています。最近はＱＲコードを載せ、紙面では紹介しきれない活動の様子も紹介しています。

コロナ禍において集合形態での学習ができにくい状況では、九州共立大学の学生からタブレット活用や広報誌レイアウトについてアドバイスをもらうなど、大学とのコラボも進んでいます。大学生にとっても指導者にとってもお互いに学ぶ機会になっています。

③ 特性3：面接が必修

指導者には事業の趣旨を十分理解していただき、市民との対等かつ良好な関係を確実なものとするため、運営委員会によるオリエンテーションを兼ねた面接を行なっています。実際の指導能力の聞き取りに加えて、円満性、公平性、友好性、積極性などに留意して行なわれています。また、ボランティアとして市民学習に参加する意思の有無も確認します。

④ 特性4：認定講習及び継続研修の受講

講習では、事業の仕組みや「有志指導者」になるために必要な事柄を学びます。（※『「学びの縁」によるコミュニティの創造』三浦清一郎著、日本地域社会研究所、２０１８　参照）

被推薦者は所定の認定講習を修了すると有志指導者として認定され、2年ごとの更新講習により登録更新を行ない、継続して学習指導にあたっていきます。このことも指導能力の維持につながっています。なお、有志指導者の発掘は2年ごとに行なっています。有志指導者は１１９人となっています（令和4年4月現在）。

4「むなかた市民学習ネットワーク30周年記念誌」（平成27年）から読み取れる人材革命

この記念誌から、この事業が30年にわたり積み重ねてきた「学びの好循環」が生み出した人材革命の軌跡が読み取れます。一部を抜粋して紹介します。

（1）「30年継続有志指導者」の声

今も数名の方が現役で、40年継続をめざして意欲的に活動されています。

① 「着付け」指導者

30年は走馬灯のように早足で過ぎ去った年月のようです。着物を一人でも多くの方々にご自身で着ていただく、また他の方に晴着を着せてあげるお手伝いをすることの喜びを感じながら皆さんと日々努力しています。

②「華道」指導者

福岡教育大学の学生さんから説明を受けました。以来、市民学習ネットワークに関わっています。自然体で自分の好きなことを提供でき、多くの学級生と寛容な事務局の支えによって30年を迎えることができました。感謝です。

③「卓球」指導者

卓球の神様からご褒美をいただいているような気がします。まだまだ10年、20年楽しませていただきます。生徒の皆さんにも卓球の神様からのご褒美を味わっていただけるように、今後もつたない指導を続けてまいります。

④「俳句」指導者

30年間、途切れることなく句会を続けることができました。この間に8名の方が句集を出版され、2冊目を出された方もいらっしゃいます。俳句を通して年齢・男女を問わず多くの仲間を得られたことは財産になりました。

(2)「30年30人　あの人　この顔」の声

この30年は、多くの方々の支えで積み重ねてきたものです。産声をあげた時、難題にぶつかった時、新しい挑戦に立ち向かった時。そこには「学び」を絆にして力を合わせる方々がいました。

①「母娘で有志指導者」ペン習字の指導者

お嬢さんも有志指導者。母娘での指導は、他に例がありません。「2教室の他にも教室があり、忙しい日々。でも、教室は地域の方々との交流の場になっているし、私の生きがいです」とのこと。生徒さんたちも「先生は教え方が丁寧だし、何より楽しい教室なんですよ」と口々に言っています。

②「生き生き学級に憧れて」ガーデニングの指導者

「カルチャーショックでした」とカナダでの体験をこう語ります。明るく開放的な庭に魅了された彼女は、再びカナダへ。「祖父が有志指導者(英語)でした。学級生の楽しそうな姿を見て育ち、憧れてもいました」。今、自分でも教室をもって「教室を通じての出会い、ご縁に感謝の気持ちでいっぱいです」と顔をほころばせています。

③「宗像の人は優しい」中国語会話の指導者

日本に来て16年目、中国語会話教室を引継いで有志指導者になって9年目になります。「3学級で教えています。フルタイムで仕事をしていますので、休日が学級の指導。これからの目標は、学級生の中国語2級検定合格です」

教室「古文書を読む」

(3)「原動力は魅力ある学級」の声

20年以上も続く名物学級から、ヨチヨチ歩きの新米学級までであります。音楽とリズムに乗った躍動感あふれる学級があるかと思えば、静かにしっとりと学びに浸る学級、笑いと交流に弾ける学級など個性豊かです。教室のキャッチフレーズから有志指導者本人の知恵や特技を生かした特色ある学級の雰囲気が伝わってきます。

- 「中級英会話」失敗、ズッコケ、ノープロブレム
- 「健康ストレッチ」元気で長生き、元気で１００歳
- 「わいわい文章塾」だぁれが生徒か先生か
- 「オカリナ」音は自分でつくるのです

(4)「さあ、未来へ」の声

30周年は一つの到着点です。学級生から有志指導者になった人。長い経験をもとに改めて志を燃やす人。相互学習は結果的に市民交流を促進することになり、地域の融和を促進し、学習の縁につながる仲間をつくることを促進しています。この事業には未来志向がぎっしり詰まっています。

①「心の結びを大切に」着付けの指導者

私が志す未来は、教室が人と人とのつながりを大切にした温かい場所になることです。着物の結びは帯結び、人と人は心の結び。「あの人に会うための楽しい教室」を目指し、結びの輪を広げていきたいと思います。

②「出会いに恵まれて」卓球の指導者

有志指導者とのよい出会い。どのくらい生徒さんたちのお役に立てているのか不安ですが、楽しそうに笑顔で汗を流される姿を見ると、こちらもうれしくて笑顔になります。

③「わっ、むずかしそう」習字の学級生

小学生からおじいちゃんまで習うことができますので、ときどき大人に教えてもらっています。練習を重ねるうちに上手に書けるようになります。そんなときは楽しくなります。

④「楽しくないと生きる元気が出ない」古伝空手、中国語会話の学級生

古伝空手、中国語会話の２学級は未知の世界です。70歳を過ぎてからの人生は、楽しくないと生きる元気が出ません。ここには、人の出会いがあり、語らいがあり、そして互いを励まし合える仲間があります。

5 「むなかた市民学習ネットワーク」が生み出した「学びの好循環」

国は「第10期中央教育審議会生涯学習分科会における議論の整理」（令和2年）において、「誰一人として取り残さない包摂的な社会の実現のため、さまざまな人たちに必要な学びの機会を設けることが重要」と述べています。

延べ受講生数は、発足して18年（平成13年）で50万人、その10年後（平成23年）には１００万人に達しています。その８年後（平成30年）には１５０万人を突破しました。発足以来、令和３年度の38年間、延べ受講生数は１５９万２２６７人にも上ります。また、延べ学級数は７２４４、延べ学習項目は３７６６、延べ指導者数は４５３５人です。このことからも、宗像市において本事業が文化として長く、広く、深く根づいていることがわかります。

令和４年８月11日「西日本新聞」朝刊に、「サポート受け園芸講師に」の記事が掲載されました。学び教え合う喜びと生きがいを生み出し、温かく支え合う地域性を醸成しているのも本事業の功績の一部分です。

宗像市の市民活動団体「むなかた市民学習ネットワーク」のコンテナガーデニング教室で、知的障がいがある佐藤桂さん（44）が本年度から講師を務めている。花き販売会社で働きながら知識を身につけて26年。周囲のサポートを受けて活躍の場を広げている。

「成長することを想像して植えてくださいね」。市民活動交流館メイトム宗像の一角に佐藤さんの声が響いた。約15人が参加した教室。佐藤さんは寄せ植えする５種類の観葉植物の特徴を丁寧に説明し、植え方や育て方のコツをアドバイスした。

児童養護施設出身。18歳で障がいのある女性の自立を支援する同市の「花新」(白川多鶴子社長)で就労し、花の加工や販売、仕入れに携わってきた。白川さんの長女、堺ひづるさんが教えるガーデニング教室で10年以上アシスタントを務め、ネットワーク運営委員会から有志指導者に認定された。

白川さん親子が助手として見守る中、佐藤さんは「人に教えるのは難しいけど、同じ材料から人それぞれ違う作品ができるのを見ると楽しい」。白川さんは「ハンディがあっても、本人の努力と周囲の見守りで活躍の場が広がることを知ってもらえれば」と話す。

6「有志指導者・学級生アンケート」(平成28年)から読み取れる人材革命

アンケート結果から、「学習の輪の広がりと共に仲間としての交流も深まっている」「多様化している市民ニーズに応えられる生涯学習となっている」「有志指導者は、自分の特性を生かしているので充実感を得ている」「相互学習を通して人との連携・協働が生まれ、人づくり・まちづくり・ふるさとづくりの意識が育まれている」ことがうかがえます。

（1）有志指導者アンケート（回収数90／配布133件）

男性29人（32％）・女性61人（68％）で、年齢は「40代」4人、「50代」10人、「60代」39人、「70代以上」37人となっています。「60代以上」が84％を占めていて、高齢化が進んでいることがうかがえます。

「有志指導者になってやりがい（生きがい）を感じているか（5段階評価）」については、「5」37人（41％）、「4」35人（39％）、「3」14人（16％）となっています。理由は「人の役に立てる充実感」「新しい出会い」「自分自身の向上」「学級生の成長」「感動の共有」「お互いを高め合えた」があげられています。

（2）学級生アンケート（回収数1461／配布2043件）

男性324人（22％）・女性1136人（78％）で、年齢は「30代以下」39人、「40代」51人、「50代」109人、「60代」652人、「70代以上」626人となっています。各年代において学びの場が保障されていることがうかがえます。「60代以上」が87％を占めていて、高齢になるにつれて学級生が増える傾向にあります。

「どうやって知ったか（複数回答）」については、「広報」1059人、「友人・知人」406人、「ホームページ」31人となっています。周知に関しては、広報誌が大変有効であり、「友人・知人」からの口コミで参加する人も多いです。

参加目的（複数回答）としては「自己啓発」1006人、「仲間づくり」500人、「健康維持・体力維持」441人となっています。受講している学級数は「1つ」66％、「2つ」22％、「3つ」5％となっています。

自分の興味・関心、参加できる時間帯に応じて、無理なく余裕をもって受講していることがうかがえます。

「参加してよかったこと」については、「仲間や友だちができた、増えた」４４５人、「楽しい」２０７人、「いろいろなおしゃべりができ、勉強になる」１０２人、「技術が向上、上達している」92人、「よい指導者に恵まれた」46人、「月謝が安い」38人となっています。

7 「むなかた市民学習ネットワーク」が創り出した人材革命の波紋

本事業の有効性が認知されたことで、福岡県飯塚市でも同様のシステム「いいづか市民マナビネットワーク（e―マナビ講座）」事業が、学びの縁「学縁」でつながるまちづくりをめざしています。「第２次総合計画（２０１７〜２０２６）では、子どもたちの豊かな感性や確かな学力の育成により、生きる力を育むとともに、次世代を担う人材育成、あらゆる世代の人がさまざまな活動を通じて生きがいや交流の輪を広げ、やさしさと笑顔あふれるまちづくりを基本理念の一つとしています。

有志指導者は令和元年55人、令和2年52人、令和３年47人、令和４年48人と、コロナ禍においても50人程度を確保しています。毎年さまざまな講座等が開設され、学習機会は増加しています。近年は「iPad 楽習会」等のＩＣＴ講座が増えてきています。

一方で受講者の固定化・高齢化が進行しており、参加者減少も課題です。アクティブシニアに活躍の場を提供して地域で子どもを支える仕組みづくり等、学習成果を地域に還元する取組の工夫や、更なる地域・行政・学校等の連携・協働を進めることが必要不可欠になっています。

また、生涯学習の指導者と学校支援の指導者を連動させて「コミュニティ・スクール（学校運営協議会）」と「地域学校協働活動」の一体的推進も加速しています。市学校教育課でも、子どもたちのキャリア形成に資する「ジュニア・アチーブメント」事業の準備を進めており、学習ボランティアの活躍の場の確保と人材育成が促進されています。これらの取り組みが連動し、有志指導者が学習成果を表現する機会が増え、相互の連携・連鎖が強化されれば、地域の連帯感がさらに高まると思われます。

「ドロール・レポート」（1996年「学習：秘められた宝」）では、学習の4本柱「知ることを学ぶ」「為すことを学ぶ」「（他者と）共に生きることを学ぶ」「人間として生きることを学ぶ」を掲げ、生涯学習を「21世紀の鍵」として位置づけています。宗像市にはこれまでに県内外からの視察が多数あり、小田原市議会議員は、有志指導者制度に注目され、第三者の推薦によるものは他に例がないと絶賛されたそうです。本事業が創り出した人材革命は、「未来への必要」そのものです。

結びに、コロナ禍にもかかわらず、快く取材の協力をいただきました「むなかた市民学習ネットワーク」事務局の井田律子様、毛利知津様に、心から厚くお礼申し上げます。

第4章 初めての大学と地域の複合的協働

10 包括的地域連携協定 ―― 九州共立大学モデル

九州共立大学教授　山田明

I　はじめに

現在、学校教育においては社会に開かれた教育課程が推奨され、社会教育・生涯学習においては地域課題の解決を通しての人づくり・地域づくり・つながりづくりに期待が集まっています。地域住民が運営に主体的に関わること、住民が自ら希望することを学び、その成果を地域づくりの人材として活かすことが求められているのです。この時代の要請に対して、自治体・地域・学校間の地域連携は有効な手段の一つであり、大学の役割は地域の拠点として支援することにあります。九州共立大学（以下、本学）では、地域連携推進センターが地域に開かれた大学の架け橋として地域連携の窓口の役割を果たしています。知識・人材を活用した地域連携、研究推進、生涯学習支援の各事業を一体として行ない、地域の活性化や人材育成の一翼を担っています。本稿では、大学と自治体の地域連携における意義、方法、効果について、九州共立大学モデル（以下、九共大モデル）を中心に論じたいと思います。

Ⅱ　地域連携の推進

1　著者の問題意識

１９９０年代後半、米国シアトル郊外の高校を視察する機会がありました。ＮＰＯと学校が連携協働し、授業を活用してクリスマスの慈善活動を実施するというものでした。国語の授業で高齢者や障害のある住民に心のこもった手紙を書くこと、工業実習で壊れた玩具を修理して子どもに提供するというボランティア活動です。米国ではこれをサービス・ラーニング（社会貢献学習）といい、学校の教育課程に位置づけられ、公教育の委託を受けたＮＰＯが学校と地域の中間団体としてサポートをしていました。

著者は、日本でこの学校教育と社会教育の連携・協働が教育改革に有効ではないかと考え、帰国後に実践と研究に取り組みました。有志とともに中間団体（ＮＰＯサービス・ラーニングフォーラム）を立ち上げ、社会システム構築に挑戦したのです。

しかし、米国のようにＮＰＯが中間団体となることは、日本では一般化しないという結論に至りました。そこで、自治体・地域・学校を対等に結びつけ、コーディネーターの役目を学校が担うことが継続的な活動につながること、協定で確約できれば恒常的な社会システムとなりうると考えたのです。以上が、自治体と大学の包括的地域連携協定に注目することになった経緯です。

2　大学における地域連携推進の社会的背景と教育的要請

地域連携とは、一体感のある住民の生活圏における地域や自治体と他の組織、例えば、大学や事業者が同じ目的で協働し、お互いの目的を達成しようとする試みです。大学と自治体の地域連携は、学生と教員が地域の現場に入り、住民とともに課題解決や地域づくりに継続的に取り組む社会貢献の活動です。地域振興プランの立案、広報企画、各種実態調査、環境保全活動等の多様なプロジェクトが考えられます。大学は地（知）の拠点として存在を示し、学生は充実した学びの機会を得て市民性（生き抜く力）を体得、自治体・地域にはまちの活性化につながるきっかけづくりが望まれます。以上述べたような社会的背景のもと、地域連携が要請される教育的要請は次のとおりです。

（1）中央教育審議会答申「わが国の高等教育の将来像」（２００５年）

大学の社会貢献について、答申では「大学は、教育と研究を本来的な使命としているが、現在においては、大学の社会貢献の重要度が強調されるようになってきている。（中略）こうした社会貢献の役割を、言わば大学の第三の使命としてとらえていく時代になってきているものと考えられる」と指摘しています。

＊左写真：ゆずフェスティバル（令和元年11月）九州共立大学と九州女子大学の学生ボランティア

（2）教育基本法第7条
（2006年改正）

改正教育基本法により「大学は学術の中心として、高い教養と専門的能力を培うとともに、深く真理を探究して新たな知見を創造し、これらの成果を広く社会に提供することにより、社会の発展に寄与するものとする」とされ、大学の使命が従来の教育・研究から教育・研究・社会貢献へと地域への貢献の重要性が示されました。

（3）学校教育法「大学の目的」
（2007年改正）

教育基本法の改正に連動し、学校教育法の関係部分も改正されました。「学術の中心として、広く知識を授けるとともに、深く専門の学芸を教授研究し、知的、道徳的及び応用的能力を展開させる」という従来

の条文に、「大学は、その目的を実現するために教育研究を行ない、その成果を広く社会に提供することにより、社会の発展に寄与するものとする」が新たに付け加えられました。これにより大学は教育・研究の成果をより地域に向けて発信し寄与することが要請されるようになったのです。

（4）地〔知〕の拠点整備事業〈大学COC事業〉※COC＝Center Of Community（2013年）

大学は、第三の使命と言われるようになった地域貢献から地域志向の大学へという要請もなされるようになりました。少子高齢化、地域コミュニティの衰退、経済の閉塞感、情報化、グローバル化と国際競争の激化等の社会の変化が大学と地域を連携させるチャンスを産み、地（知）の拠点整備事業として結実しました。

（5）人口減少時代の新しい地域づくりに向けた社会教育の振興方策について（2018年）

中央教育審議会はこの答申の中で、人口減少や高齢化をはじめとする多様な課題の顕在化、急速な社会経済環境の変化という時代背景をうけ、今後の地域において住民主体でこれらの課題や変化に対応すること、地域固有の魅力や特色を改めて見つめ直すこと、その維持発展に取り組むことを明記しています。そのため、社会教育を基盤とした人づくり・地域づくり・つながりづくりの構築をはかり、開かれ、つながる社会教育の実現を述べています。

（6）大学と自治体における地域連携の推移

地方分権推進一括法（1999年）施行による国から自治体への権限移譲がきっかけとなり、連携が始まりました。文部科学省（答申）「新時代の産学官連携の構築に向けて」（２００３年）もその流れを推進したと考えられます。その後、大学の社会貢献（教育基本法改正）、自治体における地域再生法や地域主権改革一括法等による大学の研究・教育機能の活用、総務省『「域学連携」地域づくり活動』（２０１２年）、文部科学省「地（知）の拠点整備事業（大学ＣＯＣ事業）」（２０１３年）が推進されました。

現在では国立大学法人の経営計画の策定における「地域のニーズに応える人材育成・研究を推進」の推奨、私立大学への総合改革支援事業（補助金）などもあり連携が整備されています。

３　本学における重点方針としての地域連携

本学は、重点方針として教学と地域連携（２０１４年）を掲げました。著者は地域連携推進センターを担当することになり、包括的地域連携協定の推進に取り組む機会を得ました。包括的地域連携協定として盛り込んだ提携内容は、地域活性化・人材育成・教育・福祉・スポーツ振興・生涯学習であり、高等教育機関（研究機関）としての機能を活かしつつ、学生の学びのフィールドを開拓することです。著者が特に力を入れたのは、包括的地域連携協定による地域連携の持続的な社会システム化でした。そのため大学内の地域連携システムも併せて構築することにしました。

Ⅲ　地域連携における九共大モデル　～地域連携事業プラン運営システム～

包括的地域連携協定の運用について、本学では地域連携推進センターが中心となっています。締結先より申請された地域連携事業プランを、会議体を通して機関決定し実施しています。その事業プランは、年間40プラン程度になります。

図1　地域連携推進センター 組織図

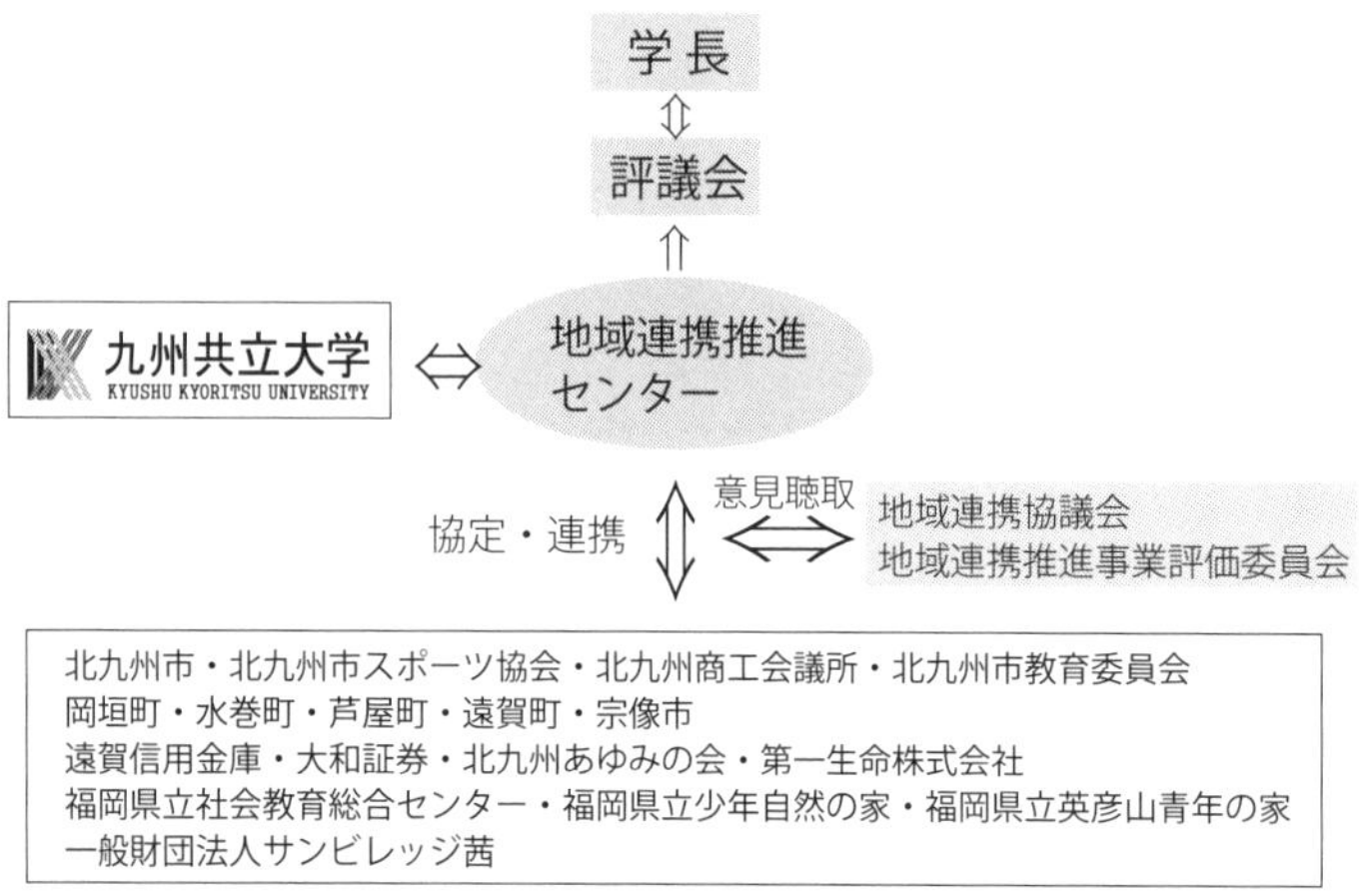

1　九州共立大学　地域連携推進センター

地域連携推進センター（以下、センター）は、本学における既存の三つの組織である生涯学習研究センター、総合研究所、地域連携推進室を統合して設立されました。センターの運営は、運営委員会が担う上記の三事業への助言・管理・運営補助を得て、事務局が担当しています。運営委員会の構成メンバーは、センター所長（委員長）、副所長2名、各学部から学長が推薦した教員各1名、共通教育センターから学長が推薦した教員1名、その他学長が推薦した教員、キャリア支援課長、教務課長、総務課長、事務局（センター職員）です。会議は月1回の定例会議と臨時会議が開催されています。

2　地域連携事業プラン（九共大モデル）

センターが行なう地域連携・社会貢献事業は、主として本学と包括的地域連携協定を締結（17、令和5年2月現在）している自治体、団体組織、企業等との間で策定する地域連携事業プラン（以下、事業プラン）の実施です。事業プランには協定先からの申請、本学教員からの申請も可能としており、運営委員会の審議をへて、評議会の審議・承認（学長）を通して最終決定されます。

3　包括的地域連携協定

包括的地域連携協定は自治体を中心に締結していますが、必要があれば、団体組織・企業等とも締結しています。現在まで（令和5年2月）の締結先は次のとおりです。

① 岡垣町と九州共立大学との包括的地域連携に関する協定
② 北九州商工会議所と九州共立大学との連携に関する協定
③ 九州共立大学と公益財団法人北九州市体育協会のスポーツにおける教育・研究及び振興の連携協力に関する協定
④ 九州共立大学と北九州市教育委員会の学生ボランティアに関する協定
⑤ 九州共立大学と北九州市によるスポーツの振興及びスポーツによるまちのにぎわいづくり並びに人材育成等に関して連携・協力するための包括連携協定
⑥ 水巻町と九州共立大学との包括的地域連携に関する協定

⑦芦屋町と九州共立大学との包括的地域連携に関する協定
⑧遠賀信用金庫と九州共立大学との包括的地域連携に関する協定
⑨学校法人福原学園 九州共立大学と社会福祉法人 北九州あゆみの会との包括連携に関する協定書
⑩北九州市における子ども食堂の支援に向けた取組に関する協定書
⑪福岡県立社会教育総合センターと九州共立大学との包括的地域連携に関する協定
⑫福岡県立少年自然の家「玄海の家」と九州共立大学との包括的地域連携に関する協定
⑬福岡県立英彦山青年の家と九州共立大学との包括的地域連携に関する協定
⑭遠賀町と九州共立大学との包括的地域連携に関する協定
⑮宗像市と九州共立大学との包括的地域連携に関する協定
⑯第一生命保険株式会社と九州共立大学との包括的地域連携に関する協定
⑰一般財団法人サンビレッジ茜と九州共立大学との包括的地域連携に関する協定

4　地域連携事業プランの運営

事業プランの実施にあたっては、センターが窓口となります。学生ボランティアを募集することになりますが、サポーター制度（登録）を活用し、各学部、部活動、サークル、ゼミ、授業、実習を対象に募集しています。センター主催による学生のボランティア活動については、交通費、ボランティア保険のサポートをしています。

また、事業プランの効果的な進捗を促すため、地域連携協議会（協定締結先との合同会議）を年２回（８月、１月）開催し、連携協働を密にしています。

図２　ボランティア情報の全学的周知システム

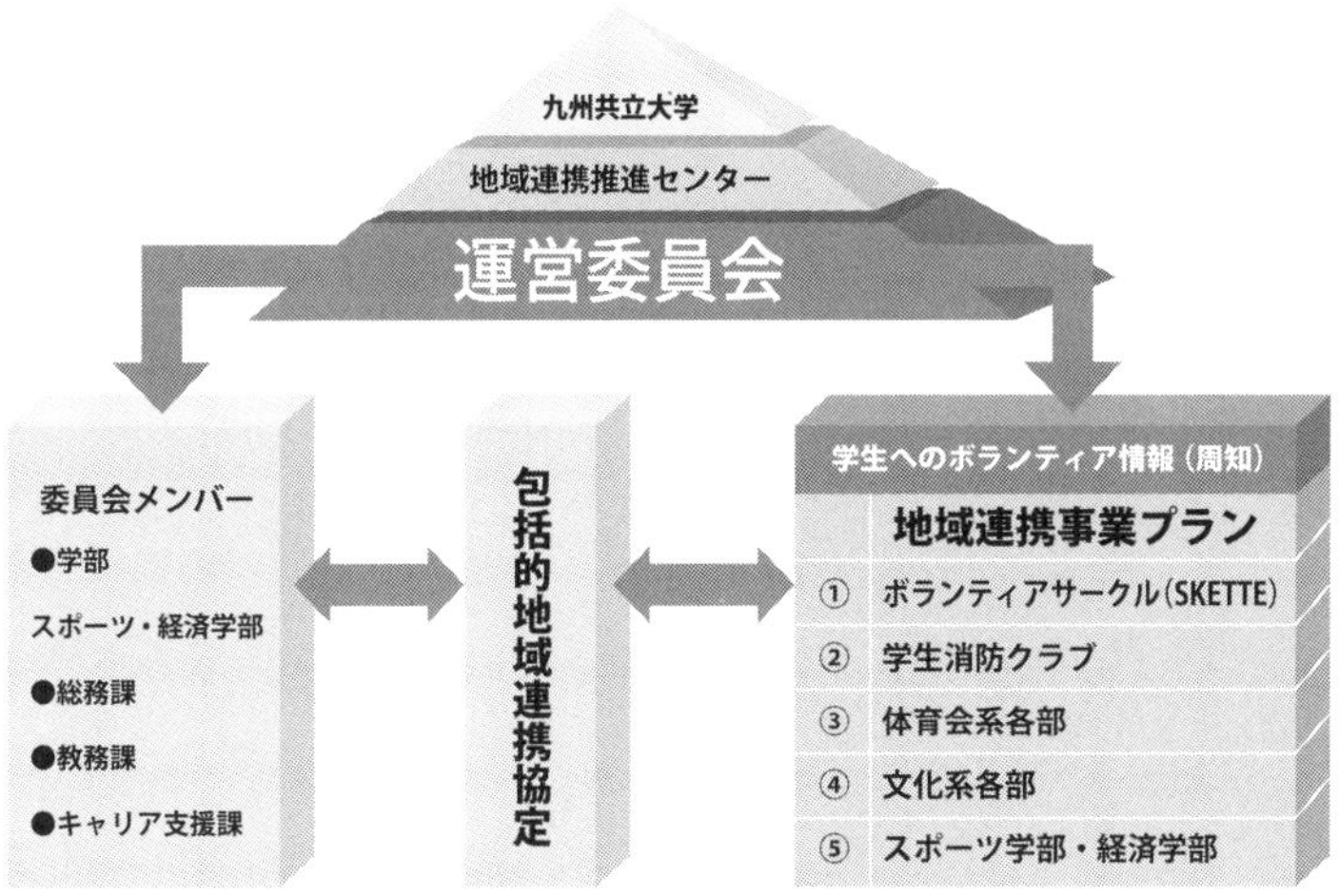

5　地域連携事業プランの評価機能

事業プランの最終的な評価については、地域連携推進事業評価委員会を年度末（３月）に開催して、１年間の事業の進捗、効果、改善点などを相互に評価しています。その他、活動報告（記録）として地域連携事業報告書、地域連携推進センター紀要、教員・学生による活動報告会も実施しています。

第39回 中国・四国・九州地区生涯教育実践研究交流会（令和４年５月）九州共立大学と九州女子大学の学生ボランティア／大会受付の打ち合わせ風景

6　地域連携における成果

大学は学生と教員を自治体・地域へ人材を送り出し、地（知）の拠点としての役割を果たしています。自治体・地域は、若い世代の活動にまちづくりのきっかけを得たようです。学生は長期にわたって地域に入り、現実の社会事情を体感しながら社会貢献の実践経験を積んでいます。大学と地域・自治体の連携事業という機会を得た学生は効果的な学びを体得しています。自己肯定感の獲得はもとより、取材やフィールドワークを通して、社会への主体的な参加・参画の資質能力の向上もみられます。また真の地域貢献とは住民の持続的活動への支援であるという点に気づくことも学生の貴重な成果となっています。

（1）地域連携プロジェクトと学生の学び

大学生による地域連携プロジェクトへの参加は、サービス・ラーニング（社会貢献学習）です。学生の学びの効果の把握について、自己評価（事前事後アンケート）、活動日誌に基づく評価（指導者、学生）、インタビュー調査、自治体・地域の評価を実施しています。学生を対象にした市民性の涵養（かんよう）に関する主な学びの効果は次の通りです。

①情報リテラシー（情報収集力・情報活用力）

学生が主体的に取材やフィールドワークを経験したことによる情報収集力（コミュニケーション能力を含む）の向上に学習効果がみられます。情報を活用する力など情報リテラシーのスキルアップに自信を持った様子がうかがわれます。

②課題解決力

社会で活動することは、設定した目標に向かって成果を出すということです。社会を生き抜くうえで必要な資質能力である工夫する力、批判的思考力、分析力等の市民性の涵養（かんよう）がみられます。成果に向けた試行錯誤の取り組みを通して体得できているようです。

③計画実行力

各プロジェクトに関する分析を通して、立案した計画に工夫を凝らしながら実行に移していく活動に自信を得ているようです。この資質能力は社会で活動するためのキャリア教育にもなっています。活動日誌に基づいて指導者及び学生（自己評価）による評価も実施しています。成果として新たな経験が後続の活動につながっていること、社会への主体的な参加・参画を実施している充実感（自尊感情）が検証されています。

大学での授業で得た知識と社会における現実の関係性に触れ、新たな認識を持つという貴重な体験になっているようです。困難体験が逆に得難い経験につながっている様子もうかがわれます。

（2）自治体にもたらしている成果　～自治体の地域戦略～

自治体においては、１９９９年の地方分権推進一括法の制定以来、地域のニーズを基盤とした政策立案および実行能力が問われてきました。地域戦略として主体的に関わっていくために、地域、学校、市民活動団体と連携協働することが必要となります。自治体へのメリットとして、多様な分野の事業の推進、大学の知見を取り込んだ事業を進めるための連絡調整・経費節減があります。新しい公共が時代の要請と言われて久しいですが、住民による住民の生活として必要かつ不可欠のものとなっており、そのニーズがより充実した内容を求めているからです。地域連携という手法が、自治体が社会に開かれた行政を行なうことにつながっており、住民参加・参画の機会と住民自治に向かう機会にもなっています。自治体が多様な組織と地域連携することで、住民との間が密接になり開かれた自治体への期待も高まっているのです。

（3）地域における成果

地域より、「学生の活動が地域活性化のきっかけづくりや雰囲気づくりに貢献した」「郷土の町にうずもれた歴史があることを知った」「町の活性化には若い世代の意見とシニア世代の知識や経験がともに必要であることを感じた」といった意見が寄せられています。活動が自治体のホームページ・フェイスブック等のＳＮＳで配信され、多くの住民の知るところとなり学生は活動に自信を深めるケースもあります。

7　地域連携における課題と取り組み

教員においては、地域連携事業プランを通して、住民をより一層巻き込み、学生と一体感をもった活動にしていくことが求められます。学生においては、社会の現実や地域課題の困難さを認識し、周到な事前準備と主体的活動に取り組むことが重要です。大学においては、授業と活動の学問的関連性の明確化に工夫が必要です。自治体・地域においては、地域の情報公開や活動支援の充実、活動前にアセスメントを実施しプロジェクトの効果に関する見通しを大学・教員・学生とともに共有することが必要だと思います。

Ⅳ　おわりに　～未来を拓く地域連携～

大学と自治体の地域連携は、双方のメリットになるだけでなく、地域の活性化にも大きな役目を果たすことにつながります。大学においては、日常的に地域を学びのフィールドとする地域連携の持続的な社会システム化が期待されます。その点において、社会教育・生涯学習の振興における自治体と大学の地域連携モデルの構築が重要なのです。

地域における社会貢献を通して市民性を涵養するというプロジェクト・シティズン（行動する市民の育成）という効果は、学生に成長する機会を提供する持続的な社会システム化が基盤であり、包括的地域連携協定はその選択肢として合理的です。大学と自治体・地域の連携は、時宜を得た取り組みであると考えます。未来へつなぐ持続的な関係、いわゆる社会システムの構築に向けて創意工夫を継続することが重要です。包括的地域連携協定を核とした地域連携システムは、プロセスの途上です。未来に向けて九共大モデル構築に挑戦していきます。

［参考文献］

1　山村研一・上野眞也 編『地域を創る大学の挑戦』成文堂、２０１０
2　斎尾直子 他『地域課題解決に向けた大学と地域との連携実態と自治体の姿勢』農村計画学会誌 Vol.35 No1、2016

3　朝岡幸彦他（自治体問題研究所）「大学と連携する自治体の地域戦略―自治体―大学の連携の現状」『月刊住民と自治1月号』自治体研究社、２０１７

4　山田明「福岡県岡垣町における大学と行政の地域連携プロジェクト２０１６〜２０１７」『日本生涯教育学会論集』第38号、２０１７

5　山田明「大学と自治体の地域連携における学生の学び」『日本生活体験学習学会誌』第17号、２０１７

6　山田明『大学と自治体の地域連携事例集１』弦書房、２０２１

7　山田明『大学と自治体の地域連携事例集２』弦書房、２０２２

あとがき

社会の急激な変化の中で続いた生涯教育・社会教育の実践
――42年（40回大会）を振り返る――

元福岡県飯塚市教育委員会教育長　森本精造

1　実践でつないできた40回の大会

令和5（2023）年5月、第40回「中国・四国・九州地区生涯教育実践研究交流会」（以下、「大会」）が実施されます。私は、大会の第1回「九州地区生涯教育実践研究交流会」（昭和57年）から参加し、事業運営にかかわってきました。当時、福岡教育大学の三浦清一郎氏から声をかけられたのがきっかけでした。

平成12年（2000）1月から大会の補完事業として始めた「生涯学習フォーラム」も名称を「生涯教育まちづくりフォーラム」（以下「フォーラム」）と変更し、第1回から「実践発表と論文発表」をセットに事業を進め、その論文発表を三浦氏にお願いし、令和5（2023）年3月に200回まで継続し実施してきました。どちらの事業も令和5年が大きな節目の年になります。

その流れを振り返ることで「あとがき」とします。

大会は第1回から40回大会まで42年間続き、最近では毎回500人を超える参加者が集まるまで成長してきました。

福岡県の社会教育行政にいた私自身、本大会がまさかこんなに長く続く事業に発展していくとは考えてもいませんでしたが、私にとって大会は県での社会教育施策や事業を考えるうえで、また市町村の社会教育関係者と話を進めるうえでの最高の情報源となり、知恵袋として活用させてもらいました。たぶん参加者にとっても大会はまさに「実践の宝庫」として位置づくモデル的・先駆的事業として認めてきたからこそ継続されてきたと思っています。39回大会までに1000本以上の実践が発表されてきていることはその裏付けでもあります。

第1回から40回大会までの間、社会構造の変化は想像を超える速さと内容でした。科学技術の進歩は人々の生活様式を変え、生き方を変え、働き方を変えました。社会構造面では少子高齢化や情報化が急速に進み、永年培われた地域共同体の教育力は衰退し、核家族化が進み、家庭の教育力も低下し、教育に大きな転換が求められる期間でした。

このような急激な社会変化の中で、未来を予測することは一層難しい時代になってきましたが、それでも現実社会を分析し通過点として未来を予測することは必要な課題であり、そのために果たす教育の役割は重要と言わざるを得ません。大会実行委員会では30回大会で「未来の必要」をコンセプトに掲げ、実践を積み上げてきました。

それから12年、変化の勢いは変わりませんが、未来を見据え続ける教育の重要性に変化はありません。それどころか、変化の激しい時代だからこそ、教育が未来を先取りし台頭する課題解決に邁進しなければなりません。40回大会で「未来の必要Ⅱ：教育こそ未来より先に動かなければならない」をテーマに掲げたのはそのためです。生涯教育・社会教育関係者の実践を積み重ね、さらに未来へつないでいきたいと思っています。

2　ウイズコロナで迎えた第39回大会が第40回大会へとつながった

２０２０（令和２）年からの新型コロナウイルスの感染拡大で第39回大会を２年間延期せざるを得なくなったとき、福岡県実行委員会と事務局担当の福岡県立社会教育総合センター（以下「社教センター」）はその決断までに何回も話し合いました。

延期１年目は、実践事例発表者や分科会司会者、特別企画の講師等もほぼ決定し、大会広報用のリーフレットも印刷され配布寸前まで進んでいました。手弁当で運営する大会の落とし穴でした。何とか印刷経費を社教センターの支援で乗り越えられました。

コロナ禍は第１波から第６波へと続き、２年目もその厳しさは変わらず感染者数は増減を繰り返し、国では「緊急事態宣言」の発出や「まん延防止等重点措置」による行動制限も追加され、大会を実施できる状況にはなく、遂に２年目も延期せざるを得ませんでした。

「２年間実施できなくても大会は継続できる」という過去の実績に裏づけされた自信もあり、厳しかった２年間にいただいた多くの仲間の皆さんたちからの激励に「支援者は消えていない」という確信が継続の力になりました。

３年目、２０２２（令和４）年を迎え、２年間延期したものの先の見えぬコロナ禍の中で実施に迷い、結論を先送りしてきた実行委員会でしたが、社教センターから「実施しましょう。施設側として感染防止には最大限努めます」という力強い後押しがあり、提出されたコロナ感染対策に配慮した実施計画案を実行委員会で再検討し、39回大会実施を決断しました。

例年の事例発表数は28事例でしたが、24事例に減少、分科会会場は通常の4分科会を6会場に増やし、前夜祭の情報交換会も申し込み制の弁当、大会の重要なイベントである当日夜の交流会も2人掛けの長机で弁当を食べました。従来の交流会のように動き回りながら交流することはできなく、感染防止優先の交流会になりました。

また、最終日の特別企画のインタビュー・ダイアローグでは宮崎県の講師がコロナ禍で参加できず、急きょオンライン形式での実施になりました。これも大会初の試みになりましたが、ウイズコロナ時代の1ページに加わった新たな方法と納得していきました。

他にも「コロナ禍でどうしても参加できない」という断りの連絡もありましたが、それでも20都府県から275名の参加があり、改めて大会が持つ意義や期待、社会的・教育的価値、生涯教育・社会教育の必要性等を再認識した大会になりました。

39回がないと40回へとつながらないわけですが、コロナ禍は7波から8波へと右肩上がりの厳しい感染状況が続いています。国の社会経済活動優先施策により、特別な行動制限はあっていませんが、まさにウイズコロナ時代突入の感があります。この中で40回大会実施になりましたが、振り返ってみて「よくぞ39回大会が実施できたな」「社教センターの決断がなければ実行委員だけでできただろうか」と記念誌作成に取りかかる中で、いつも話題になっていました（第1章 2 鼎談参照）。

3　大会名称を変更

(1)「生涯教育」から「生涯学習」へ変更

昭和46年、国の社会教育審議会から「急激な社会構造の変化に対処する社会教育のあり方について」という答申が出され、我が国に初めて生涯教育の考え方が導入されました。

この生涯教育の考え方は、変化する社会の中で改めて社会教育の振興につながる答申として社会教育関係者に受け入れられました。しかし昭和62年の臨時教育審議会の答申で生涯教育は生涯学習の概念に置き換えられ、その概念は「生涯学習振興法」(生涯学習の振興のための施策の推進体制等の整備に関する法律)で法律上の根拠(平成2年施行)が与えられ、国、都道府県には「生涯学習審議会」も設置されました。生涯教育の導入により社会教育の振興を期待した社会教育行政関係者は、それでも生涯学習振興へシフトを変えていくことも社会教育の振興へつながると疑わず、生涯学習社会構築を目指しました。

私たちが第1回から実践してきた「生涯教育実践研究交流会」も10回大会(平成3年)から学習者の主体的な実践活動の充実を求めるという時代の流れの中で「生涯学習実践研究交流会」へと名称を変更しました。まさに生涯学習の時代へと流されていきました。

生涯教育の視点は当然、学校教育も視野に入りますが、生涯学習の主体は市民であり、市民の主体的選択で学習を推進する「生涯学習」概念の普及・浸透は、一方で、教育の対象を青少年に限定する学校教育は生涯学習の範囲から外して考えられるようになりました。生涯学習社会構築が学校教育を含まないという視点は、社会教育関係者の盲点でした。

生涯学習の推進は、社会教育の拠点施設である公民館に多くの市民が集まり、そこではさまざまな学習が行なわれ、生涯学習の振興に大きな役割を果たしてきました。また、生涯学習は市民の自由と主体的な生き方を促進する「追い風」になり、この風は一気に、教育行政における所管部署の看板を「社会教育課」から「生涯学習課」に置き換えが始まりました。

(2) 20年後、改めて大会名称を「生涯学習」から「生涯教育」に戻す

市民の自由で主体的な学習は市民の「学習要求」は満たしてきましたが、激変する社会の中で必要となる教育課題に対して、その対応が社会教育行政の中から消えていきました。公民館が市民の学習の機会と場になり、利用者も増加する中で担当職員も満足し、貸館的業務に陥っても公教育の必要に気づかず、いつしか職員も予算も減らされ、公民館も他部局の所管になったり看板がかけ替えられたりと、生涯学習の振興は一方で社会教育の衰退へと進んでいることに気づきました。この流れは今も止むことがなく続いています。社会教育課がない、公民館がなくなったなどの声も少なくありません。

社会教育法の上では、学校で営まれる教育活動以外の社会の、あらゆる場所で行なわれる教育活動は社会教育の範ちゅうになります。その中で社会教育行政は公教育としての役割を担ってきましたが、その姿が見えなくなってきたのです。

第30回大会では、あらためて「公教育」の役割と必要性を提起すべきと考え、生涯学習に変更してきた大会名称を生涯教育に戻し、大会コンセプトに「未来の必要」を掲げ、大会の目指す方向を明確にしてきました。

第40回大会はその延長上にあり、生涯教育、社会教育の必要は何も変わっておりません。それどころか、全

く予期しなかったコロナ禍の出現により、人々の生活や生き方を大きく変化させ、その速さは想像を超えていました。その変化に対する生涯教育・社会教育の必要も一層高まってきたと言えます。その意味で40回大会は、30回大会のコンセプト「未来の必要」を踏襲し、ウイズコロナの視点で「未来の必要Ⅱ」として、あらためて生涯教育、社会教育を再考することにしました。

4　大会が40回まで42年間継続できたそのパワーと原動力

（1）実践の「内容と質」へのこだわり

大会を継続させた要因の第1は「実践」にこだわってきたことでした。

筆者は社会教育行政にかかわったとき先輩から「やってから言え」と教え込まれました。特に行政は実践してその結果が求められます。本大会は福岡県教育委員会と共催で実施してきましたが、初期の段階での参加者は社会教育行政職員が多数でした。社会教育の結果や成果は時として参加人数や開催回数で評価されますが、本大会は第1回から実践の「内容と質」にこだわってきました。

大会には各地の実行委員が選りすぐった実践を集めてくれました。実践発表者の熱い想いが参加者に認知され、拍手を浴び、新たな意欲や志を刺激し合い同調し「来年も参加しよう」「私も実践発表したい」という数々の約束が実行委員にも伝わり、実践が次の大会へつないでいく原動力になってきたといえます。

（2）大会の拠点として福岡県立社会教育総合センターの存在

継続を可能にしてきた第2の要因は、社教センターの存在でした。

公の施設の貸し切りでの活用にはいろいろ課題もありましたが、最終的には福岡県の理解と社教センター職員の協力と支援があり、このことによって大会は発表と交流の拠点を確保できました。

大会の第1回は昭和57年福岡教育大学のキャンパスで始まり、6本の実践発表、41名の参加者でした。第3回からは新装なった社教センターを会場として開催し飛躍的に参加者も実践発表も増加し、以来40回大会まで社教センターを大会の拠点施設として実施してきました。この拠点施設確保が継続の大きな力になりました。

社教センターで実施するようになった大会は反響を呼び、九州以外からの参加も増加し、第12回大会からは中国・四国地区からの実践発表の希望も受け入れるようになりました。それまで福岡県が大会の企画・運営を担当していましたが、第8回大会以降は、九州各県から選出してもらった実行委員による集団運営方式に切り替え、第14回大会からは中国・四国地区からも実行委員に加わってもらい、日本生涯教育学会の許可も得て、名称を「中国・四国・九州地区生涯教育実践研究交流会」に改称しました。

また、手づくり、手弁当の大会では参加者の負担軽減を図り、参加者の利便性と快適性を保障するなど、参加しやすい条件を確保することも重要な要件になります。これができたのも、最低の運営経費で立派な会場を提供してくれた社教センターの物心両面にわたる支援があってのことでした。

（3）大会期日の固定化

第3の要因は、社教センターが会場になった第3回大会から、大会は毎年5月の第3土曜日～日曜日を定例開催日に固定してきたことです。

期日の固定化には参加者からのさまざまな意見もありましたが、この固定化は回を重ねるごとに理解が広がり、参加者のスケジュールにも固定化され、リピーター参加者増につながっています。

最初は土曜日の午後と日曜日の午前中の日程でしたが、第8回からは参加者の希望を取り入れ土曜日の午前中も日程に組み入れました。すると今度は金曜日の夜から前泊する参加者が増えました。参加者の熱意に動かされ、前泊者のもてなしと懇談の会が新たに加わり、第21回大会から金曜日の夜を前夜祭として正式な情報交換の場として日程に組み入れました。

また、この機会をとらえ、日ごろ一堂に会する機会が持てない各県の実行委員による実行委員会を前夜祭と同時開催できるようになりました。このことにより参加者も大幅に増加し、大会機運も盛り上がり、全体実行委員会の集中審議が可能になり、大会運営の大きな力になりました。

（4）実行委員会方式の導入

第4の要因は、第8回大会から採用した実行委員会方式の大会運営です。

各県に大会の実行委員を置くことによって、実践事例の発掘や発表者の推薦等を可能にする仕組みができあがったことです。このことによって事例の質と量が大きく向上しました。旅費も出ない、謝金も出ないという状況で、発表者を発掘し依頼する各県の実行委員の皆さんのご苦労とご努力には頭が下がります（謝金：現在は5000円。＊事例発表者に200部の資料作成をお願いし、資料代として5000円支出）。

毎年それぞれの県で先駆的でモデルになる実践を探し出し、大会に送ってくださった各県の実行委員の皆さんに感謝しています。

（5）徹底した懇親と情報交換会

第5の要因は、実践者（発表者）と参加者を交えての相互交流を徹底して保証したことでしょう。分科会の中で行われる実践発表は限られた時間（現在20分）です。苦労を重ねた実践でも時間内での発表では評価を十分得ることはできませんし、また、聞くほうもなかなか質問や意見を言う時間がありません。発表者は参加者による内容承認と苦労を分かち合える仲間を求めます。懇親・交流の時間を研究発表の時間と同等に重視したのはそのためです。発表時間を制限し、説明や質疑の足りないところは「自分で相手を探し出して聞く」ことを合い言葉にしてきました。そうした時間と場を保障したのが懇親を兼ねた情報交換会でした。発表者を囲んで質問が飛び交い、熱心に話し合う参加者の姿は当初から今も変わりません。

（6）受益者負担を貫徹

第6の要因は、手弁当の貧しい大会運営は参加者に受益者負担をお願いしてきたことだといえます。大会は第1回から「日本生涯教育学会九州支部」の看板を掲げてスタートしました。その関係で毎回2万円（第31回から5万円）の助成金をいただいてきましたが、残りは参加者負担の手づくり、手弁当の運営で進めてきました。最近になって発表者にわずかな資料代を出せるようになりましたが、それまではすべて自己負担・無報酬の参加、発表をお願いしてきました。結果、そのことが大会の自慢になり、定着・継続の要因になっていると思っています。参加者は自己負担・無報酬でも大会に参加する意義と価値を認め、リピーター参加とともに、その方たちが次代へつないできてくれたと思っています。大会参加を契機に各県ではミニ研究大会が開かれたり、発表事例を推薦するための予選会的研修会が開かれたりしています。受益者負担事業の成果は予算の少ない社会教育行政の生きる力になってきたと思っています。

5 「生涯教育まちづくりフォーラム」の設立と「移動フォーラム」の成果

第19回大会（1999年）終了後、地元福岡県の実行委員会で、年1回の大会だけでは生涯学習の研究も県内の交流も進まず、新たな実践事例の発掘もできないのではないかという問題提起があり、平成12（2000）年1月から「生涯学習フォーラム」を立ち上げました。

第30回大会を機に、大会名称が生涯学習から生涯教育に変わったことで、「生涯学習フォーラム」も新しく「生涯教育まちづくりフォーラム」に名称を変更し現在に至っています。

大会実施の5月を除き毎月1回を目指し、会場は大会と同じ社教センターとしました。フォーラムでは実践研究発表と三浦清一郎氏の論文発表を組み合わせました。参加者は福岡県内にとどまらず近県からの参加もあり、年1回の大会とは一味違う研究交流や人間関係の深まりができ、平成20（2008）年4月に100回を迎えました。

平成19年からは大会参加の他県の皆さんに「移動フォーラム」実施を呼びかけ、各地の研究会や大会とジョイントして実施できないか提案しました。引き受けてくれた他県へ、地元福岡県の実行委員が出向くことにより、他県の皆さんとの交流が深まり、翌年の大会には多くの参加をいただくようになり、「フォーラム効果」が大会の向上・発展をもたらしました。

前述のようにフォーラムは、今回の40回大会実施の令和５（２０２３）年３月に２００回という大きな節目を迎えました。

6　生涯学習通信「風の便り」発刊２００号を超える

大会の機関紙的役割を担ってきた三浦清一郎氏が編集・発行する生涯学習通信「風の便り」は、平成12年第1回「生涯学習フォーラム」と同時にスタートしました。

フォーラムを実践研究発表と三浦氏の論文発表を抱き合わせにした関係で、「風の便り」は月刊で発行され、フォーラム内容の予告や紹介、さらに事例発表の結果分析等もありフォーラム実施・継続の大きな支えになりました。大会参加者の動向、大会仲間との通信や交流の様子も掲載してもらってきました。購読者は全国に広がっていましたので、風の便りは、いつしか全国に向けての大会啓発の機関紙的役割も担うことになりました。

また、「風の便り」に掲載される論文内容は、各地の実践事例の発表を分析し、その理論的裏づけや変化する社会の今日的課題についての論評も取り上げてもらいました。分析の対象になった発表者にとっては改めて自分の実践の理論的意味を再確認することになり、さらに、実践した事業が社会的に認知されるという社会的承認の機会を得る場にもなってきました。

すでに200号を超える風の便りが発刊されていますが、大会やフォーラムを継続させていく上で大きな力になっています。

7　第40回大会記念誌出版
～未来の必要Ⅱ：教育こそ未来より先に動かなければならない～

本大会では、過去4回にわたる記念出版を行ない、その時代のあるべき生涯教育（学習）・社会教育の分析を世に問うてきました。

第1回は、10回大会を記念して平成3年、第2回は15回大会を記念して平成9年、第3回は25大会を記念して平成18年に出版しました。この3回の記念出版はいずれも過去の大会で発表された実践研究の事例の中から優れたモデルを拾い上げて紹介し、実践事例がその時代に提示した意義や先駆性・モデル性、さらには将来の方向性等を評価して解説したものになっています。

第4回は、30回大会の節目を迎えるにあたって、過去の記念誌発行に携わってきた福岡県実行委員会で協議を重ね、変化の時代を切り開いていくためには、「生涯学習」の概念をもう一度「生涯教育」の概念に戻さなければならないという結論に至りました。それゆえ、過去3回の記念出版とは異なる視点、すなわち過去の事例の「分析・評価・紹介」から過去の実践を素材として「未来の必要」を導き出すことを主要コンセプトにしようという考え方に至りました。

また、過去を「未来展望」の素材にするという意味は、過去の優れた実践事例を時代の変化に対応する「途中経過の事業」として考え、当該事業が時代に提案した「本質的意味」を探り未来に活用できる「最大公約数」たりうる理念を取り出し、将来起こりうる課題を予測して、〝未来の事業はかくあるべきである〟という「内容と方法を提示する」ということです。

変化する社会は次々に出てくる新しい課題に対し、私たちの生活や労働に否応なしに適応を求めてきます。そんな中で3年前、新型コロナウイルスという想像を超えた変化の要因が加わり、その変化への適応はかつて経験のない試練になりました。

今回は40回という大きな節目を迎える中で、あらためて記念出版をしようということになりましたが、新型コロナウイルスの感染者数が減少傾向にあったとはいえ厳しい状況の中での39回大会が実施できたことが大きな力になり、県内外から予想を超える参加者があったことも記念誌発行を決断するうえで大きな追い風になりました。

正直、30回大会記念誌発行に比べると時間がありませんでした。決定したのは39回大会実施のための最終実行委員会でした。このコロナ禍の中で第39回大会ができたのだから、40回大会は実施できるという強い信念のもと、急きょ記念誌も発行をしようということになりました。2年間のブランクがあり大丈夫かという心配もありましたが、39回大会の前夜に行なった各県の実行委員が集まる全体実行委員会の中に提案し、了承をいただきました。

今回の記念誌も三浦清一郎氏を編集委員長として、福岡県の実行委員を中心に編集委員会を組織し、短期戦での記念誌発行になりました。

1～4回までの記念誌を踏まえ、特に12年前の4回目（第30回大会）の記念誌発行の理念は踏襲し、収束の目途の見えないコロナ禍の中で「未来の必要Ⅱ：教育こそ未来より先に動かなければならない」をテーマに掲げることにしました。過去の実践事例からウイズコロナ時代を見越し、さらに激変する社会の中で避けて通れない少子化、高齢化、情報化時代を見据え、未来へのあるべき生涯教育、社会教育実践の方向性を導きだすことは至難の業と言わざるを得ませんでしたが、なんとか発行にこぎつけました。

それゆえ、２０００（平成12）年から大会の補完事業として並行して実施してきたフォーラムの研究会を、急きょ記念誌作成のための特別フォーラムとして社教センターを会場に5回実施し、執筆者がかかわる内容や事例が、未来の必要条件として提起する方向性やテーマに相応しいものかどうかを問う機会を設け、大会参加常連の関係者に集まってもらい意見を聞きました。

この間、陰になり日向になり会議やフォーラム開催を支えてくださった社教センターの平川所長以下職員の皆さんには大変お世話になりました。末尾ながら心から感謝申し上げます。

また、この度は日本地域社会研究所の大泉洋子氏には記念誌出版を快く引き受けていただき、大きなご尽力をいただきました。心より感謝申し上げます。

本記念誌が、中国・四国・九州地区の同志が築いてきた絆として我が国の生涯教育・社会教育の振興・発展に何らかの貢献をもたらすよう編集委員一同さらなる力を尽くすことをお約束しておわりのことばとします。

2023 年 2 月 23 日（祝・木）　福岡県立社会教育総合センター会議室での編集会議

執筆者一覧（50音順・敬称略）　※所属は令和5年3月現在

上野修司（うえの・しゅうじ）　福岡県立社会教育総合センター社会教育主事

大島まな（おおしま・まな）　九州女子大学教授

神田芳樹（かんだ・よしき）　福岡県春日市立春日南中学校「なんちゅうカレッジ」実行委員会実行委員

紫園来未（しおん・くるみ）　オフィス・しおん代表

原　和也（はら・かずや）　福岡県飯塚市庄内生活体験学校次長

平川真一（ひらかわ・しんいち）　福岡県立社会教育総合センター所長

古市勝也（ふるいち・かつや）　九州共立大学名誉教授

正平辰男（まさひら・たつお）　福岡県飯塚市庄内生活体験学校館長

三浦清一郎（みうら・せいいちろう）　三浦清一郎事務所所長・元福岡教育大学教授

水落義行（みずおち・よしゆき）　福岡県立社会教育総合センター主任社会教育主事

森本精造（もりもと・せいぞう）　元福岡県飯塚市教育委員会教育長

山田　明（やまだ・あきら）　九州共立大学教授

＊本書付録として、「中国・四国・九州地区生涯教育実践研究交流会」において発表された実践の記録、研究の成果を記録集としてまとめました。巻末より左開きでご覧いただけます。

昭和57年、「九州地区生涯教育実践研究交流会」として始まったこの大会が、昭和、平成、令和と時代が移り変わる中、積み重ねてきた記録です。タイトルからは時代性や、その時代ならではの課題も垣間見ることができます。ご高覧くださった皆さまのご活動の、何か参考になれば幸いでございます。

（発表者の所属・役職等の表記にはばらつきがありますが、当時のまとめのまま掲載しています）

中国・四国・九州地区
生涯教育実践研究交流会

実践発表記録集

2023年5月

40周年記念誌編集委員会編

第１回大会　昭和 57 年 (福岡教育大学)

1	地域子どもの会における子どもの遊びの指導に関する実践的研究	末崎ふじみ（九州大学大学院）
2	北九州テレビセミナー組織方法の分析	中嶋正信（北九州市立香月公民館）
3	学校教育活動における地域の人材の活用に関する研究	植田武志（福岡県宮田町立宮田北小学校）
4	小都市における人材ボランティア活用事業の企画立案についての方法論的考察	竹村功（宗像市教育委員会） 三浦清一郎（福岡教育大学）
5	福岡市スポーツリーダーズバンクの運営システムと派遣状況	千代島隆利（福岡市立油山青年自然の家） 厨義弘（福岡教育大学）
6	校庭開放事業からみた市民のスポーツ活動の促進	上和田茂（九州産業大学）

第２回大会　昭和 58 年（福岡教育大学）

1	青少年健全育成のための地域的な取り組み策について ～福岡県田川市の実践事例から～	林晋一（田川市教育研究所） 横山正幸（福岡教育大学）
2	青少年の相談傾向と青年育成の方法論的考察	貞光康子（福岡市青少年相談員）
3	地域におけるスポーツ活動の向上に関する調査研究　～福岡市における児童・生徒のスポーツ活動の実態と意識調査をふまえて～	佐藤靖典（福岡市教育委員会）
4	福岡県少年の船事業の評価と教育的効果	古賀恵里子（福岡県柳川市立矢留小学校）
5	市町村を単位とする青年団体活動の振興方策の提言　～熊本県立天草青年の家・昭和 56 年度青年団体活動に関する実態調査を踏まえて～	松本和良（熊本県砥用町立励徳小学校）
6	学校教育における地区別担任制と社会教育における青少年育成活動との連携についての実践的考察　～長崎県福島町における実践的研究～	松永雅範（長崎県福島町教育委員会）
7	小都市における人材ボランティア活用事業の企画立案についての方法論的考察（その 2）	末崎ふじみ（九州大学大学院）
8	学校教育施設と社会教育施設の複合・共用化の方法についての実験的考察	弘永直廉（九州産業大学） 三浦清一郎（福岡教育大学）

9	派遣社会教育主事制度の累積効果についての調査研究	森哲夫 （佐賀県教育委員会）	
10	コミュニティの形成についての総合的アプローチ　～福岡県宗像市郡における釣川流域環境整備ボランティア事業の実験的実践～	竹村功 （宗像市教育委員会）	
11	成人男子グループ活動の原理と方法 ～大分県日田郡成人男子グループの実態及び意識調査の集約～	安心院光義 （大分県立九重少年自然の家）	
12	高齢者の地域活動についての振興策 ～熊本県菊池市におけるむかし話の発掘～	北里義公 （熊本県菊池市教育委員会）	
13	生涯学習のための放送の積極的活用	熊本賢一 （北九州市立木屋瀬公民館） 浜田宏司 （NHK 福岡放送局）	

第 3 回大会　昭和 59 年（福岡県立社会教育総合センター、以下 39 回大会まで同じ会場）

1	これからの医療における社会教育の果たす役割	上野正子 （福岡教育大学大学院）	
2	人材ボランティア活用事業の研究　～その３～	末崎ふじみ （九州大学大学院） 高野直哉 （福岡教育大学４年）	
3	地域社会の課題解決のための放送の教育的利用 ～春日市の情報公開シンポジウムの企画立案～	吉松英美（NHK 福岡放送局）	
4	大分県大山町における町民プール活用の実践的研究	財津光和 （大分県大山町教育委員会）	
5	町民皆スポーツ　～施設団地の創造と活用～	山下憲造 （佐賀県太良町中央公民館）	
6	放送を利用した相互学習の組織化と自主活動グループの形成過程　～大牟田市における放送利用古墳学習の実践報告～	三好勝郎 （福岡県大牟田市教育委員会）	
7	まつりボタ山の企画と運営 ～地域社会の形成と青年教育～	窪山邦彦 （福岡県飯塚市教育委員会）	
8	スポーツリーダーバンク組織化の方法	厨義弘 （福岡教育大学） 松尾哲矢 （福岡教育大学大学院）	
9	都城市壮年会の組織と活動 ～ 6,000 人の学習とまちづくり～	東博久 （宮崎県都城市教育委員会）	
10	高校生の社会参加を促進する方法論的考察	長田孝吉 （熊本県教育委員会）	
11	鹿児島県における青少年の自立自興運動	芝貞夫 （鹿児島県教育委員会）	

12	青少年教育キャンプの組織化と教育効果の研究	三浦清一郎 （福岡教育大学） 植田武志 （兵庫教育大学大学院）
13	高校生が取り組む子ども会	野田秀信 （熊本県長陽村教育委員会）
14	青少年鍛練プログラム ～110キロビッグハイク～	池末美光 （福岡県小郡市青少年交友協会）

第4回大会　昭和60年

1	福岡県における公民館の近未来像と必要条件	高口栄喜 （福岡県教育委員会）
2	学社連携構想に基づくコミュニティスクールの建設計画	弘永直廉 （九州産業大学） 深田由美 （九州産業大学研究補助員）
3	スポーツリーダーバンク運営の現状とバンク登録者の実態 （その2） ～バンク登録者の特性と意見を中心に～	厨義弘 （福岡教育大学） 松尾哲矢 （福岡教育大学大学院）
4	公民館における放送利用学習の研究実践普及をはかる事業 ～佐世保市中部地区公民館の実践から～	濱田詔哉 （長崎県佐世保市中部公民館）
5	「中年110番」高齢者準備教育の論理と方法	中島正信 （北九州市白銀公民館）
6	若いコミュニティにおける青年講座；踊りと歌で学ぶ "DancingOut" の試み	福本研一 （福岡市城南市民センター）
7	小都市における人材活用事業の研究 （その4） ～「市民学習ネットワーク事業」における有志指導者の特性と学習者の評価～	末崎ふじみ （九州大学大学院） 高野直哉 （福岡教育大学聴講生）
8	延岡市民大学講座30年の歩みと今後の課題	牧野勝利 （宮崎県延岡市社会教育センター）
9	身障児・健常児合同キャンプの方法と効果	花田拓二 （北九州市立玄海青年の家）
10	福岡県庄内町における長期通学キャンプの実践と研究	正平辰男 （福岡県筑豊教育事務所） 新開利一 （福岡県庄内町公民館）
11	青少年教育キャンプの組織化と教育効果の研究（その2）	三浦清一郎 （福岡教育大学） 中島幸一 （福岡歯科大学） 植田武志 （福岡県宮田町立宮田北小学校） 小金井まな （九州大学大学院）

12	少年自然の家のおける効果的教育活動の調査研究	金子紀生 （国立諫早少年自然の家）	
13	熊本県生涯教育意識調査に見る県民の学習需要と社会教育行政施策の展望	田代彰二 （熊本県教育委員会）	
14	郷ノ浦町における生涯教育推進方針の策定と関連事業の組織化	川瀬武夫 （長崎県郷ノ浦町教育委員会）	
15	佐賀県佐城圏域における文化活動調査の分析結果と振興方策の提言	三浦清一郎 （福岡教育大学） 小林恵 （佐賀大学） 新富康央 （佐賀大学） 福岡博 （佐賀県教育委員会）	
16	青少年の遠視と反対社会的行動の発現率の関係についての研究	池田景一 （眼鏡技術士） （佐賀県鳥栖青年会議所）	
17	子ども会活動の創造と地域社会形成の試み	田村文敏 （大分市大在公民館）	
18	中学生をコミュニティにどう取り戻すか ～臼杵市ジュニア教室のカリキュラムと地域活動計画の組織化～	廣田栄治 （大分県臼杵市教育委員会）	
19	わが町の地域ぐるみ健全育成の取り組みについて ～非行多発地域の汚名を返上するまで～	河原田保信 （熊本県鹿本町教育委員会）	
20	家庭教育に関する意識調査の分析と考察	緒方良雄 （熊本県教育委員会）	
21	大隅町における「山坂達者」運動の実践と研究	本田郁子 （鹿児島県大隅町立笠木小学校）	
22	社会教育における学校教員の活用による学社連携方策の推進と行政組織上の条件整備方法の試み	山口則幸 （佐賀県芦刈町教育委員会）	
23	少年の興味・関心を伸ばすための援助方策の試み ～少年科学教室の実践～	堀川治城 （熊本市立東町中学校）	

第5回大会　昭和61年

	◇5周年特別記念事業		
	生涯学習時代の企業内教育		
	（1）生涯学習時代の企業内教育 ～求められているものは何か～	厚地正寛 （迅務株式会社）	
	（2）昭和60年度福岡県企業内教育調査結果の報告	菅原友孝 （福岡県立社会総合センター）	
	（3）企業内教育と社会教育の連携 （協議） ～社会教育への注文と企業内教育への要望～	山口春禮 （福岡県教育委員会）	
	（4）企業内教育担当者の役割と留意点	三浦清一郎 （福岡教育大学）	
	（5）「生涯能力開発給付金制度」の案内	山崎嗣浩 （福岡県労働部）	

1	青年エネルギーの結果とイベントによるムラおこしの構想とプロセス	臼杵勝則　（大分県野津町中央公民館）
2	青少年教育キャンプの組織化と教育効果の研究 ～その３～	三浦清一郎　（福岡教育大学） 中島幸一　（アドバンス口腔学総合研究所） 小金井まな　（九州大学大学院）
3	福岡県庄内町における長期通学キャンプの教育効果と学校教育との連携方法の研究 ～その２～	新開利一　（福岡県庄内町教育委員会） 九野坂明彦　（福岡県庄内町中央公民館）
4	「ルーブル美術館講座」における美術館・NHK・中央市民センターの連携方法	倉掛弘行　（福岡市立中央市民センター）
5	子どもの読書における大人の役割 ～「子ども読書研究会」の成果と意義～	白根恵子　（福岡県立図書館） 中野里恵　（福岡県立図書館）
6	森山町壮年グループ連絡会議会のあゆみ ～運営方法と活動の成果～	嶋田安次郎　（長崎県森山町教育委員会）
7	地域社会の活性化法 ～「スギトピアおぐに」の企画と実践～	森枝敏郎　（熊本県小国町企画室） 河津祐公　（熊本県小国町教育委員会）
8	地域に開く学校教育　～青少年のための地域との連携	大湾武　（沖縄県読谷村教育委員会）
9	施設利用から見たスポーツ活動の多様化について	上和田茂　（九州産業大学）
10	教護院送致児童の治療教育の実践	甲斐昭彦　（福岡県福岡学園後野分校）
11	青少年の遠視と反社会的行動の発現率の関係についての研究　～その２～	池田景一　（眼鏡技術士） （佐賀県鳥栖市青年会議所）
12	福岡県の企業内教育の現状と課題 ～企業内教育の将来方向と社会教育との連携可能性の分析～	菅原友孝　（福岡県立社会教育総合センター） 林義樹　（中村学園大学）
13	企業と連携した父親教育の組織化と運営	松尾敏章　（長崎県教育委員会）
14	広域社会教育「南阿蘇セミナー」の企画と実践	秋山清二　（熊本県高森町教育委員会）
15	「博チョン大学」 ～単身赴任者の生活学習の組織化～	日野時彦　（元福岡市立青年センター）
16	宗像市「市民学習ネットワーク事業」における学習者の評価交流促進機能の実証的研究	原一興　（福岡県宗像市中央公民館） 末崎ふじみ　（九州大学大学院）

17	田川市における人材活用とコミュニティへの貢献	河角英雄　（福岡県田川市中央公民館）	
18	隼人町「一人暮らしの方々のふるさとと敬老会」等のめざしたもの　～一人暮らしの高齢者への社会教育的アプローチ～	吉元範夫　（鹿児島県隼人町教育委員会） 西山忠行　（鹿児島県隼人町教育委員会）	
19	「一人前」の「通過儀礼」 ～地域における成人式の意義を問う～	比嘉弘之　（沖縄県石川市教育委員会）	
20	都市型青年教育のあり方を求めて ～「チャレンジ・スクール」の試み～	林田興文　（熊本県教育委員会）	
21	豊かな心を育てる地域の教育力の回復 ～「コミュニティ憲章」の制定と地域ぐるみの青少年教育推進事業～	井出正範　（佐賀県伊万里市教育委員会） 池田常雄　（佐賀県伊万里市教育委員会） 山口吉彦　（佐賀県伊万里市教育委員会）	

第６回大会　昭和 62 年

	◇特別企画		
	市町村における生涯教育推進のための連携方策の研究～「昭和 61 年～」 ～「昭和 61 年度福岡県市町村生涯教育事業調査」報告と提案～		
	１. 調査結果報告		
	（１）市町村を対象とした生涯教育に関する質問紙調査	末崎ふじみ　（九州大学大学院）	
	（２）生涯教育推進のための連携協力方法に関する面接調査	菅原友孝　（福岡県立社会教育総合センター）	
	２. 生涯教育推進のための連携方策の提案	野見山寿雄　（福岡県教育委員会）	
1	登校拒否と家庭内暴力への挑戦　～「どろんこ農園」における情緒障害児の訓練と方法～	上田敏明　（福岡県どろんこ農園）	
2	現代における「家風」の創造　～「親子のやくそく」運動と家庭教育機能の回復～	福山俊明　（大牟田青年会議所） 大倉康裕　（大牟田青年会議所）	
3	鹿児島県少年の船 ～現代によみがえる郷中教育の思想と教育効果～	古市勝也　（鹿児島県教育委員会） 田之畑金一　（鹿児島県教育委員会）	
4	地域と結ぶ青年団広報のアイデアと企画 ～青年団機関誌全国最優秀賞の奇跡～	大坪公治　（福岡県上陽町青年団）	

5	「天草パールラインマラソン大会」の企画運営と地域の活性化	池田光利 （熊本県大矢野町教育委員会）	
6	多機関連携による健康教育事業の組織化と運営 ～苅田町「健康まつり」の成果と展望～	吉村富士子 （福岡県苅田町役場） 百留津規子 （京都保健所） 有吉美代子 （京都保健所）	
7	河浦町「公民館結婚式」の思想と地域における生活改善運動の史的展開	川嵜富人 （熊本県川河浦町教育委員会）	
8	県境教育にみる公民館、保健所、視聴覚教育クラブの連携事業のあゆみ	三沢統吾 （福岡県大牟田市三川地区公民館）	
9	少年科学教育のカリキュラム編成と研修方法の開発 ～科学する心を育てる社会教育的アプローチ～	山邊倢 （熊本県教育委員会）	
10	英彦山青年の家、少年自然の家「玄海の家」、社会教育総合センターの県立３青少年教育施設における事故等発生率調査の分析	尾崎優子 （福岡県立英彦山青年の家） 川上紀代美 （福岡県立少年自然の家「玄海の家」） 長しのぶ （福岡県粕屋町立粕屋東中学校）	
11	「少年の日」の設定と青少年の地域活動	江頭次郎 （佐賀県厳木町中央公民館）	
12	青少年教育キャンプの組織化と教育効果の研究 ～３ヶ年研究のまとめ～	三浦清一郎 （福岡教育大学） 中島幸一 （アドバンス口腔科学総合研究所） 植田武志 （ジャカルタ日本人学校） 大島まな （九州大学大学院）	
13	宮崎県自治公民館における一館一運動の論理と方法	海野建生 （宮崎県教育委員会）	
14	わが家の家宝展 ～郷土資料館建設と郷土史学習への導火線～	水谷勉 （長崎県長与町教育委員会）	
15	福岡県立図書館・NHK 福岡放送局主催教養文化講座「大黄河」の企画と運営	小野敏明 （福岡教育委員会） 松本憲明 （福岡県立図書館）	
16	公民館で歌う 90 人の第九合唱	富永耕造 （長崎県大村市教育委員会）	
17	実年新規専業就農業者の組織化と学習機会の編成 ～集落リーダーの育成による地域農業の活性化～	秋永和久 （福岡県築上農業改良普及所）	
18	南阿蘇と北海道西部十勝の青年国内研修 10 年史の成果と展望	坂本美喜雄 （熊本県蘇陽町教育委員会） 後藤要治 （南阿蘇青年団体連絡協議会）	

19	特別養護老人ホームとの連携事業 ～高齢期のレクリエーション指導と入所者リハビリテーション・プログラム	財津敬二郎 （大分県日田市教育委員会）	
20	特別養護老人ホームにおける心のリハビリテーションの軌跡について～死後も残る俳句短歌的作品指導の意味するもの	柿添均 （大分県中津市）	
21	厚生年金休暇センターにおける高齢者教育の実践と教育効果	田中敬 （佐賀厚生年金休暇センター）	
22	青年サークルの企画による「少年の家」自主事業の組織化についての研究	山口久臣 （熊本県野外教育研究所）	
23	あけもどろ青少年プラン ～那覇市青少年 10 ヶ年計画の構想と展開	仲田美加子 （沖縄県那覇市教育委員会）	
24	鹿児島市「吉野東の日」事業にみる学社連携の先導的試行	長野彰 （鹿児島市立吉野東中学校）	
25	貧血症からアプローチする青少年食生活改善事業の研究	唐島佳仁 （佐賀県小城町教育委員会）	
26	青少年の健全育成をめざして ～小・中学生全員参加の子ども会の創造～	新屋憲男 （鹿児島県松元町教育委員会）	
27	在日留学生ホームステイ交流事業「小さな地球計画」	古賀武夫 （佐賀県地球市民の会）	
28	国際化時代の公民館国際交流事業 ～大分県大在地区における「留学生と交流を進める会」の事業方法の研究～	田村文敏 （大分市大在公民館）	
29	やっときゃやろもん！！ ～北有馬町青年団国際交流プログラムへの挑戦	佐藤光典 （長崎県北有馬町教育委員会）	
30	中・長期社会教育基本計画策定のための全戸調査 ～福岡県岡垣町社会教育委員の会議特別調査事業の成果と展望～	早川達生 （福岡県岡垣町教育委員会）	
31	宮崎市檍地区の貯蓄実践運動における生活諸課題への教育的アプローチ	大坪俊彦 （宮崎市教育委員会）	
32	社会教育はどこまで農業に切り込めるか ～一の宮町農業経営専門講座の工夫と創造～	市原巧 （熊本県一の宮町教育委員会）	
33	中卒新就職者の進路指導と交流の促進	安河内興二 （福岡県教育事務所）	

第7回大会　昭和63年

	◇特別企画　シンポジウム	
	地域における国際交流事業の企画と展開 〜九州地区の実践と成果に学ぶ〜	
	（1）やっときゃやろもん 〜北有馬町青年団国際交流プログラム〜	佐藤光典（長崎県北有馬町教育委員会）
	（2）在日留学生ホームステイ交流事業「小さな地球計画」	井上常憲（佐賀県地球市民の会）
	（3）公民館国際交流事業「留学生と交流を進める会」	田村文敏（大分市立臼木少年自然の家）
	（4）福岡県国際交流事業	城戸和代（福岡県国際交流課）
	（5）「からいも交流」	和田真美（鹿児島県川辺町教育委員会）
1	放送を利用した講座の展開過程と問題 〜中央市民大学講座「九州のあけぼの」におけるNHKとの連携事業について〜	田中駿光（福岡市中央市民センター）
2	吉四六文化のほりおこしと生涯教育の推進 〜青少年教育事業の取り組みを通して〜	臼木勝則（大分県野津町中央公民館）
3	高齢化社会における「自分史」講座の意義と運営方法の研究	原一興（福岡県宗像市中央公民館） 石井理恵（奈良女子大学大学院） 都甲美和（福岡教育大学大学院）
4	高齢者人材活用事業の成果と展望	満永浩一（熊本県荒尾市教育委員会）
5	英彦山青年の家／英彦山小学校共同実践研究 〜小学校による合宿通学の教育的意義と可能性〜	大友辰彦（福岡県英彦山青年の家） 高瀬知恵子（福岡県添田町立英彦山少学校）
6	少年自然の家の集団宿泊学習における健康状態に関する調査	高味和子（鹿児島市立少年自然の家）
7	山村留学「やまびこ山村塾」の共育共生	阿南誠志（熊本県菊鹿町やまびこ山村塾）
8	「父帰す」から「父帰る」へ 〜企業の経営思想を導入したコミュニティ活動の定着と発展〜	厚地正寛（迅務株式会社）

9	痴呆性老人の実態と家族の現況　～大牟田痴呆性老人を支える家族の実践活動を通して～	藤本幸男　（福岡県教育委員会）
10	公民館事業の広域化による自治公民館活動活性化の視点と方法	桑田博文　（長崎県国見町教育委員会）
11	千古の絆に立った学校教育の展開 ～世代間交流による地域生活の学習を中心に～	武田弘　（福岡県福岡市立志賀島小学校）
12	「明日への道」 ～歴史的文化教材を通した学社連携の試み～	中村廣實　（鹿児島県知覧町教育委員会）
13	目の「屈折」と学習効果の関係についての小中高校生 500 人調査の分析と対処方法の研究 ～目の「屈折」研究その３～	池田景一　（佐賀県鳥栖青年会議所）
14	「市民寺子屋」の活動軌跡と将来展望	吉野英明　（佐賀青年会議所）
15	地域づくりに果たす「町民学習ネットワーク事業」の試み	内野久光　（福岡県立花町中央公民館）
16	広報を通じたコミュニティづくりと学習情報の提供	椨詰恒雄　（熊本県球磨村教育委員会）
17	公民館着付講座の社会還元の思想と方法 ～那覇市「帯の会」ボランティア活動 10 年の軌跡～	久保田照子　（沖縄県那覇市「帯の会」）
18	「木造立体トラス構法」による公共施設群の創造と郷土資源の活用 ～「木」の文化を求めた町づくりの思想～	河津祐公　（熊本県小国町教育委員会） 松原崇　（熊本県小国町役場企画班）
19	「健康フェア」における多部局間連携の方法と成果	江里口充　（福岡県筑後市教育委員会）
20	企業と連携した家庭教育の組織化と運営方法の研究	上村和信　（鹿児島県阿久根市教育委員会）
21	母子寮における少年指導員の役割と指導の方法	坂本朱美　（長崎県教育委員会）
22	「飛翔タイムス」で結ぶ仲間たち ～延岡市青年大学講座の方法と軌跡～	渡部恭久　（宮崎県延岡市社会教育センター）
23	「アドベンチャー・キャンプ」 ～その思想と方法と成果～	山口久臣　（熊本県野外教育研究所）
24	「すこやか子供館」事業による「耐性」の形成と家庭教育の再検討	渕上勝利　（長崎県佐々町教育委員会）
25	地域青少年育成プログラムにおけるまちづくりの思想　～「ジュニア・ポリス」、「ジュニア・ハイ・ゼミナール」、「高校生リーダースクール」の実践～	衛藤弘海　（大分県湯布院町教育委員会）

26	「熟年の船」 ～コミュニティにおける市民の交流と新しい学習方法の開発～	窪山邦彦 （福岡県飯塚市役所福祉課）	
27	「九州青年の船」参加者経験者の事業評価と社会還元活動の研究 ～その１～	三浦清一郎 （福岡教育大学） 都甲美和 （福岡教育大学大学院） 太川晴恵 （福岡教育大学４年）	
28	ふるさと交流促進事業の実践と課題 ～小学校間の地域交流活動を通して～	竹浦ミトカ （福岡県篠栗小学校）	
29	子ども会「夜学舎」	本車田省三 （鹿児島県財部町中央公民館）	
30	自然と生命を守る生活学校の活動と評価	御池恵津 （熊本県八代市生活学校）	
31	沖縄の心をつなぐ地域婦人活動総合化の方法と成果 ～国体婦人班活動４か年の試行錯誤の軌跡～	大城節子 （沖縄県教育委員会那覇教育事務所）	
32	「鹿島ガタリンピック」の自然保護思想と人間交流	増田好人 （佐賀県鹿島市ガタリンピック実行委員会）	

第８回大会　平成元年

	◇特別企画		
	県レベルにおける生涯教育推進システムづくりと具体的取り組み ～九州２県の模索・検討の歩みから～		
	報告 （１）長崎県生涯学習推進会議発足の経過と取り組み ～「学びあう社会づくり推進事業」を中心に～ （２）福岡県生涯学習推進会議の役割と成果 ～行政部局間連携の方法検討を中心に～	白壁俊六 （長崎県教育委員会） 森本精造 （福岡県教育委員会）	
1	「克灰のふるさとづくり」促進のための事業展開 ～ランニング桜島・火の島祭りを中心に～	池田知行 （鹿児島県桜島町教育委員会）	
2	「むなかた自由大学」開講への軌跡 ～ボランティアによる地域交流、学習の場づくりの経過と課題～	吉村信明 （福岡県宗像市むなかた自由大学実行委員会）	
3	情報誌「タウンみやざき」の取り組み ～コミュニケーションスタッフによる情報収集と編集の面白さ～	高橋康之 （宮崎市鉱脈社）	
4	郷土づくり団体「たんきゅう会」の考えと行動	不二見達朗 （佐賀県多久市「たんきゅう会」） 倉富博美 （佐賀県多久市「たんきゅう会」）	

5	思索・鍛錬・学習「中学生セミナー」 ～連続宿泊勤労体験の試みとその成果～	内匠生樹　(鹿児島市立少年自然の家)	
6	「無人島に挑む全国青年のつどい」事業の展開過程と将来展望	早川忠光　(国立沖縄青年の家)	
7	第３回「日韓友好熊本少年の船」事業における青少年の指導方法とその成果についての研究	山口久臣　(熊本市野外教育研究所) 本村由紀博　(熊本県菊鹿町立六郷小学校) 岩坂かをる　(銀杏学園短期大学)	
8	「九州青年の船」事業における参加経験者の事業評価と社会還元活動の研究　～その２～	都甲美和　(福岡県立久留米高等学校)	
9	青年団体の組織と活動 ～若者の祭典「WAKE もんじゃ MIYAZAKI '88」の企画と運営～	兵頭晶　(宮崎市教育委員会)	
10	郷土芸能と小石原村青年団の変貌、そしてハワイへ	森山立吉　(福岡県小石原村青年団) 野寄和彦　(福岡県小石原村青年団)	
11	青年集団「わっしょい」からドライブイン・シアターまでの活動軌跡	千田孝　(宮崎県高岡町映画祭実行委員会)	
12	秘境「杣の里」に学ぶ　～杣の里づくり構想における村おこしの視点と方策～	伊藤信勝　(福岡県矢部村)	
13	都市型民間文化センターにおける学習者の特性とプログラムの立案について	橋本達二　(岩田屋コミュニティカレッジ)	
14	生涯学習体験交流会「赤崩山麓俳句吟行のつどい」事業の成果と課題	永田彬也　(鹿児島県立青少年研修センター)	
15	地域健康づくりの試み ～健康教室の実践を通して～	竹ノ内美紀　(福岡県宗像市役所保健課) 花田美代子　(福岡県宗像市宗像保健所)	
16	幼児に英語の "善と悪" ～親と子の学び「小さな地球人クラブ」実践より～	松藤幸利　(長崎県加津佐町教育委員会)	
17	フロンティア・アドベンチャー「ロビンソン・クルーソー in 大島」の企画と展開	長田政敏　(熊本県教育委員会)	
18	「むかばき仲良し学級」 ～学校単位の合宿登校の教育的意義～	山下利昭　(宮崎県立むかばき少年自然の家)	
19	子どもたちに感動と自信を！～親子で参加する「吉永わんぱく塾」の思想と活動～	吉永雅紀　(佐賀県多久市吉永わんぱく塾)	

20	九州横断徒歩の旅「参勤交代珍道中」の試み	阿南誠志 （熊本県菊鹿町やまびこ山村塾）	
21	企業内の交通安全運動の地域への展開	厚地正寛 （迅務株式会社）	
22	「婦人の和と輪で広げよう国際交流」フェスティバルの意図と企画	上原美智子 （沖縄県教育委員会） 大城節子 （同上）	
23	県民文化祭における市民の手作りタウンギャラリーの成果と課題	山下益雄 （熊本県八代市県民文化祭タウンギャラリー実行委員会） 丸山久美子 （熊本県八代市県民文化祭タウンギャラリー実行委員会）	
24	環境を活かした全国的イベント「トライアスロンＩＮ玄海」の条件と展開過程	井上和城 （福岡県玄海町教育委員会）	
25	「南日本子ども遣唐使」 ～青少年の国際交流学習と事後研修の展開～	小原武典 （鹿児島県坊津町教育委員会）	
26	夢を創る「少年少女発明クラブ」の実践	小柳満 （佐賀県武雄市教育委員会）	
27	国際交流、世代間交流等を図る「のびのび少年デー」事業における連携協力の方法と課題	久田訓治 （長崎県小佐々町教育委員会）	
28	「小学生ふるさと学級」を通した学社連携の一考察	高山憲二 （熊本県上村教育委員会）	
29	高齢者との世代間交流を図る青少年育成の日について	日置政寛 （鹿児島県蒲生町教育委員会）	
30	高齢化社会における「自分史」講座の意義と運営方法の研究 ～その２～	原一興 （福岡県宗像市教育委員会）	
31	高齢者教室の学習システムの確立 ～ケース・スタディから～	廣田栄治 （大分県臼杵市教育委員会）	
32	高齢化した農村地域における婦人団体の役割と活動の成果	満園房子 （鹿児島県入来町教育委員会）	
33	農業繁栄のための学習 ～SAP 運動の理論と展開～	飛田旭 （宮崎県日向農業改良普及所）	

第９回大会　平成２年

	◇特別企画		
	「ふるさと創生」事業におけるまちづくりの視点と課題		
	（1）わが町のふるさと創生 ～魅力あるふるさとづくり～ （2）小さな村の大きな挑戦「百済の里づくり」 ～古代史の謎とロマンを求めて～ （3）ふるさと創生「学習センター」の発想と企画 （4）文化交流事業「風の芸術展」～地域彫刻文化の交流と創造～	森崎一成（長崎県北有馬町役場） 田原安彦（宮崎県南郷村教育委員会） 中村忠雄（鹿児島県隼人町教育委員会） 天達章吾（鹿児島県枕崎市教育委員会）	
1	長崎県の生涯学習大学	大城宣彦（長崎県教育委員会）	
2	県立農業大学校との連携による生涯学習大学	黒木正彦（鹿児島県吉松町教育委員会）	
3	生涯学習指導者の自己学習と社会還元活動のネットワーク ～公民館講師会（白芦会）の実践と理論～	円城寺優（北九州市八幡地区公民館講師会） 佐藤晃子（同上）	
4	公民館を核とした地域づくり ～ PTA 等の実践活動 20 年の歩み～	幸島重光（佐賀県伊万里市松浦公民館）	
5	平成元年度南阿蘇六ヶ町村少年・少女国内（北海道）交流について	吉里啓文（熊本県白水村教育委員会）	
6	はばたけ北の大地、はぐくめ豊かな感性「都城・旭川、児童・生徒ホームステイ交流」	池水孝（宮崎県 PTA 連合会）	
7	庄内町立生活体験学校の現状と課題	九野坂明彦（福岡県庄内町公民館）	
8	子どもに自立心や社会性を培う「むかばきひとり旅」の実践	三浦幸一（宮崎県むかばき少年自然の家）	
9	岩戸神楽三十三座の復元と愛郷心の育成	岩瀬国興（熊本県波野村教育委員会）	
10	甘木盆地（歌舞伎）の復活と継承 ～地域伝統芸能保存の 10 年の道程～	佐藤尚志（福岡県甘木連合文化会・甘木盆俄保存会）	
11	勝連町の「青年エイサー」 ～伝統文化の継承と青年会の活性化～	仲里清義（沖縄市教育委員会）	
12	古代へ馳せるロマンの夢	小野元次（福岡県水巻町みんなで創るふるさと会）	

13	医療－教育連携による乳幼児期家庭教育事業の企画と展開	文珠紀久野 （鹿児島県純心女子短期大学）
14	高齢者の屈折異常と適応・学習能力の低下および老人性痴呆症との関係についての研究	池田景一 （佐賀県鳥栖市稲葉時計店）
15	地球市民の会 「地救隊 '90 （ＥＡＲＴＨ ＡＩＤ '90）」	豊川悦郎 （長崎県北松浦郡） 馬場満 （佐賀県三田川町教育委員会）
16	炎 JOY SHOW ！「遠賀川炎のまつり」	藤永誠一 （福岡県直方市役所）
17	山上の水がめ蘇陽「みどりの祭り」 ～水と木と遊び暮らしを考える～	佐藤昭二 （熊本県蘇陽町地球平和道場）
18	特別発表：東伯町フラワートピアのデザインとヴィジョン	戸田幸男 （鳥取県東伯町教育委員会）
19	BOTA － CON ～青年の音楽祭とボタ山の効果的活用～	富重秀樹 （長崎県世知原町ボタ山コンサート実行委員会）
20	歴史資料館のコミュニティプログラム ～地域に根ざした企画と普及活動～	川述昭人 （福岡県甘木歴史資料館）
21	地域コミュニティ活動のシステムづくり ～佐賀市日新校区民会議の実践と成果～	宮地敏昭 （佐賀市青少年健全育成日新校区民会議）
22	「移動大学」の展開 ～丹後キャンパスの実践をふまえて～	北崎加寿雄 （中村学園大学） 北原良美 （熊本大学大学院）
23	特別発表：高校生ボランティアサークル「アウトロー」の地域おこし ～自発学習の生活化と生活の学習化による「地域」へ到る道～	川西美恵子 （鳥取県八東町教育委員会）
24	生涯学習体系への移行条件についての実証的調査研究 ～佐伯市民生涯学習意識調査の分析と課題～	高志勇二郎 （大分県佐伯市教育委員会）
25	特別発表：生涯教育実践道場 ～青年の家人づくりシリーズ（１） 組織とネットワークの創造～	山田晋 （鳥取県西部教育事務所）
26	商業青年のまちづくり学修 ～研修グループ・KSU （これも修行のうち）、スクラムの組み方・進め方～	上田耕市 （宮崎県延岡市）
27	ブライダルプランナー「おたすけクラブ」	田原博文 （宮崎県西郷村教育委員会）
28	リアライズ・ユートピア事業 ～田の神さぁのまちづくり～	木村哲也 （宮崎県えびの市役所）

29	羽金山振興会のまちづくり 〜四季を大切にしたイベント戦略〜	嘉村好範　(佐賀県富士町羽金山振興会)	
30	「耳川イカダ下り大会」 13年の蓄積と今後の課題	黒木豊　(宮崎県日向市耳川イカダ下り大会実行委員会)	
31	「帯の会」の10年 〜チャームスクールの地域ボランティア〜	久保田照子　(沖縄県那覇市「帯の会」)	

第10回大会　平成3年

	◇特別企画		
	高齢化社会の生涯学習		
	(1) ふるさとおこし実態調査の取り組み 〜伝統文化の掘りおこし「方城かたりべ」活動〜	石橋勝己　(福岡県方城町高齢者教育促進会議)	
	(2) 生きがいの創造と人づくりをめざす矢部町老人大学の試み	坂本陸男　(熊本県矢部町教育委員会)	
	(3) 仲間づくりと地域の活性化をめざす「浦添市てだこ学園大学院」	内間安次　(沖縄県浦添市教育委員会)	
	(4) 社会福祉法人希望の丘聖母園における高齢者による「すみれ楽団」20年の思想と実践	糸永一　(福岡県社会福祉法人希望の丘聖母園)	
	(5) 安心して老いるための地域社会活動と高齢期学習	橋本頼一　(宮崎21高齢者福祉研究会)	
	(6) 地域社会における中高生の高齢者支援ボランティア活動 〜青少年の感動と活動実践の成果〜	立神重雄　(鹿児島県根占町大隅の園)	
	◇10周年記念事業		
	生涯学習とコミュニティ戦略　〜九州市町村インタビューダイアログ〜		
	各市町村での実践 〜生涯学習をどうコミュニティ形成にいかすか〜	宮崎暢俊　(熊本県小国町町長) 梅戸勝惠　(宮崎県日之影町町長) 藤寛　(佐賀県西有田町町長) 滝井義高　(福岡県田川市市長)	
1	清流に山なみ映える町 北川町の読書活動	安藤俊則　(宮崎県北川町役場元北川町中央公民館)	
2	住民参加方式の絵本によるまちづくり	吉永大　(熊本県鏡町役場総務課)	

3	(特別発表) 地域文庫活動を起点とする子どもと親との学習・交流活動の広がり	坂本悦子　(鳥取県河原町地域文庫「にじの部屋」)	
4	反社会的行動と目の屈折異常　～その3～	池田景一　(稲葉時計店)	
5	地域の中に文化の風を!!	山口千恵子　(佐賀北子ども劇場)	
6	"届け宇宙へわれらの願い" 日本宇宙少年団「うちのうら銀河分団」の活動	豊留悦男　(鹿児島県内之浦町教育委員会)	
7	生涯学習体系の中の開かれた小学校	藤木修一　(福岡県山川東部小学校)	
8	進路指導に関する高校生リーダー研修	増田敏雄　(鹿児島市立玉龍高等学校PTA)	
9	(特別発表) 大山町・嘉手納町人材育成交流事業 ～郷土を担う人づくり～	入江雅史　(鳥取県大山町教育委員会)	
10	「寺子屋体験学習」による青少年育成の思想と方法	中山敬雄　(熊本県有明町教育委員会)	
11	伝統みそ五郎による村おこし　～ふるさと運動と地場産業の活性化をめざして～	安達康徳　(長崎県西有家町産業課)	
12	地域おこしフォーラム「三日月」の方法と成果	納富和生　(佐賀県ユースワーカー協会)	
13	町おこしと学生参画 ～川辺ぼっけもん塾　ラベル思考講習会での実践を通して～	林義樹　(武蔵大学) 大薗秀巳　(鹿児島県川辺ぼっけもん塾) 竹迫和代　(中村学園大学) 府高優子　(同上) 川崎聖子　(同上) 岸川恵理　(同上) 山口ふみ　(同上)	
14	(特別発表) 村民が育てる桜の園 ～泊村における一人一木運動～	浜家満　(鳥取県泊村教育委員会)	
15	自己教育力の育成をめざす耶馬渓町の婦人教育 ～婦人学級の実践をとおして～	矢野すみ子　(大分県耶馬渓町教育委員会)	
16	地域活性化に果たす古湯映画祭の役割と成果	姉川久　(佐賀県富士町シネマ倶楽部富士)	
17	生涯学習の観点に立つ企業内教育をめざして	山方博文　(鹿児島市教育委員会)	

18	「むなかた自由大学」ボランティアによる地域交流、学習の場づくりの経過と課題～その２～	内藤邦彦　(福岡県むなかた自由大学実行委員会)
19	照葉樹林のまち綾町の自治公民館活動	岡元洋　(宮崎県綾町教育委員会)

第 11 回大会　平成 4 年

	◇特別企画（緊急シンポジウム）	
	６日目の子どもたち　～学校５日制への対応～	
	シンポジスト	寺脇研　(文部省生涯学習局生涯学習振興課民間教育事業室長) 久門克代　(ガールスカウト福岡県支部プログラム委員長) 三根郁夫　(全教研主幹) 吉永雅紀　(吉永わんぱく塾)
	コーディネーター	今村隆信　(福岡県教育委員会社会教育主事)
1	高齢者の企画実演による発表大会の方法と成果 ～おじいちゃんおばあちゃんいきいき大会の試み～	内山順子　(熊本県上村教育委員会)
2	第３回全国柿の種吹きとばし大会の本当の成果 ～柿の種ブッとんだ！～	宇田川学　(鳥取県富有の里会見町まつり実行委員会)
3	成人男子による地域活性化の方法 ～ミズクリセイベイの里づくりの実験を通して～	小柳光行　(福岡県荒木校区公民館)
4	高齢化社会における学習活動提供の形態とその成果　～佐賀県高齢者大学の実践より～	今泉正己　(佐賀県長寿社会振興財団)
5	若木町及び武雄市青年団の課題 ～湖水まつり等の開催への取り組みと成果～	前田一貴　(佐賀県武雄市立武雄小学校)
6	大町、長崎街道かごかき競争とフォーラム大町によるまちづくりの方法と成果	八木俊文　(佐賀県フォーラム大町世話人)
7	青年による日向映画祭の企画・実施と地域社会の活性化	児玉貴　(日向映画祭実行委員会)
8	青年活動の方向を探る調査研究の実施とその成果 ～町外訪問者に対するアンケートを通した地域改善の提言づくり～	前田友章　(長崎県世知原町教育委員会)
9	住みよいまちづくりをめざす日南大学の企画と経過	武田正郎　(宮崎県日南学園高校)
10	生徒の参加を含む高校解放講座を通した開かれた学校づくりの試み ～初心者のための「書道講座」～	清原憲治　(福岡県築城中部高等学校)

11	ジゲに生きるおやじ集団	松本鉄哉 （鳥取県北条町おやじ集団協力隊）	
12	大学と地域との共催による市民フォーラム（「真・女性学」）	富永耕造 （長崎県大村市教育委員会）	
13	地域でのイベントを活用した地域づくりの軌跡と成果　～熊本県竹とんぼ夢中人大会～	佐藤安彦 （熊本県南関町教育委員会）	
14	青少年の健全育成を促す子褒め条例制定の経緯と背景	木下雅享 （大分県上浦町教育委員会）	
15	青少年の野外活動及び地域との交流を促進するための方策と成果	久場勝子 （沖縄県那覇市教育委員会）	
16	土器や赤米をつくる体験学習の成果 ～子供歴史教室の実践を通して～	赤司善彦 （福岡県教育委員会）	
17	古代食再現の催しを通した郷土史発見と地域意識の醸成	森弘子 （福岡県古都太宰府を守る会）	
18	女性労働者能力開発講座受講生による自主学習会結成の経過と活動方法 ～「めだかの会」における相互学習～	古川淳子 （福岡県いきいきセミナー筑後の会（めだかの会））	
19	身近な環境保護活動２年間の試み ～今、生活環境が危ない～	中島公夫 （鳥取県岩美クリーンクリーン仕掛人）	
20	九州地区生涯学習フェスティバルの取り組みと成果を通して	森山孝夫 （鹿児島県鹿屋市教育委員会）	
21	地域の連帯と文化の創造をめざす「むなかた太鼓」制作の理念と方法	古野浩 （むなかた太鼓制作実行委員会）	
22	子どもの成長と地域とのふれあいをめざす１年生による夕顔の種子リレー	大西潤平 （福岡県夕顔運動事務局世話人）	
23	"自然"と"文化"をテーマに生涯学習を推進する「コミュニティ・ネットワーク協会」の発表と活動について	山口久臣 （コミュニティ・ネットワーク協会専務理事）	
24	三世代交流キャンプでのできごと ～学校週５日時代の新しい挑戦～	大下修一 （鳥取県溝口町教育委員会）	
25	地域活性化をめざす会社「（株）七浦」設立の背景と現状	中島千鳥 （佐賀県株式会社「七浦」社長）	
26	青年主催による歴史の道のりに学ぶわらじ完歩、宇佐九里の旅	津田勝次 （福岡県椎田町青年団ぴーまん倶楽部）	
27	生涯学習支援センターを通した官民一体の生涯学習町づくり	慶田泰輔 （鹿児島県志布志町教育委員会）	
28	大綱引で廃藩置藩の村おこし	上森伸一 （福岡県豊前消防署）	

29	余暇活動の発展と地域社会とのつながり	塚崎瑠璃子 (大分県日出町)
30	村民全体のかかわりによる郷土文化の掘り起こしと発表の方法 ～20時間にわたる「動」(神楽) と (能) の祭典～	古庄広幸 (熊本県長陽村教育委員会)
31	生涯学習を進める甘木朝倉女性会議の経緯と課題	上原幸子 (福岡県甘木朝倉女性会議事務局)
32	まちをみつめる女たちのまちづくりセミナー	波田野幹恵 (鳥取県倉吉市ぐるうぷ・のはらうた世話人)

第12回大会 平成5年

	◇シンポジウム 環境と生涯学習	
	シンポジスト	村井大輔 (福岡県北野町町長) 藤川吉美 (九州女子大学学長) 村松郡守 (ジャパン・エコ・タイムズ編集長) 松田美夜子 (作家・消費生活アドバイザー)
	コーディネーター	山本和代 (日本女子大学教授)
1	新興住宅地域における地域づくりと青少年の健全育成	島尊 (佐賀市生涯教育課長)
2	ランニング桜島大会の企画と参加者確保の方策 ～参加者3,200名までの道のり～	橋口彰徳 (鹿児島県桜島町教育委員会社会教育課長)
3	「ジュニア・アドベンチャー・スクール」における土曜日の青少年活動の活性化	西村昇 (熊本県鏡町教育委員会社会教育主事)
4	高齢化社会の学習支援の方法と成果 ～広島県における高齢者学習モデル地域支援事業～	高杉良知 (広島県教育委員会社会教育課社会教育主事)
5	住民参加による「コスモスのまちづくり」の展開と展望	武智龍 (高知県越知町役場産業課次長)
6	郷土劇「筑紫の般井」を通した地域づくりの視点と方法	牛島一徳
7	伝統芸能とまちづくり ～青年団活動と神楽大会の企画と成果～	中越拓平 (高知県檮原町企画財政課長)
8	県境を越えたふるさと・仲間づくり ～拾円玉生活圏フォーラム0986会における青少年の交流活動促進の試み～	星原透 (㈱西部コンサルタント代表取締役、0986会副会長) 今村勉 (北諸県郡PTA協議会長、0986年交流部会長) 小寺暢 (㈱サンオアシス代表取締役、0986会会長) 上野幸介 (NTT都城支店システム営業部長、0986会事務局長)

9	視覚障害者に対するボランティア活動の課題 ～水巻町ともしびの会の点訳・朗読・手話ボランティア～	赤時重俊 （福岡県水巻町「ともしびの会」会長）	
10	地域福祉の現状と課題 ～精神薄弱者の体験学習からの提言～	川辺信重 （長崎県精神薄弱者厚生施設）	
11	母親によるおはなし活動の実践と成果 ～おはなし会「三日月」の８年間～	北島悦子 （佐賀県三日月町おはなし会「三日月」代表）	
12	勤労青年の交流活動の運営及び成果と今後の課題 ～福岡地区働く Young のつどい～	白川康子 （㈱迅務総務人事課、福岡地区勤労青年のつどい）	
13	官民連携、洋上英会話教室の企画と展開 ～県立水産高校実習船を活用した「オーシャン・ユース・イングリッシュ・セミナー」～	外村昭孝 （前福岡県立水産高等学校校長） 田代久義 （福岡県教育庁スポーツ課長） 松尾伸二 （学校法人福原学園企画調整課）	
14	" 愉快な町づくり " を目指す新しい青年活動 ～中原町青年団組織「wing」の結成～	田尻茂喜 （佐賀県中原町教育委員会社会教育主事）	
15	生涯学習仕掛人を育てる「生涯学習プランナー養成大学」の展開	森田二郎 （鳥取県立生涯学習センター社会教育主事）	
16	「長崎・生涯学習会」による学びとネットワークの創造	富永耕造 （大村市教育委員会社会教育主事）	
17	小学校における豊かな心とたくましさを育てる教育活動 ～花づくりと交流を核にした活動～	稲富シゲ子 （福岡県浮羽町立山春小学校校長）	
18	学校週５日制を活用し、青少年の体験を豊かにする青年の家のあり方	井崎高信 （国立阿蘇青年の家専門職員）	
19	新居浜市生涯学習大学の企画・運営と成果	関福生 （新居浜市職員研修所主任）	
20	成人病予防に関する 10 年間の実践と成果 ～宗像市日の里地区 4,500 世帯を対象とした取り組み～	塩谷邦彦 （福岡県恵和中央内科クリニック理事長）	
21	交流志向型合唱団「アスナラハモレール」の地域活動	田崎順子 （熊本県益城町音楽療法士）	
22	体験イベントを通しての意識革命 ～「ちがたん共和国」の活動と成果～	船津秀澄 （熊本県玉名市立玉名中学校教諭）	
23	食廃油リサイクルを中心とする環境改善活動	柏田須美 （日向市教育委員会社会教育課社会教育主事） 三尾和子 （日向市の環境を考える会）	

24	官民協力による映画制作とまちおこし ～映画「月光の夏」制作にみるちいき活性化の方法～	斉藤美代子（映画「月光の夏」を支援する会事務局長）	
25	青少年と地域住民の共同体験による地域形成 ～がっこう開放事業を活用した「石嶺中学校発マグニチュード 6.5」の実践と成果～	荒木喜代子（那覇市教育委員会生涯学習課社会教育指導員）	
26	生涯学習をテーマにしたイベントの開催によるまちづくり ～「生涯学習フェスタ in やまぐち」から「くすのき芸文フェスタ」へ～	杉形尚城（山口県楠町教育委員会社会教育係長）	
27	地域交流の活性化に果たす壮年集団の活動 ～小鹿地区壮年懇親会におけるコミュニケーションとノミュニケーションの成果～	馬野忠嗣（鳥取県三朝町小鹿地区 壮年懇話会副会長）	
28	地域の文化財を活用した生涯学習事業の展開 ～「石橋の郷」づくり～	佐藤修水（大分県院内町教育委員会社会教育課主幹兼係長）	
29	「平成の寺子屋」による青少年育成活動の成果	森太（長崎県奈良尾町教育委員会社会教育係長）	
30	生活改善に取り組む女性グループの活動と成果 ～「野苺会」「清流会」の挑戦～	中島千鳥（宮崎県椎葉村生活改善グループ代表）	
31	町おこしと学生参画（その２） ～川辺ぼっけもん塾「ラベル思考法」講習会での実践を通して～	上之園修（鹿児島県川辺町役場税務課主事） 徳丸俊治（鹿児島県川辺町役場税務課、ぼっけもん塾塾長） 竹迫和代（日本大学大学院、全国 SANKAKU － NETWORK） 岸川恵理（鳴門教育大学大学院、全国 SANKAKU-NETWORK） 山口ふみ（北陸先端科学技術大学院大学、全国 SANKAKU － NETWORK） 川崎聖子（鳴門教育大学大学院、全国 SANKAKU － NETWORK） 府高優子（㈱アイテック、全国 SANKAKU － NETWORK）	
32	手づくりのふるさとミュージカル「町民音楽会」 ～わが町に文化の流れを～	岡田浩四郎（鳥取県鹿野町民音楽祭実行委員長）	

第 13 回大会　平成 6 年度

	◇シンポジウム　生涯学習とボランティア	
	シンポジスト	大野曜　（文部省生涯学習局婦人教育課長） 栗田充治　（亜細亜大学教授） 中村章彦　（宗像市市民学習ネットワーク事業運営委員会会長） 中垣正敏　（久留米市立牟田山中学校長）
	コーディネーター	塩崎千枝子　（松山東雲女子大学助教授）
1	わらじづくりから生涯学習の拠点組織 ～「シルバーランド」設立に至る活動の経過とその成果～	丸山浩二　（島根県仁摩町役場企画課長）
2	里村生涯学習アドバイザー（トロンボ大使）の設置とその活動	平嶺廣教　（鹿児島県里村教育委員会社会教育課長）
3	実践交流会のもたらした地域への波及効果 ～鳥取市における「月光の夏」自主上映活動～	森田多賀枝　（「月光の夏」鳥取県実行委員会事務局長）
4	海外に学ぶ農村リゾートの形成と今後の村づくりの方策	熊田光男　（高知県東津野村社会福祉協議会事務局長）
5	地域の自然、歴史、文化を生かすまちづくり ～ふる里ふれあい講座の方法と成果～	城野真澄　（佐賀市立久保泉公民館公民館主事）
6	末吉町のおける生涯学習まちづくり施策とメセナ総合大学の展開	池之上幸夫　（鹿児島県末吉町教育委員会社会教育課長補佐）
7	「エルダーホステル隼人講座」における郷土の文化と歴史の学習を通した交流の発展	中村忠男　（鹿児島県隼人町教育委員会生涯学習課長）
8	人と地域のかかわりを追及したまちづくりの方策	志賀克陽　（竹田市岡の里実行委員会会長）
9	生涯学習活動を通した女性の社会参加 ～生きがいテレホンと女性ネットワークの構築～	西山香代子　（山口県教育庁社会教育課嘱託）
10	企業における社員の家庭教育支援の方法	吉田誠地　（株式会社ダスキン熊南社長）
11	男性料理教室を通じた趣味と交流の広がり	谷口金一　（日向市中央公民館自主学習グループ代表）
12	日本一長い市民の手作り音楽祭における市民参加の方法	宍戸登志子　（アザレアのまち音楽祭実行委員）
13	市民による生涯学習ネットワークづくり ～ LL ネットコアくるめのあゆみ～	豊福幸義　（久留米生涯学習推進市民協会事務局長）

14	郷土の自然を利用した事業の企画と成果 ～1ヶ月延べ観光客16万人のあじさい効果～	都市右太雄　(都壮専務取締役)	
15	ジュニアリーダーの育成と地域におけるボランティア活動　～「せっぺの会」の地域活動～	富永六男　(大分県安岐町教育委員会生涯学習課係長)	
16	地域文化の継承に果たす女性の役割 ～平成5年度文部省委嘱「女性の社会参加支援特別推進事業」～	久田ヤヨイ　(宮崎県地域婦人連絡協議会会長)	
17	青少年ボランティアグループの結成とその活動に現れた成果と問題点	北村嘉一郎　(福岡県立嘉穂東高等学校教諭)	
18	高齢者ボランティアの小・中学校教育への派遣事業の研究	藤波紀彦　(福岡県教育庁指導第2部社会教育課主任社会教育主事) 高橋孝則　(飯塚市人材派遣事業運営委員会事務局長)	
19	熊本県庁における自由参加実践発表の企画と実践	宗村士郎　(熊本県教育庁総務福利課係長)	
20	出会いを基に自分を開花させる人間学セミナーの理念と成果	平井悦夫　(広島県新市町中央公民館主事)	
21	海外派遣を活用した青少年育成の方法 ～有田町少年少女大韓民国訪問研修事業～	鷲尾佳英　(佐賀県有田町教育委員会生涯学習課社会教育主事)	
22	球磨村活性化グループ「おきらん会」による住民参加の村づくりの試み	平根浩晴　(熊本県くまむらおきらん会会長)	
23	広域交流をめざすイベントの創造 ～全国の小林さん集合～	碕山裕和　(碕山鉄工社長)	
24	「まなびメッセ in しょうばら」と生涯学習まちづくり	石原敏彦　(庄原市教育委員会社会教育課社会教育主事)	
25	市民スタッフによる生涯学習大学の運営	梅崎満里　(新居浜市生涯学習大学スタッフ)	
26	地域の歴史・文化・経済にこだわる沖縄大学土曜講座の理念と方法	山崎健一　(沖縄大学教授)	
27	火の島太鼓による地域活性化の方策	竹ノ下武弘　(鹿児島県桜島町企画調整課広報統計係)	
28	世代間交流によるジゲ(町)起こし	岡本俊彦　(ネットワークはなみクリーン作戦担当)	
29	体験学習における学校の教育機能の開放と地域の人材の活用	植松伸之　(福岡県二丈町立一貴山小学校教諭)	
30	生涯学習推進に果たす図書館の役割 ～真夏歳時記 in Obuchi～	谷口健一　(大渕発展会事務局長)	

第14回大会　平成7年度

	◇シンポジウム 日本の社会は「いじめ」の論理に耐え得るのか		
	シンポジスト コーディネーター	碇浩一　（福岡教育大学教授） 上杉道世　（文部省初等中等教育局小学校課長） 上村文三　（青少年育成国民会議事務局長） 船津春美　（福岡県中間市教育長） 古市勝也　（九州女子短期大学教授）	
1	土佐中村一條太鼓設立から開催まで	池本充明　（土佐中村一條太鼓復興会会長）	高知県
2	ビデオによる情報提供の実践 ～住民間の情報媒体として～	山城毅　（岸本教育委員会社会教育委員）	鳥取県
3	生涯学習さが実践交流集会の成果と今後の方策 ～５年間の歩みと今後の展望～	大島弘子　（生涯学習さが実践交流集会実行委員）	佐賀県
4	手作り人形劇団の活動成果と今後の展開 ～子ども達の豊かな情緒を育むために～	石丸葉子　（人形劇団コスモス代表）	長崎県
5	造形美術によるまちづくりの展開と成果 ～「あずま造形美術展」～	松本慎一郎　（東町社会教育課長補佐兼生涯学習係長）	鹿児島県
6	施設ボランティアの展開と成果　～知的障害施設「ネバーランド」との交流を通して～	筬島滋子　（「ボランティア別保」会長）	大分県
7	国際社会における生涯学習ボランティアの成果と考察	桑原尚子　（IVC 国際ボランティアクラブ）	広島県
8	「雪へのこだわりから村おこし」	秋本良一　（村づくり雪だるま共和国大統領雪のごかせ村おこしグループ代表）	宮崎県
9	「巨木の里づくり」の展開と成果 ～うめーランド、木に会う日～	井上一夫　（小鳩の家保育園園長）	佐賀県
10	むらおこしと人づくりの視点と考察「大隅の國やっちく松山藩」の開藩と生涯学習	祖母仁田政明　（松山町社会教育課派遣会社教育主事）	鹿児島県
11	青少年育成における町づくりの実践事例と考察 ～布津町ファミリンピック～	小松久展　（布津町教育委員会社会教育主事）	長崎県
12	少数青年団の活動事例とその成果 ～三人の青年団から＝東京からミュージカルをよんで～	山根奈津子　（大山町青年団団長）	鳥取県
13	市民団体によるまちづくりの成果と方策 ～「コミュニティおきなわ」の活動～	石原絹子　（市民団体コミュニティ沖縄）	沖縄県

14	高齢者と演劇・文集の活動成果と考察 ～上村高齢者大学の取り組みを中心に～	深水敏夫　(上村教育委員会主幹社会教育係長兼上村公民館主事)	熊本県
15	童話によるまちづくりの成果と展望 ～童話の里づくり～	藤野利雄　(わらべサークル協議会会長)	大分県
16	青春学校とボランティア ～その基本的視座について～	保坂恵美子　(久留米大学文学部教授)	福岡県
17	21 世紀からのメッセージ ～社会福祉青年塾の活動成果と考察～	鬼海正　(くまもと未来研究所代表)	熊本県
18	黒潮 1 番地のまち「土佐佐賀町」のスポーツイベント開催とまちの活性化について ～土佐・カツオ・クロスカントリー大会といごっそう・ディアスロン・EKIDEN 大会～	今西文明　(幡多郡佐賀町教育委員会同和教育指導室係長)	高知県
19	民話劇「柞が谷の太郎ヱ衛狐」の実践と成果 ～文部省女性の社会参加事業～	渡辺文子　(延岡市地域婦人連合協議会)	宮崎県
20	環境塾の実践活動と成果 ～緑土水の環境塾の実践を中心に～	森山左枝子　(緑土水の環境塾・塾生)	島根県
21	生涯環境フェスティバルによるまちづくり	吉原文明　(嘉穂町社会教育課係長)	福岡県
22	宮崎市レク協会活動報告	弘田和子　(宮崎市レク協会理事長)	宮崎県
23	「3つの顔で生きる」まちづくりの展開と考察	若松進一　(双海町役場地域振興課長)	愛媛県
24	青少年自然体験活動推進事業の展開と考察 ～交流教育コース「ハツラツジョイフルキャンプ」を担当して～	鹿毛仁　(下大利小学校教頭)	福岡県
25	「ヒナモロコ」のつぶやき	高山賢治　(久留米農業改良普及センター)	福岡県
26	「ウェルネス運動と生涯学習のまちづくり」の展開と成果 ～市民の視点で " 輝く人づくりメニュー " ～	池田文明　(宮崎県都城市広報広聴課ウェルネス推進係長)	宮崎県
27	子供たちがいきいきと活動する異年齢集団の活動成果と考察　～ 21 世紀に主役となる子供たちの健全育成活動～	有馬芳太郎　(鹿児島県川辺町子ども会育成連絡協議会事務局)	鹿児島県
28	伝統芸能による国際交流 ～瑞穂・タイの交流の成果～	有田恭二　(瑞穂アジア塾・塾生)	島根県
29	まちづくりと健康めん大学の実践事例の成果と展望　～売れる仕組みづくりと心の経営～	栗木準介　(㈱栗木商店代表取締役・健康めん大学長)	福岡県

30	日本文化のシャワータイム"ヤン茶フェスタ" 〜青年による地域活性化の成果と課題〜	鴻上哲也　(鎮西町教育委員会派遣社会教育主事)	佐賀県
31	複合施設の設立準備過程の展開と考察 〜生涯学習センター「大野城まどかぴあ」の開設に向けて〜	加藤勉　(大野城市まどかぴあ運営準備室)	福岡県
32	まちづくり実践の展開と考察	浅野幸江　(城川町立美術館「ギャラリーしろかわ」係長)	愛媛県

第15回大会　平成8年度

	◇シンポジウム コミュニティの創造と企業の参画		
	シンポジスト コーディネーター	斉田和弘　(福岡県吉井町町長) 小早川明徳　((社) 福岡県中小企業経営者協会専務理事) 石原進　(九州旅客鉄道取締役) 井上豊久　(福岡教育大学助教授) 三浦清一郎　(九州共立大学・九州女子大学・九州女子短期大学副学長)	
1	「もちながせ流しびなマラニック大会」を核とした生涯学習の町づくり	中尾智則　(用瀬町教育委員会社会主事)	鳥取県
2	土佐絵金歌舞伎伝承会の起こりとねらい	横矢佐代　(土佐絵金歌舞伎伝承会事務局長)	高知県
3	「遊学の郷加茂」の生涯スポーツの展開 〜国際チャレンジデーへの町民参加〜	吾郷和宏　(加茂町教育委員会社会教育主事)	島根県
4	「さざんか塾」バーンブーオーケストラの企画と運営　〜地元企業との協力による地域文化づくり〜	多良淳二　(さざんか塾塾長)	佐賀県
5	須恵町ボランティア派遣事業の取り組み 〜学習成果とコミュニティづくり〜	大場仁　(須恵町社会教育委員代表)	福岡県
6	まち角の交流からまちづくりへ 〜「ふれあいサークルつぼみ」がめざすもの〜	上田容子　(有限会社上田微生物役員)	高知県
7	「ボカシあえ」で広がる生ゴミリサイクル	穐田悦子　(国見町婦人会)	大分県
8	郷土の誇り「通潤橋」案内ボランティアの役割 〜学習の成果と活用〜	飯星時春　(矢部町老人大学大学院)	熊本県
9	「夢いらんかね」ふれあい交差する出夢出夢虫の挑戦　〜若い地方の力を育む青年活動の実践と考察〜	河野文影　(金城町役場町民福祉係長)	島根県
10	雪合戦でまちおこし 〜冬の風物詩づくりの課題〜	武田添二　(若桜町教育委員会社会教育主事)	鳥取県

11	「サザンナイト・オートシネマ・イン田代」の成長と課題　～青少年有志のまちづくりプロジェクト奮闘記～	川前康博　（チームプロジェクトＦ会長）	鹿児島県
12	水すましの泳ぐまち ～川の再生への取り組みと問題点～	佐藤春世　（湯布院の河川と水を考える会）	大分県
13	海田町生涯学習基本構築の策定を通して	中村弘市　（海田町教育委員会派遣社会教育主事）	広島県
14	市民による市民のための「させぼ・夢大学」 ～設立の経緯と現状～	近藤正人　（長崎県社会教育委員佐世保市社会教育委員長）	長崎県
15	沖縄市青年連絡協議会の活動コザネットワーク：夢は"かりゆし"と共に	新里健二　（合名会社新里酒造沖縄県）	沖縄県
16	団報「万年青」を核に町づくりを進める壮年団活動	津江治士　（前津江村社会教育指導員万年青編集長）	大分県
17	スカイフェスタ"よしまつ"～パラグライダーによるまちおこしの経過と取り組み～	福島勝男　（吉松町役場企画課長）	鹿児島県
18	「愛とふれあいのまち七夕の里おごおり」 ～まちづくりのための連携体制づくり～	野田眞良　（小郡市教育委員会生涯学習課長）	福岡県
19	さくら会５年間の軌跡と今後の展望 ～コーラスグループから「いきいき桜山ふれあいまつり」まで～	松島眞知子　（さくら会会長）	熊本県
20	「卑弥呼」の活動報告　～サークル活動を通しての生涯学習への取り組み～	大渕麻衣子　（九州女子大学生涯研究会「卑弥呼」）	福岡県
21	広島県リカルレント教育推進事業 ～市町村と大学等との連携支援体制づくり～	新田憲章　（広島県教育委員会事務局教育部社会教育課社会教育主事）	広島県
22	宮崎市における生涯学習のとりくみ	大川哲　（宮崎市教育委員会社会教育課主査）	宮崎市
23	生涯学習を「まちづくり」の一環としてとらえた組織づくり	明末礼弐　（玖珂町教育委員会派遣社会教育主事）	山口県
24	学者連携による生涯学習のまちづくり ～小・中・専門学校・大学との連携事業の実際～	井崎高信　（田野町教育委員会派遣社会教育主事）	宮崎県
25	「熱血！！青年団」 ～団活性化に向けた取り組み～	田代宏志　（粕屋町青年団団長）	福岡県
26	競わず楽しむ「夕やけマラソン」 ～本州最南端の町の試み～	河野邦彦　（豊北町役場総務課）	山口県
27	託児ボランティア「わらんべの会」活動展開 ～育て合い学び合う 18 年間の歩み～	松下一美　（北九州託児ボランティア「わらんべの会」会長）	福岡県

28	育児サークル「かせっ子マーチ」の企画・運営と展望　〜仲間づくり子育て学習〜	森留美子（佐賀市立兵庫小学校主事）	佐賀県
29	地域に根ざしたボランティア活動の取り組みと成果〜気づき・考え・実践する子どもの育成〜	櫻田京子（牛深市立山之浦小学校教頭）	熊本県
30	ちびっ子クッキングを通した青少年の育成	後藤美智子（稲築町漆生南部婦人会会長）	福岡県
31	５・６年生「移動教室」の試み〜青年の家の利用と学習の成果〜	坂元幹彦（姫戸町立牟田小学校校長）	熊本県
32	「障害」児と「健常」者が地域の中で共に生きるための支援活動拠点「たんぽぽの家」の建設	船津静哉（多久市立多久東部小学校教諭）	佐賀県

第16回大会　平成９年度

	◇特別企画　シンポジウム		
	生涯学習社会における高齢者の社会参加		
	シンポジスト	坂口順治（立教大学文学部教授） 倉田真（毎日新聞西部本社編集局長） 高橋孝則（飯塚市人材派遣事業事務局長） 園田耕輔（熊本県錦町町長）	
	コーディネーター	森本精造（福岡県立社会教育総合センター所長）	
1	総合行政によるまちづくりと生涯学習の推進	井関嘉昭（琴海町教育委員会派遣社会教育主事）	長崎県
2	衛星通信利用による広域公開講座〜高等教育機関と公民館の連携の試み〜	新田憲章（広島県教育委員会社会教育主事）	広島県
3	「かごしま県民大学」学習機会体系化構想と調査研究の成果	上野正一（鹿児島県社会教育課指導主事）	鹿児島県
4	公民館の模索	山田民子（那覇市教育委員会社会教育指導員）	沖縄県
5	県立生涯学習センターにおける学習ボランティアの実際	淵田桂子（アバンセサポーター代表）	佐賀県
6	女性のふるさと再発見「石橋案内人」の試み	河野哲子（院内町「石橋案内人」代表）	大分県
7	自主保育サークル「どーなっつくらぶ」の活動と今後の活動	五十嵐道子（多良見町どーなっつくらぶ代表）	長崎県
8	女の村づくり「第二期四万十川源流塾」の取り組み	岡田りえ（大野見村「第二期四万十川源流塾」代表）	高知県
9	香春町芸術文化であい事業〜文化施設の活性化と町民参加の方法〜	高山昌之（香春町教育委員会社会教育課長）	福岡県

10	美祢国際大理石シンポジウムの展開と成果	安藤浩太朗（美祢国際大理石シンポジウム）	山口!
11	青年団の挑戦 ～自分づくりからまちづくりへ～	松田和弘（小林市青年団協議会会長）	宮崎!
12	PTAにおける環境教育への取り組みとふるさとファームステイ	西本直之（菊池郡旭志中学校PTA会長）	熊本!
13	クラシックバレエによる楽しいリハビリと社会参加の道	森田順子（希望の丘養護・特別養護老人ホーム聖母園寮母）	福岡!
14	生涯学習・人材バンクかがやきびと事業の成果と課題	江崎文博（人吉市教育委員会社会教育主事）	熊本!
15	市民互助型団体「福岡たすけあいの会」の理念と活動	牛島丸實（「福岡たすけあいの会」会長）	福岡!
16	親子で取り組む国際ボランティア事業「緑の協力隊」の目的と成果	澤健一（岩美町緑の協力隊第２次隊長）	鳥取!
17	町民の生涯学習の府「ルネサンス大学名教館21」～その試練と今後の展望～	山本清和（佐川町教育委員会主幹）	高知!
18	地域の新しい風　～大学の出前講座「大分大学米水津塾」の成果と課題～	小田昭夫（米水津村教育委員会生涯学習係）	大分!
19	大学と市民センターの連携事業「ゼミナールFUKUOKA 21」 ～大学の資源活用と人材育成の方法～	近藤暢也（福岡市教育委員会城南市民センター）	福岡!
20	ボランティアの派遣による学習支援～糸島地区青少年高齢者等交流事業の取り組み～	今村節子（糸島地区ボランティア人材派遣事務局）	福岡
21	過疎地域の生き残り作戦 ～「山村留学」の実践と成果～	市川二三（葉山村教育委員会主幹） 寺村廣彦（同社会教育主事）	高知!
22	学校教育と地域ぐるみの楽行共有 ～連携の試み～	松島俊枝（吉田村立田井公民館主事）	島根!
23	「えひめあやめ祭り」を核とする町づくりの成果と今後の課題	伊藤健児（久保泉町を活性化する会員、走ろうの会長）	佐賀!
24	郵便局の試み　～絵手紙が結ぶ人の心～	市原久也（佐賀市中央郵便局副局長）	佐賀!
25	田圃の中のキックベース大会「泥リンピック」のねらいと成果	小谷順万（日野町池津公民館長）	鳥取!
26	「すいかながいも健康マラソン大会」の経緯と今後の展望	永田洋子（大栄町教育委員会教育課長補佐）	鳥取!
27	ドロの海の活用「ガタリンピック」フォーラム鹿島の理論と実践	土井敏行（株式会社兼茂）	佐賀!

28	河川敷でのアウトドア・スポーツ事業の目的と方法　～ふれあいと自然体験の場の提供～	平川裕之（田川市教育委員会生涯学習課）	福岡県
29	古湯の映画祭「シネマクラブ」の成果と課題	森俊二（富士町古湯役場林業課）	佐賀県
30	ぼっけもんの町おこし ～「星降る町のコンサート」の経緯と展開～	種子田義男（高崎町イベントサークル「遊学塾」塾長）	宮崎県
31	大口ふるさと青年塾の多様な試み ～郷土への貢献と連携の模索～	中尾雅幸（大口市助役）	鹿児島県
32	長崎街道まちづくり ～点から線への発展の軌跡～	井上智明（長崎街道まちづくり推進協議会幹事長）	福岡県

第17回大会　平成10年度

	◇特別企画　シンポジウム		
	生涯学習社会における学社融合		
	シンポジスト	渋谷英章（東京学芸大学教育学部助教授） 矢吹正徳（日本教育新聞社編集局第一報道部次長） 黒瀬敏明（篠栗町教育委員会教育長） 熊谷ミヨシ（八女市立川崎小学校長）	
	コーディネーター	井上豊久（福岡教育大学助教授）	
1	出会いと学びの空間づくり ～「森山町文化の村」の歩み～	廣瀬成秀（長崎県森山町）	
2	志布志町生涯学習の取り組み　～その成果と課題～	渡辺純幸（鹿児島県志布志町）	
3	「ながさき県民大学」開講の経緯と事業展開	野中滋生（長崎市）	
4	人材育成事業の連携・統合をめざす「中城とよむ塾」の活動	山田薫（沖縄県中城村）	
5	全日本きんま選手権大会 ～木馬レースの成果と課題～	久木原章次（福岡県上陽町）	
6	生涯スポーツ推進によるまちづくり ～グランドゴルフ発祥の取り組み～	岸田哲夫（鳥取県泊村）	
7	「かるた」を契機とした地域交流の現状と展望	田中裕行（大分県中津市）	
8	手作りの郷土芸能発表会「ザ・ふれあい芸能 in さいはく」のめざすもの	仲田司朗（鳥取県西伯町）	
9	生活体験学校と家庭教育との連携の一方策 ～生活労働調査を中心に～	永見かおり（福岡県庄内町）	

10	学校現場における「学社融合」への段階的取り組み	桑原広治　（熊本県大畑町）	
11	子どもたちのまちづくり体験 ～東多久駅の美化活動を中心に～	牛丸和人　（佐賀県東多久町）	
12	国立青年の家における学社連携の実践と考察 ～主催事業を通して～	門司幸男　（熊本県一の宮町）	
13	ウイグル民族と日本の子どもの生活環境の比較研究	井上豊久　（福岡）	
14	使用済み切手で作る貼り絵サークルの社会貢献と発表の場づくり	大竹富美代　（佐賀県大和町）	
15	街を変える　～小規模劇団の挑戦～	桧垣友孝　（島根県浜田市）	
16	幼稚園における「世間づくり」の実践 ～母親の趣味の会を通して～	松本秀藏　（熊本県玉名市）	
17	奈半利町生涯学習推進大会をめざして ～基本構想とまちづくりを中心に～	門田透　（高知県奈半利町）	
18	地域で支える「国府町万葉ウオークラリー大会」の意義と成果	澤田義人　（鳥取県国府町）	
19	天然記念物大樟に学ぶまちおこし	白川義男　（福岡県築城町）	
20	わがまちを知るふるさと体験学習の現状と課題	原田和則　（山口県岩国市）	
21	青少年問題と家庭教育の模索 ～取り組みと問題提起～	徳永貴　（鳥取県中山町）	
22	地域と学校の「わくわく塾」 ～地域教育活性化の道～	小濱義智　（鹿児島県加世田市）	
23	ふるさとを見直す「わんぱくキッズ団」 ～ふれあい体験活動を通して～	長野欣也　（大分県山国町）	
24	夢を実現する「子どもの夢かなえ隊」の取り組み	古賀英敏　（佐賀県）	
25	青少年教育施設における学社融合授業の実践的研究	岡崎尚之　（福岡県篠栗町）	
26	小学生のサークル活動「わくわくウォッチング」の取り組みと課題	村川直樹　（山口県由宇町）	
27	お話ボランティア講座　～心を育てる「本も友だち 20 分間運動」事業の取り組み～	古木照代　（鹿児島県市来町）	
28	国境の町の「セゲ・ヌウン・ハン」講座 ～青少年の日韓交流で育つまち～	松村義弥　（長崎県上対馬町）	
29	地域づくりを目指す生涯学習ボランティアの養成 ～その経緯と課題～	赤田博夫　（山口県阿知須町）	
30	高齢者を主体とする野外教育の将来性 ～全国シニアキャンプ大会を通じて～	谷正之　（福岡県立花町）	

31	地域のウォーク＆ウォッチ ～ある博物館とその周辺～	飯田吉郎　（千葉県野田市）	
32	地域に生きるユースフォーラム霧人 ～２年間の成果と今後の展望～	東杢比野和人他２人　（宮崎県都城市）	

第18回大会　平成11年度

	◇特別企画　シンポジウム		
	健康と生涯学習		
	シンポジスト コーディネーター	厨義弘　（福岡教育大学教育学部名誉教授） 佐伯勝重　（福岡県久山町長） 有道徳　（旭化成工業㈱水島支社健康管理センター長） 菊川律子　（福岡県教育庁教育企画部生涯学習課長）	
1	南阿蘇セミナーを中心とした広域事業の展開 ～６ヶ月町村の連携と相互交流の方法～	秋山清二（熊本県高森町）	
2	福岡都市圏17大学連続公開講座の成果と今後の展望	田中正寛　（福岡市）	
3	高等教育との連携	正平造運　（広島県三和町）	
4	球磨ゆめさき大学　～ボランティアによる文化の風おこしの取り組み～	酒井孝則　（熊本県須恵村）	
5	健康づくりと運動実践指導 ～健康福祉と教育のタイアップの試み～	村上英之　（福岡県新吉富村）	
6	中山間地域の自然を生かすふるさと活性化の道	大江文雄　（鳥取県関金町）	
7	過疎地域のまちづくり ～女性有志の「とどろき太鼓」～	小野川章男　（高知県大正町）	
8	情報発信の拠点・横岳ふるさと茶屋「夢のぼり」の施設運営と課題	秦千恵美　（大分県太田町）	
9	できることをできるところから ～町ぐるみの国際支援運動～	川田裕子　（広島県大野町）	
10	500円で学習を！ ～「ワンコイン教室」の経緯と課題～	田島恭子　（佐賀県多久市）	
11	生活の中の「学び」を見直す ～町民の"グリーンシャワー輝き学園"～	高木昭　（山口県菊川町）	
12	公演開催による町おこし　～「千々石こだわり倶楽部」挑戦と模索の10年～	町田岩太　（長崎県千々石町）	

13	"リサイクル新提案" 使用済み割り箸を紙に再生する運動の目指すもの	向井哲朗 （鳥取県米子市）	
14	「青少年の地域エコプログラム」の取り組みから ～環境を学ぶ生きる力を育む～	川野浩章 （広島県）	
15	自ら作り学び合う学級 PTA の取り組み ～子どもの目線で考える～	栫井厚子 （鹿児島県国分市）	
16	中学校による地域へのアプローチ ～子ども会サミット成長の軌跡～	小宮哲 （長崎県野母崎町）	
17	現場学校における「学社融合・総合的な学習の時間」への段階的取り組み （その２）	桑原広治 （熊本県人吉市）	
18	学社融合の取り組み ～小・中学校と教育支援ネットワークの連携方法と成果～	黒木朗次 （宮崎県日向市）	
19	学校を基地にしたお父さんのまちづくり ～小学校と地域がすすめる教育創造～	岸裕司 （千葉県習志野市）	
20	独自の学社融合プログラム開発と体制整備を目指して ～相互理解の過程～	小屋迫厚文 （熊本県蘇陽町）	
21	手作りの夢フォーラム ～男女共同参画社会を目指して～	諸石秀子 （佐賀県伊万里市）	
22	広域連携生涯学習推進システムの開発 ～筑紫地区４市１町の調査から～	古市勝也 （福岡県） 久原寛 （福岡県）	
23	市立図書館の挑戦 ～生涯学習ボランティア推進の試み～	右田志伸 （島根県益田市）	
24	ウイグル民族と日本の子どもの生活環境の比較研究 （その２）	井上豊久 （福岡県）	
25	青少年の社会性を育む小・中・高校生のボランティア講座の試み	加藤貴司 （熊本県）	
26	環境破壊は健康破壊 ～中学生を主体とした全村的取り組みの成果と課題～	藤井雅也 （島根県弥栄町）	
27	荒れる中学校に取り組む ～親・教師の自助グループの実践と成果～	後田逸馬 （鹿児島市）	
28	古い町並みの活性化を図る住民主体のまちづくり	川島啓嗣 （福岡県八女市）	
29	子どもと学ぶ・年長者の「折尾東尋常小学校」	半田百合枝 （福岡県北九州市）	
30	市政に女性の発想を！ ～佐賀んまちラブコール「アイもしりたかコイも話したか」～	御厨ルミ子 （佐賀市）	
31	ユイマールの心で地域づくり ～地域の連携と活性化の試み～	宮里啓子 （沖縄県浦添市）	
32	「輝くちくほうブランド」 ～女性の歴史に学ぶエンパワーメント～	豊福晔子 （福岡県）	

第19回大会　平成12年度

	◇特別企画　シンポジウム		
	生涯学習の推進と出前講座		
	シンポジスト コーディネーター	大橋康　（熊本市教育委員会社会教育課長） 北原コズエ　（小郡市教育委員会文化振興課長） 古川次男　（鹿児島県隼人町教育長） 横尾俊彦　（佐賀県多久市長） 荒谷信子　（広島県教育委員会生涯学習部長）	
1	校区内青少年育成の実践と評価 ～校区組織の結成と運動の形態～	岩下純宏　（鹿児島県国分市）	
2	感動の共有　～ボランティア・行政・中学生とで朗読公演に取り組む～	竹中圭子　（福岡県三輪町）	
3	行動する子ども会の試練と学習 ～参加することから得ること～	比嘉清美　（沖縄県西原町）	
4	ふるさと総合学習「ちゃぐりんスクール」 ～農業体験プログラムへの農協参加～	伊藤雪子　（佐賀県伊万里市）	
5	学社融合研究会のアプローチ　～教育における異業種交流・自己開発の理念と方法～	森田啓二・宮崎剛章・桑原広治 （熊本県菊水町立菊水中央小学校）	
6	「ゆめのなかまたち」 ～府中町こどもセンターの取り組みを通して～	加美貴代香　（広島県府中町）	
7	地域に根差した国際交流活動 ～ワールドカップサッカー語学ガイドボランティア活動を目指して～	飯田文典　（大分県大分市）	
8	生涯学習指導者養成にチャレンジする全国初の高等学校	榊原恒二　（広島県）	
9	野芝居「鯨神」 ～歴史遺産の復活とまちの再発見～	浅田直幸　（長崎県崎戸町）	
10	届くか「とどろき女太鼓」 ～女性有志の超過疎地のまちづくり～	小野川章男　（高知県大正町）	
11	音がつなぐ人をつなぐ街をつなぐ ～卑弥呼太鼓海峡をこえる～	太田浩二　（福岡県甘木市）	
12	17音のスケッチ　～水仙の里・野母崎俳句文化のグラデーション～	藤井卓　（長崎県野母崎町）	
13	人生は潮干狩り　～社会人落語交流の16年～	矢野大和　（大分県宇目町）	

14	小林おもしろ発見塾　～好っじゃー小林～	清水洋一・小園久雄　(宮崎県小林市)	
15	男女共同参画社会の実現を目指して ～女性のためのハンドブック作成～	森部真由美　(福岡県甘木市)	
16	広域ネットワーク「天国の食卓と地獄の食卓」 ～片手にカブト虫、片手にマウス～	小寺暢　(宮崎県都城市)	
17	わがまちをジャズの流れるまちに ～「民」が挑戦する地域活性化実験～	草場弥史　(山口県於福町)	
18	花の街道命のロマン　～コスモスと菜の花に賭けたコミュニティの創造～	森田京子　(鳥取県淀江町)	
19	歌を翼にふるさと創生 ～「ふるさと斐川のうた」制定の規格と実践～	青木真理子　(島根県斐川町)	
20	ふるさとからの熱きメッセージ ～二鹿しゃくなげマラソン７年の軌跡～	藤村幸生　(山口県岩国市)	
21	異年齢集団体験プログラム ～「市房ユース宿泊登校」～	大園敏男　(熊本県水上村)	
22	ツインスタークラブ ～多胎児家族の相互支援活動～	吉井一美　(福岡県北九州市)	
23	「わんぱく寺子屋寮」 ～共同生活八つのプログラムの衝撃効果～	林田正弘　(熊本県芦北町)	
24	「吉野ヶ里遺跡保存」の教訓 ～歴史・文化・自然保護の論理と方法～	太田記代子　(佐賀県神崎郡)	
25	「心豊かで活力にみちた美しいまち平生」の実現を目指して　～「民」が挑戦する地域活性化実験～	中山一弘　(山口県平生市)	
26	カスミサンショウウオの里山づくり ～君は素晴らしい～	大谷妙人　(福岡県宮田町)	
27	「地域教育コーディネーター制度」構想と展開 ～匹見町における地域教育コーディネーターの機能と役割～	大畑信幸　(島根県匹見町)	
28	連携型生涯学習システムの開発 ～関係機関・団体のネットワーク化～	竹迫芳朗　(鹿児島県東郷町)	
29	農業創造：オリジナリティの開発と生産者の学習 ～農業法人が農業を改革する～	横尾文三　(佐賀県佐賀市)	
30	地域づくりの中核：自治公民館の活動支援と生涯学習行政の役割	川口公子　(福岡県上陽町)	
31	えびの市における自治公民館活動	馬越脇泰二　(宮崎県えびの市)	
32	フラワーレイ・アロハルームのボランティア活動 ～フラダンスで高齢者と結ぶ～	佐藤晴美　(大分県大分市)	

	◇企画リレートーク	
	21 世紀の生涯学習施策の展望	
	スピーカー（50 音順）	井上講四　平山正雄 太田政子　古市勝也 佐々木基成　正平辰男 高木末子　宮崎克己 林口彰　明神宏和 姫野敦子　和田明
	コーディネーター	三浦清一郎
1	有明総合イベント事業「ガタリンピック」の成果と「フォーラム鹿島」のまちおこし戦略	土井敏行（佐賀県鹿島市）
2	「火の鳥太鼓」の 13 年　～人づくりにおける活動の展開と転換、そのタイミング～	竹ノ下武宏（鹿児島県桜島町）
3	手づくりの「ふるさとミュージカル」 ～町民音楽祭によるまちづくりの道程～	岡田浩四郎（鳥取県鹿野町）
4	生涯学習グループ「やまぐちネットワークエコー」の構築による女性の社会参加促進のプロセスと成果	西山香代子（山口県山口市）
5	市民による市民のための生涯学習プログラム「むなかた市民学習ネットワーク事業」	赤岩喜代子（福岡県宗像市）
6	公民館着付講座の社会還元の思想と方法 ～「おびの会」ボランティア活動 23 の軌跡～	久保田照子（沖縄県那覇市）
7	公民館を拠点とした学社連携「行楽共有」の試み	松島俊枝（島根県吉田村）
8	「わらべサークル協議会」 ～童話によるまちづくりの成果と展望～	藤野吉子（大分県玖珠町）
9	長期通学キャンプの教育効果と学社連携の方法	九野坂明彦（福岡県庄内町）
10	自治公民館拠点主義の生涯学習まちづくり事業におけ「生涯学習推進員」の機能と役割	森山貴代香（宮崎県綾町）
11	郷土芸能「神楽」の若者への継承による愛郷心の形成と学社融合の実践	中越拓平（高知県檮原町）
12	南阿蘇広域事業の展開と六ヶ町村連携の成果と意義	秋山清二（熊本県南阿蘇六ヶ町村）
13	総合型地域スポーツクラブによる青少年健全育成と地域活性化	加藤典紅（鳥取県北条町）

14	青年の自己啓発と地域再生活動 〜ＣＹＦからＣＹＣへ〜	白岩修　(宮崎県木城町)	
15	地酒「中山郷夢物語」の全国共同創作によるジゲおこし	畑千恵子　(鳥取県中山町)	
16	日本初県境を越えた生涯学習広域講座の方法と成果	刀根伸　(福岡県・大分県)	
17	楽修会と町内ものづくりマップによるまちづくり交流　〜地域アニメーターの実験〜	麓宏吉　(鹿児島県姶良町)	
18	星ヶ窪ハイキングの歴史と交流イベントの総合化　〜仁淀村生涯学習村おこし事業の新戦略〜	坪内武則　(高知県仁淀村)	
19	しまばら不知火連「ガマダス阿波踊り」による地域活性化の戦略と成果	廣瀬　朗　(長崎県島原市)	
20	「竹笛」人材の活用と竹笛演奏グループによる地域活動の創造	米須美佐枝　(沖縄県西原町)	
21	地域人材の活用による寺子屋とカルチャー教室の実践	廣瀬武史　(熊本県小川市)	
22	創作ボランティア「はまゆう生活学校」の学校支援活動	三原キクエ　(大分県蒲江町)	
23	地域手段のネットワーク化と人材活用による学社融合	徳永惣一　(熊本県玉東町)	
24	車椅子バスケットを通した学社融合の取り組み	寺田れい子　(広島県府中町)	
25	有明佐賀航空少年団「心の成長プログラム」 〜親切・勇気・礼儀・感謝をいかに育むか〜	横尾寛二　(佐賀県佐賀市)	
26	自宅開放型「よろず相談・学習会」:「座・いきだよ会」の 28 年	正くにか　(大分県賀来町)	
27	飯干太鼓アラスカ演奏交流 〜 13 人の子どもたちの挑戦〜	椎窓猛　(福岡県矢部村)	
28	日豪山村ホームステイ交流による国際理解学習の衝撃効果	向野茂　(大分県院内町)	

第21回大会　平成14年度

	◇特別企画　シンポジウム	
	テーマ　学社融合の可能性：「総合的な学習」の中身と方法を問う ～「生きる力」になり得る体験とは何か？総合的学習で「学力」は大丈夫か？～	
	シンポジスト	水田尚文　（福岡県宗像市立吉武小学校教諭） 大畑伸幸　（島根県益田市教育委員会地域教育コーディネーター） 須本恭雄　（〈株〉啓明館取締役・業務部長） 上田博司　（熊本市立城北小学校校長）
	コーディネーター	古市勝也　（九州女子短期大学教授）
1	吉武小学校のホームステイ通学合宿 ～米三合校区内留学～	石松豊行　（福岡県宗像市）
2	「まつもと融合教育」～あの子も、この子も、地域の子、みんなで育てよう松元っ子～	窪園昭宏　（鹿児島県松元町）
3	日南町民ミュージカル ～子どもたちが光り輝くまちに～	久城隆敏　（鳥取県日南市）
4	子どもの会の組織化、活性化、ジュニアリーダーの自立化　～豊野町子ども会の発展史にみるジュニアリーダーの役割と意味～	東田誓　（熊本県豊野町）
5	青少年の社会貢献機会の創造　～大分県青少年ボランティアセンターの試行錯誤～	工藤喜賀　（大分県別府市）
6	「一人前」の予行演習　～ふるさと貢献に挑戦する「子どもヘルパー」事業～	井隆博　（熊本県産山村）
7	出前「朗読劇」による男女共同参画の展開 ～ちょこっとばっかい女の問題提起～	小副川ヨシエ　（佐賀県佐賀市）
8	手づくり・輪づくり・人づくり「下関紫陽花会」の６年の軌跡　～ボランティア活動と男女共生社会をめざした生涯学習～	貞光博子　（山口県下関市）
9	住民の住民による住区まちづくりビジョン会議 ～子どもたちの「ふるさと」づくり活動～	栗栖孝子　（広島県府中町）
10	「城下町中津のひな祭り」を支える市民グループ ～ぎゃらりぃ「もろまち」の多目的活動戦略～	幸下政己　（大分県中津市）

11	「突撃はえばる探検隊」　～ボランティアで立ち上げた沖縄初のローカルテレビ番組～	前城充　(沖縄県南風原町)	
12	高齢者のための企業支援： 「安心リフォーム」の奉仕活動 ～福間町商工会地域貢献事業の 17 年～	力丸信幸　(福岡県福間町)	
13	「学社融合」戦略の研究と地域のゲストティーチャーによる学校支援の実践的研修 ～佐賀県における「学校と地域の融合研究会」の取り組み～	江口浩文　(佐賀県佐賀市)	
14	畑迫「ほたる祭」と「総合的学習」の融合 ～地域の願いと学校の思いを通わせて～	澤江健　(島根県津和野町)	
15	「協働」生活体験学習の成果と課題 ～地域における「協働」理念の浸透～	久保田博樹・野田圭一郎　(福岡県高田町)	
16	地域の身近な畑を生かした小学校農業体験学習 ～内田小ヤッホー農園活動～	横田明子　(熊本県菊鹿町)	
17	無料託児「地域のおばあちゃん」事業 ～木花婦人会の地域貢献と子育て支援～	茜ヶ久保真由美　(宮崎県宮崎市)	
18	図書館のないまちの本に出会うためのお話し会	足利結佳・曾川裕子　(大分県湯布院町)	
19	子育て情報誌の創造とボランティア・ネットワークの拡大 ～うさ子育てネットワーク協議会の実践～	田所陽子・宇都宮玲子　(大分県宇佐市)	
20	「放課後児童健全育成事業」への父母の挑戦 ～甘木市学童保育わんぱくクラブの 15 年～	池田洋子　(福岡県甘木市)	
21	汗見川水源の涵養と地域活性化への挑戦 ～清流を活かした生涯学習まちづくりイベントの創造～	川村芳朗　(高知県本山町)	
22	文化と自然を活かした活力あるコミュニティ創造への多面的アプローチ ～唐津市かがみふるさとまつり～	牟田口光子　(佐賀県唐津市)	
23	くにみ山麓音楽祭と図書事業を核とした生涯学習運動　～世知原地域文化の創造と発信～	迎悟　(長崎県世知原町)	
24	子ども達が創る紅葉ロードレース ～「学社融合」でまちづくり～	平田正樹　(島根県匹見町)	
25	コミュニティ・スポーツクラブの活用と活性化の条件　～主役は自分、コミスポくすのき～	境憲一　(山口県楠町)	
26	「しゅうとめの会」生涯学習の 35 年 ～ボランティアから自分発見まで地域を活性化する熟女サークルの挑戦～	清水純子　(鳥取県江府町)	

27	「オヤジ夜究教室」の実験 〜オヤジの異業種親睦、オヤジによる学習、みんなのためのまちづくり〜	杉本兼幸　（長崎県大瀬戸町）	
28	生涯学習の広域連携から広域まちづくりの創造へ 〜「学習融合フォーラム in 綺羅星７」事業の地域づくり構想〜	渋谷秀文（島根県益田市圏域七ヶ市町村） 大畑信幸 勝部薫	

第22回大会　平成15年度

	◇特別企画　生涯学習における未来事業開発のためのインタビュー・ダイアローグ		
	テーマ１「完全学校週５日制と土曜教育力」	森本精造　（福岡県穂波町教育委員会教育長） 村田郁子　（長崎市教育委員会生涯学習課社会教育主事補）	
	テーマ２「男女共同参画」	上野幸子　（生涯学習をすすめる甘木・朝倉女性会議副代表） 馬場三恵子　（佐賀市総務課男女共同参画室室長）	
	テーマ３「生涯学習のための NPO 活動」	古田稔　（特定非営利活動法人淑明学園理事長）	
1	楽しく、走ろう福岡子ども駅伝 in やまだ	保坂隆義　（福岡県山田市）	
2	コミュニティの活性化イベントの企画と発信 〜ギネスに挑戦する米どころ真砂地区の " 世界一の押し寿司 " 〜	斎藤浩文　（島根県益田市）	
3	" 協働 " を通して自立した市民がつくる " 佐賀のまち "　〜 NPO 法人さが市民活動サポートセンターがめざす市民活動・ボランティア活動の舞台づくり〜	松尾由紀子　（佐賀県佐賀市）	
4	のいち読書のまちづくり運動 〜子ども図書館活動クラブの創設と発展〜	小松節子　（高知県野市町）	
5	「遊・夢・友」を育むアンビシャス広場 〜ボランティアと子どもが創る地域教育力〜	四ヶ所啓二　（福岡県大刀洗町）	
6	日本一小さな町の民族芸能を活かしたまちづくりへの挑戦	森田豊　（長崎県高島町）	
7	「子ほめ条例」の制定と「子ほめの里」づくり 〜子どもを見守る視点の拡大と地域一体の健全育成〜	平岡敏彦　（大分県前津江村）	

8	地域市町村における異業種・異年齢サークルによる沖縄文化伝承の試み	大谷高子　(沖縄県東風平町)	
9	「集落民会議」の提唱と相互支援プログラムの創設～「柳谷高校生クラブ」を中核とした総合的地域活動～	豊重哲郎　(鹿児島県串良町)	
10	「ふるさとえびの塾」生を母体としたグリーンツーリズム運動	稲泉元司　(宮崎県えびの市)	
11	高齢者学習事業「茶山塾」と浦添小学校の連携 ～高齢地域の学社連携とまちづくり～	大濱勝彦　(沖縄県浦添市)	
12	広島県立生涯学習センターの新しい試み ～ボランティアとの協働と活動支援～	葉名雅之　(広島県広島市)	
13	チルコムAから"チルコムネット　(子どもネットワーク)"活動へ　～子どものためのボランティア養成と大人ネットワークの形成～	卜蔵久子　(鳥取県米子市)	
14	小さな芸術家になろう ～大学生と子どもが創る美術館ワークシップ～	緒方泉　(福岡県福岡市)	
15	「里山学校」構想と山村交流の実験 ～廃校　(「庄内ゆうゆう館」)を活用したボランティア、NPO、生涯学習行政の協働～	後藤哲三　(大分県庄内町)	
16	「生ごみを宝に～ NPO 伊万里はちがめプラン」 ～市民による資源循環型社会作りへの挑戦～	福田俊明　(佐賀県伊万里市)	
17	「青小キャラバン唐津まで歩くんジャー」 ～3泊4日、83キロ；「生きる力」への挑戦～	光延正次郎　(福岡県古賀市)	
18	自然はぼくらの保育園 ～自然の力でこそ育つ"かしこさと生きる力"～	池田真弓　(佐賀県基山町)	
19	目標は"タフな子ども" ～地域と共に歩む学校の創造～	松田裕見子　(長崎県勝本町)	
20	6年生子どもエージェントからの提唱・アクション"きよらの里づくり"　～「ツアーガイド」から「子どもヘルパー」まで～	中山和臣　(熊本県南小国町)	
21	寸劇「豊津家の夕餉」男女共同参画の見えない壁 ～しきたりと伝統の再点検～	長野宏子　(福岡県豊津町)	
22	豊後高田「学びの 21 世紀塾」 ～教育のまちづくりをめざして～	岩田隆宏　(大分県豊後高田市) 近藤浩二　(大分県豊後高田市)	
23	手作り生涯学習講座「たぶせ雑学大学」 ～参画と自主運営の現代的意義～	三瓶晴美　(山口県田布施町)	

24	地域における「夏休みの教育力」 ～児童教育ボランティア「竹の子の里」の子育て支援～	岩田澄子 （佐賀県太良町）	
25	地域おこし学習ボランティアの10年 ～市民の社会参画と生涯学習成果の社会還元～	安井敬子 （山口県宇部市）	
26	高齢者の社会参加と世代間交流舞台の創造 ～「子どもに学ぶパソコン教室」から「夏休み宿題サポート活動」まで～	森一郎 （福岡県直方市）	
27	「多根尋常小学校：メガネの学級の挑戦」 ～公立小学校による高齢者教育とコミュニティ活性化の試み～	石飛安弘 （島根県掛谷町）	
28	住民の、住民による、住民のためのふるさとづくり ～自治公民館の生涯学習・地域活動への挑戦～	井塚照雄 （鳥取県会見町）	

第23回大会　平成16年度

	◇特別企画 （インタビュー・ダイアローグ）		
	第1部テーマ：学力向上の戦略を問う 「学力」とはなにか？ 「学力向上の方法」はなにか？ 「学力は向上しているのか？」		
	インタビュイー	甲木英徳 （全教研取締役・第1地区本部長） 中島幸男 （福岡県芦屋町教育委員会教育長） 松田裕見子（長崎県壱岐市立霞翠小学校研究主任）	
	インタビュワー	三浦清一郎 （生涯学習・社会システム研究者）	
	第2部テーマ：「なぜ落語と口演か？」 「落語と口演による生涯学習理念と方法のプレゼンテーション」		
	インタビュイー	矢野大和 （大分県宇目町観光大使）	
	インタビュワー	古市勝也 （九州女子短期大学教授）	
	落語と口演2題：1年400回「口演」のエッセンス		
		矢野大和（大分県宇目町観光大使）	

1	「わくわくふるさと」体験活動と「ハートフル教室」 ～西米良生涯学習課カレンダーの活動組織力～	甲斐法長　（宮崎県西米良村） 牧幸洋　（宮崎県西米良村）	
2	地域集団の"協働"による学校週5日制対応プロジェクト　～福岡市長尾公民館を拠点とした地域教育力の創造～	濱崎朝乃　（福岡県福岡市）	
3	未来のふるさとを歩く －おのみち100キロ徒歩の旅 ～地域とボランティアが支える少年の挑戦～	柿本和彦　（広島県尾道市）	
4	むかし体験「富岡往還」から演劇「島の礎」の上演へ～鈴木精神の伝承といやしの里づくり～	井立伸一　（熊本県本渡市）	
5	みんなで学校をつくろう　～学校・家庭・地域が一体となって育むタフな子ども～	牛嶋理孝　（長崎県岐宿町）	
6	自然・生活体験活動を推進する社学連携・融合の具体的方策　～「やまびこの社」セカンドスクールIN英彦山～	井上憲治　（福岡県添田町） 是石博幸　（福岡県添田町）	
7	与論島美術館誕生物語　～高校生が運営するセミナーハウス&エコミュージアム～	赤崎隆三郎　（鹿児島県与論町）	
8	「私をスタディツアーに連れてって！！」 ～知ることからはじまる地域の国際協力～	大野博之　（佐賀県佐賀市）	
9	生涯学習「手作りコンサート」のまちづくり ～気高町"浜村ミュージックメイツＰＯＣＯＡＰＯＣＯの10年"～	坪井和弘　（鳥取県気高町）	
10	地域の活性化を目指す自治公民館の村落史編纂活動　～コミュニティ意識に支えられ、ふるさと史の掘り起こしにかけた5年の歳月～	岡田昌孫　（鳥取県会見町）	
11	市民による市民のための「くらしの法律セミナー」　～自主企画、自主運営、自分たちに役立つプログラムの創造～	向上正美　（山口県宇部市）	
12	西土佐穂　（みのり）太鼓のまちづくり ～和太鼓文化は人をつなぎ、村を変える～	今城久枝　（高知県西土佐村）	
13	体験・発見・子どものための18公民館ネットワーク～「ゆとりと心配」の学校5日制こそ子育て支援機能活性化のチャンス～	村田郁子　（長崎県長崎市）	
14	いきいき子育て"ウィークエンド寺子屋" ～家族が創る私塾の挑戦：読み・書き・計算からキャンプ資金稼ぎまで～	原誠　（島根県益田市）	

15	地域が創造する４小学校合同総合体験プログラム　～ふるさとを学び自然の中で鍛える「安心院子ども教室」～	上鶴養正　（大分県安心院町）	
16	学校を学習拠点とした児童期生涯学習支援総合プログラムの理論と実践　～穂波町「いきいきサタデースクール」の学校週５日制対応策～	緒方眞由美　（福岡県穂波町）	
17	モデル高校が取り組む生涯学習プログラムの創造 ～大分南高校の地域教育力向上連携推進事業～	工藤典比古　（大分県大分市）	
18	農業体験活動は地域と学校の何を変えたのか？ ～教科横断型指導を実現する白木小学社融合推進事業～	園田豊美　（福岡県立花町） 田中千賀子　（福岡県立花町）	
19	小学校の「おやじ会」が創る「のびのびチビリンピック」　～地域の教育力を支える父親の子育て支援事業～	川尻修治　（長崎県田平町）	
20	クリーン作戦から"つくつくフェスティバル2003"まで ～学校、家庭、地域を結ぶPTA活動～	中津留正士　（大分県津久見市）	
21	「谷山エコミュージアム」構想につなげる「エコマップ」作成ワークショップ	深見聡　（鹿児島県鹿児島市）	
22	多様に、多彩にまちづくり"七人の侍"の実践 ～いま鎮守の森をてくてく探訪～芋煮会、郷土唄のCD化、おはなしクレヨンの読み聞かせ－そしてこれから	松浦友子　（山口県山口市大内）	
23	町村合併によるまちづくりと生涯学習 ～新市まちづくり構想における公民館教育力の創造～	吉山治　（島根県木次市）	
24	１市５町３村共催事業：青少年ボランティア養成講座　～市町村行政の枠を超えた連携事業～	奥村秀蔵　（大分県佐伯市） 森崎真司　（大分県佐伯市）他８町村	
25	「チャイルドラインしまね」の創設　～研修、受け入れ、協力ネットワーク創造のプロセス～	周藤八重子　（島根県大田市）	
26	ひろしまチャイルドライン子どもステーション ～「子どもの声」が大人をつなぐ「心の居場所」づくり～	上野和子　（広島県広島市）	
27	NECO　（沖縄自然教育カフェ）のわくわく自然教室　～大学生が企画する子どもの生活体験支援プログラムの原理と方法～	丸谷由　（沖縄県中城村）	
28	自分の責任で自由に遊ぶ ～まちの中に「冒険遊び場」を創造するには～	柴田知行　（佐賀県佐賀市）	

第24回大会　平成17年度

	◇特別企画　（インタビュー・ダイアローグ）		
	第1部テーマ：その後の学力向上戦略　（第2回討論） 「学力」とはなにか？ 「学力向上の方法」はなにか？ 「学力は向上しているのか？」		
	登壇者 コーディネーター	中島幸男　（福岡県芦屋町教育長） 松田裕見子（長崎県壱岐市立霞翠小学校研究主任） 古市勝也　（九州女子短期大学教授）	
	第2部テーマ：「子育て支援」サミット 誰が、なんのために、何を、どのようにやるのか？		
	登壇者 コーディネーター	中嶋裕史　（福岡県須恵町町長） 畑中茂弘　（福岡県豊津町町長） 森本精造　（福岡県穂波町教育長） 三浦清一郎　（生涯学習・社会システム研究者）	
1	青少年の社会参画・体験スタジアム：チャレンジ！「からつば」	八島大三　（佐賀県唐津市）	
2	NPOコーチズによる健康促進、雇用増大、青少年支援など多目的な生涯学習実践	児玉宏　（広島県広島市）	
3	市民中学「ひまわり学級」の学社融合	太田康子　（福岡県北九州市）	
4	「マロニエ音楽祭」を支えるコミュニティ文化と生涯学習の発想　～「市民さわやかイベント運営セミナ～」の生み出したもの～	岩坪恵美子　（鹿児島県鹿児島市）	
5	「㈱鉄の歴史村」：過疎への挑戦の原理と方法 ～「交夢員」がつくるまちづくり会社～	松島俊枝　（島根県雲南市）	
6	市民センター「館長公募制」の哲学と生涯学習振興の方法論	寺坂博文　（福岡県北九州市）	
7	ブックスタートから始まる親子読書活動 ～子育てサロン・お話情報局の実践より～	遠藤ゆかり　（鳥取県境港市）	
8	「里山元気塾」の地域振興、交流促進のプログラムの原理と方法	小谷博徳　（鳥取県日野町）	

9	廃校の活用による「元気の森かじか」の地域づくり	濱田孝正　（熊本県美里町）	
10	地域連携によるプレイパークの創設とコミュニティづくり	新道欣也　（熊本県熊本市）	
11	長崎県鹿島町教育ネットワーク（学社融合）推進事業　～学校･家庭･地域ぐるみで育てよう「タフな鹿町っ子」	池田利夫　（長崎県鹿町町）	
12	地域が創造した体験活動舞台「プレーパーク千鳥園」の理念とプロセス ～子どもの声が地域をつなぐ～	松崎正　（島根県益田市）	
13	NPO 法人りべろの子ども支援プログラム内容と展開手法	中川一男　（島根県浜田市）	
14	環境教育指導のためのスキルアップセミナー ～「プロジェクト･ワイルド」や「プロジェクト･アドヴェンチャー」の基本理念と技法～	中根忍　（沖縄県北谷町）	
15	子育てネットワークの形成による活動・支援・協働の展開 ～宗像子育てネットワーク「こねっと」の実践～	棚橋美智子　（福岡県宗像市）	
16	「有志指導者」による全日制「豊津寺子屋」の「保･教育」実践の原理と方法 ～「元気のためのカリキュラム」の創造－役場内プロジェクト－学校施設の開放～	高津はるみ　（福岡県豊津町） 中村彰夫	
17	ポーン太の森自然冒険塾の７つの課題	小野豊徳　（福岡県小石原村）	
18	子育て支援と交流の輪づくり ～ささやかな発信～着実なネットワークづくり～	藤田千勢　（山口県長門市）	
19	NPO グループによる不適応問題に関する総合支援体制の創造と実践	谷口仁史　（佐賀県武雄市）	
20	科学と遊びの出前講座による生涯学習ネットワークの形成	藤本忠男　（岡山県新見市）	
21	生活体験塾「あすなろ」の「自立」､「協調」､「健康」､「国際交流」プログラム	尾形文昭　（長崎県諫早市）	
22	子どもたちと共に歩み、地域と連携する PTA	古江信一　（大分県中津市）	
23	「ふれあいの森なんでも工房」の森林を活用した総合型野外体験プロジェクト	村田真博　（山口県周南市）	
24	NPO かごしま生涯学習サポートセンター設立の目的と経過	後田逸馬　（鹿児島県鹿児島市）	
25	参加体験型人権学習プログラムの開発・普及の実践的研究	平谷学　（広島県向島町）	

26	活力ある地域づくりを目指した広域的な青年活動の取り組み　～南那珂地域活性化塾 NK2 の活動理念とプログラム～	稲田博仁（宮崎県串間市・日南市・南郷町・北郷町）	
27	和太鼓チームの自己教育力と社会参画の活力 ～結成 15 年「舞葵琉太鼓」の軌跡～	城間恵子　（沖縄県西原町）	
28	「異校種 PTA」のネットワークによる生涯学習交流プログラムの創造	大塚仁　（大分県大分市）	

第 25 回大会　平成 18 年度

	◇特別企画　（インタビュー・ダイアローグ）		
	第 1 部：『それぞれの「定年と老い」の準備プログラムと展望』 「何をしたいのか？なぜなのか？できるのか？」		
	登壇者	後田逸馬　（志学館大学生涯学習センター） 紫園来未　（オフィスしおん主宰、あいブレーンコンツェル株式会社社長） 中村由利江　（「ゆめなか@情報局」、「夢講座」世話人、平成 18 年度府中南公民館地域コーディネーター） 藤本勝市　（長崎県時津町教育委員会学校教育相談指導員） 宮崎克己　（大分県香々地青少年の家所長）	
	コーディネーター	正平辰男　（東和大学教授）	
	第 2 部：『残された「生涯時間 20 年」時代の生涯学習施策を問う』		
	登壇者	菊川律子　（福岡県立社会教育総合センター所長） 近藤真司　（全日本社会教育連合会、『社会教育』編集長） 中嶋玲子　（福岡県男女共同参画センター " あすばる " 館長） 森本精造　（福岡県飯塚市教育委員会教育長）	
	コーディネーター	三浦清一郎　（生涯学習・社会システム研究者）	
1	幼少年教育システムにおける「教育」と「福祉」の融合　～保育所が教育委員会にやってきた！！～	山田晋　（鳥取県大山町）	
2	まつもと融合教育とジュニア生涯学習 ～「ジュニア生涯学習チャレンジ 100 単位プラン」～	窪園昭宏　（鹿児島市松元地域）	

3	ジャグリング・パフォーマンスを通した学校クラブ活動の創造と地域との連携	前津文啓　（沖縄県那覇市）	
4	学校支援ボランティアを「環」とした学社連携事業の方法と論理	原敦代　（島根県大社町）	
5	学校、地域、社会教育行政の協働による地域教育力向上施策の実践	井関嘉昭　（長崎県琴海町）	
6	子ども会指導体制の充実・増強とジュニアリーダー養成事業の組織化	泊武人　（福岡県糸島地区）	
7	NPO 法人子どもたちと共に学ぶ教室シニアスクールの過程と成果	藤井敏明　（岡山県岡山市）	
8	生涯学習実践研修の創造と企画運営方法の転換 ～山口県プランニング・マネジメント研修の自己企画－実践プロセスの検証－	赤田博夫　（山口県山口市） 大島まな	
9	文化振興と交流を目指した「地域ブロック文化交流システム」の構築	宮地より子　（長崎県長崎市）	
10	実践的高齢者大学への「調査」・「企画」・「発表」プロセスの展開　～趣味・教養講座から地域活動の人材養成講座へ～	中溝孝博　（佐賀県佐賀市）	
11	行政と地域の協働による地域が育てる少年活動 ～「土曜楽校」から「学力アップ講座」まで～	松浦靖明　（鳥取県三朝町）	
12	「熟年式」構想の意味と意義 ～熟年の「生きる力」と地域活力の創造～	長谷川進一　（山口県山口市）	
13	「開かれた学校」と「子どもの居場所」の結合 ～「あそびの城」と「ひしっ子エコレンジャー」プログラム～	上野祥子　（熊本県植木町）	
14	学校を拠点とした「子育て」、「子育ち」支援プログラムの実際と運営　～ボランティアが作る子どもの居場所と体験活動～	安藤珠美　（島根県益田市）	
15	年中開催・学校拠点型子育て支援プログラムの論理と方法 ～尾道市地域子ども教室の事業システム～	磯兼智道　（広島県尾道市）	
16	美術館における少年のための「ふるさと教育」の実践と成果	神英雄　（島根県浜田市）	
17	「東国東　（ひがしくにさき）デザイン会議のまちづくり・教育力向上戦略」　～子育てを中核とした地域総参加の協働プログラム～	冨永六男　（大分県国東市）	
18	私はひっさつ仕掛人！障害者小規模作業所イベント盛り上がりのミソ	大田百子　（鳥取県淀江町）	

19	「韓国釜山地域平生教育情報センターの現状と課題」	金富允・朴在国 （韓国釜山地域）	
20	植田正治写真美術館の「オマージュ展」を核とした観光推進の参加型イベントの創造	幸形信之 （鳥取県伯耆町）	
21	豊後高田市「スクラム・プロジェクト」の子育て支援まちづくり	辛島時之 （大分県豊後高田市）	
22	高校生ボランティアのまちづくり 〜「知覧茶アピール」から「ふるさと大会」まで〜	中村宗義 （鹿児島県知覧町）	
23	「あいさつ日本一」の町を目指し、あいさつによる交流・友愛・活力の創造	都英幸 （福岡県高田町）	
24	「夢おいびと」ボランティアによる総合的ふるさとづくりの実践 〜地域とともに培った13年のロングロマン〜	赤川和恵 （山口県宇部市）	
25	あなたの持ち味活かしま専科 〜佐賀県生涯学習インストラクターの会：「クリエイトさが」の生涯学習支援〜	大島弘子 （佐賀県佐賀市）	
26	女性の視点で展開するコミュニティ・カフェ「夢ほっとプラザ」の構想と展開 〜地域と子どもを元気にするNPOの生涯学習の企画とネットワーキング〜	湊照代 （岡山県備前市）	
27	「みくにっこアンビシャス広場」による青少年育成の総合的アプローチ	伊藤浩一 （福岡県小郡市）	
28	総合型地域スポーツクラブのコミュニティ再生機能 〜春日市少年サッカークラブの進化とコミュニティスポーツの創造〜	白水卓之 （福岡県春日市）	
29	郷土で学び、郷土を学び、郷土に貢献する「艸舎」（そうしゃ）の実践と使命 〜地域文化再発見と人材ネットワークの形成〜	池水聖子 （鹿児島県）	
30	子どもが輝くまちづくりプログラムの創造と実践 〜「ビッグフィールド大野隊」は何を学び、何に挑戦したか！？〜	川田裕子 （広島県廿日市市）	
31	「えんがわくらぶ」 〜高齢者の活力創造と世代間交流の子育て支援〜	山川千寿 （福岡県古賀市）	
32	絵本・体操・物語で構成する子どもの夏休み特別プログラム 〜民生・児童委員が展開する子育て支援事業〜	木村泰代 （佐賀県佐賀市）	

33	福祉保健所による子育て支援・地域づくりプロジェクトへの参画 ～「本」と「おはなし」で地域を結ぶネットワーク活動の官民協働の理論と方法～	元吉喜志男　(高知県)	
34	異校種 PTA ネットワーク「地域の宝」事業	末廣弘江　(大分県杵築市)	

第 26 回大会　平成 19 年度

	◇特別報告　少子高齢化対策は停滞し、「教育公害」がやってくる		
		三浦清一郎（生涯学習・社会システム研究者）	
	◇特別企画　（インタビュー・ダイアローグ）		
	第 1 部：『地域との連携による学校の改革と学校との連携によるコミュニティの形成』 ～「連携の条件」と「相互貢献の条件」～		
	登壇者 コーディネーター	南隆洋　(読売新聞記者) 藤井敏明　(岡山市 NPO 子どもたちとともに学ぶ教室シニアスクール理事) 古市勝也　(九州共立大学教授)	
	第 2 部：『NPO の創意と挑戦に学ぶ』		
	登壇者 コーディネーター	古賀弥生　(福岡県アートサポートふくおか代表) 児玉宏　(広島県 NPO コーチズ代表理事・コーディネーター) 谷口仁史　(佐賀県 NPO スチューデント・サポートフェイス代表理事) 中川一男　(島根県 NPO リベロ統轄責任者) 三浦清一郎　(生涯学習・社会システム研究者)	
1	子育てを支援するサイト「ふくおか子育てパーク」 ～ IT を活用した次世代型家庭教育支援事業～	楢原理香　(福岡県篠栗町)	
2	子どもの居場所・高齢者の活動舞台の創造 ～少子高齢化、過疎、環境の荒廃を見据えたまちづくり～	田中時子　(山口県岩国市)	
3	学･福連携、学･社連携による地域総ぐるみの「協育」の輪　～学童保育とつなぎ、学校を開放し、ジュニアリーダーや熟年を生かした通年の体験活動プログラム～	都甲秀幸　(大分県杵築市)	

4	保育園・小学校・地域住民の合同開催による島の生涯学習・生涯スポーツフェスティバル	廣田秀夫　（長崎県西海市）	
5	少子化・高齢化・過疎化に対処する「地域一体」・「学社連携」型子育て支援の内容と方法　～夏休み学童保育：「ゆすっ子クラブ」を核とした地域の相互支援システムの形成～	水足浩　（高知県梼原町）	
6	多久聖廟「ジュニアガイド」にみる少年の地域貢献活動の成果と意義 ～「総合的な学習」を生かしたふるさと文化財の研修と観光交流の実践～	田島恭子　（佐賀県多久市）	
7	「DV 被害者」の自立と就労支援活動の経過と成果～民間サポート・センタープログラムの論理と方法～	田﨑エミ　（佐賀県佐賀市）	
8	NPO 法人「なはまちづくりネット」による新設公民館の受託経営の軌跡　～「一部業務受託」・「官民協働」・「社員の身分保障」・「専門研修」・「連携と地域サービス」の同時進行～	田端温代　（沖縄県那覇市）	
9	住民による住民のための異世代交流と子育て支援事業：『ちびっこ夢ランド』　～里づくり協議会「夢ランド十町」による古民家を活用した自主企画・自主運営～	岡本尋子　（熊本県和水町）	
10	子どもの生活リズムを向上させるための実践報告　「アンビシャスふくおか家庭教育宣言」	井上幸繁　（福岡県田川市）	
11	子どもの活動、大人の育成　～３年間の米子市子ども地域活動支援事業を経て～	ト蔵久子　（鳥取県米子市） 實近孝子 縫谷誠治	
12	子育て支援の「子縁」が育む地域のネットワーク～植木町菱形小学校の手作り「通学合宿」～	山下耕一　（熊本県植木町）	
13	NPO アンダンテ 21 による高津川を軸とした "ますだ圏域まちづくり"　～「全国源流シンポジューム」から「高津川大学」の設立まで～	廣兼義明　（島根県益田市）	
14	小・中・高の異校種 PTA ネットワーク「地域の宝」事業	児玉隆志　（大分県津久見市）	
15	公民館の自治センター化と指定管理者制度の導入による諸問題の発生と対処法の分析　～広島県庄原市における公民館経営の合併後の変遷～	才木雅仁　（広島県庄原市）	
16	ふるさとの里山再生・ビオトープづくり・芸術村の建設　～ヒュッテ桂谷ランプの宿を拠点とした生涯学習活動の展開～	佐伯清美　（山口県山口市） 畑山静枝	

17	地域安全ボランティア「ふれあいパトロール北条」のまちづくり ～みんなで守る地域の安心・子どもの安全～	都田幸民　（鳥取県北栄町）	
18	「小林おもしろ発見塾」の 10 年	大薗良一　（宮崎県小林市）	
19	NPO「地域サポートよしのねぎぼうず」の包括的地域サポートプロジェクト ～子育て・高齢者支援－青少年育成－男女共同参画－地域の安全－地域の祭り－多様な視点のネットワークづくり～	永山惠子　（鹿児島県鹿児島市）	
20	鹿町町教育ネットワーク　（学社融合）推進事業 ～保育所から高校まで、社会教育から福祉まで、学校・地域・家庭の３者連携の推進システム～	口石裕輔　（長崎県鹿町町）	
21	今こそ学校支援を！－中学校への教育支援コーディネーター配置の目的と方法－	原田尚　（島根県雲南市）	
22	若者集団「大介」による地域の少年活動創造の挑戦　～一緒に学びながら、子どもたちが目指してくれる大人に～	三ツ田達彦　（鳥取県湯梨浜町）	
23	ふれあい通学合宿『夢の体験塾』～７泊８日年間９回の実施を支えたもの、見えてきたもの～	竹井章　（福岡県岡垣町）	
24	「おおせとオヤジ夜究教室」 ～家事を極めて男を磨く自立プログラム～	竹嶋巌　（長崎県西海市）	
25	各種グループ・サークルの地域ネットワークを活用した官民協働の多様な子育て支援プログラムの創造　～「おやこ劇場」から「わいわいフェスタ」まで～	岩藤睦子　（山口県長門市）	
26	長期キャンプへの挑戦！今求められる自然体験のスタイル ～「ポーン太の森自然冒険塾」４年間の軌跡～	小野豊徳　（福岡県東峰村）	
27	一村一校；「Guts　（ガッツ）日吉津っ子」の子育て支援　～子どもを育て、村を育てる学社連携プロジェクト～	小原義人　（鳥取県日吉津村）	
28	NPO 法人「きよね夢てらす」の世代を超えた総合的まちづくりの方法 ～生涯スポーツ・生涯学習・ボランティア活動による地域活力の創造～	江口仁志　（岡山県総社市）	

	◇特別報告「保小連携の教訓～『生きる力』の基礎と土台の欠損」		
	～総括とインタビュー～		
	登壇者 インタビュアー	佐藤康隆　(鳥取県大山町立大山西小学校教諭) 三浦清一郎　(生涯学習・社会システム研究者)	
	◇特別企画　(インタビュー・ダイアローグ)		
	第1部:「子ども政策の総合化」　～分野横断型の子育て支援～		
	登壇者 コーディネーター	大串祐子　(長崎県こども政策局局長) 城月カヨ子　(福岡県宗像市教育委員会教育長) 中嶋裕史　(福岡県須恵町町長) 三浦清一郎　(生涯学習・社会システム研究者)	
	第2部:「少老共生」　～学社連携に向って学校が動く～		
	登壇者 コーディネーター	大音嘉之　(福岡県飯塚市立飯塚小学校校長) 手塚豊子　(福岡県飯塚市立鯰田小学校熟年者マナビ塾長) 籾井憲作　(福岡県飯塚市教育委員会生涯学習課中央公民館係) 山本健志　(福岡県飯塚市教育委員会指導主事) 永渕美法　(九州共立大学准教授)	
1	都市と地方を結ぶ若者の新しい生き方 ～緑のふるさと協力隊～	野崎智恵子　(福岡県築上町)	
2	「ブックスタート」から「ブックセカンド」へ ～就学前に絵本に出会うために～	勝部美枝　(鳥取県大山町)	
3	熟年期の「クラブ活動」勧誘プログラム ～『団塊の世代よ集まれ』事業の目的と方法～	田中隆子　(山口県下関市) 竹本篤史	
4	町で学び、町で生かす:総合的学習とまちづくり ～学校は地域の中へ、地域は学校の中へ～	緒方友希　(熊本県宇城市)	
5	「天山自然塾」	小森喜紹　(佐賀県小城市)	

6	ひこさん「山伏塾」の体験プログラムの内容と構成　～長期移動キャンプの実践をとおして～	井関浩久　（福岡県）	
7	「こんにちは赤ちゃん」　～青少年と０歳児のふれあい・交流体験プログラムの意味～	伊藤ひろえ　（鳥取県米子市）	
8	「今、音楽にもとめられているもの」 ～参加型コンサートの生涯学習実践～	西川桂子　（広島県呉市）	
9	「学楽多塾」ーはさま地域放課後子ども教室 ～ NPO 未来クラブの『多様性』への挑戦～	黒田美保　（大分県由布市）	
10	「わくわく土曜塾」～公民館利用グループを中核とした『ボランティア村』の子育て支援～	林義高　（山口県長門市）	
11	障害者の社会参加と地域交流ネットワークの創造	高木春未　（鳥取県境港市）	
12	学校と地域の連携による生涯学習の推進「校区公民館制度」 ～まちづくりは校区コミュニティーから～	有村博文　（鹿児島市）	
13	家庭の教育機能を高めるための支援の在り方に関する研究 ～市町村における行政支援の視点から～	池本要　（宮崎市）	
14	NPO を中核とした学社連携、社福連携による子育て支援事業の複合課題	帯刀里見　（大分県杵築市）	
15	小学校児童クラブへの「発達支援プログラム」導入の波及効果 ～『井関夏休み元気塾』の挑戦～	野村聡美　（山口市） 上野敦子	
16	学校へ行政職員を配置した「教育支援コーディネーター制度」に関する実践報告	加藤雄二　（島根県雲南市）	
17	官民協働の「総合型」子育て支援システムの発想と展開　～通常支援・病後支援・緊急支援３部門の確立～	山口ひろみ　（佐賀県唐津市）	
18	「高須ふれあいお月見コンサート」企画・プロセス・成果・展望	八木晶子　（広島市）	
19	４つの地区公民館　～「失敗から学ぶ」４つの通学合宿　～地域で支える通学合宿～	熊元　（長崎市）	
20	「えびの知っ徳・納得塾」　～市民主催の『行政勉強会』と『地産食材賞味会』～	本田英俊　（宮崎県えびの市）	
21	「祭り」の思想を発明する ～佐賀市立勧興公民館のまちづくり実験～	秋山千潮　（佐賀市）	
22	公民館による「定住化」促進プログラムの創造と展開	渡辺修　（島根県益田市）	

23	すべての子ども達に読書のよろこびを ～ユニバーサルデザインの視点をふまえた読書活動の推進～	津幡光浩　（熊本県）
24	総合型地域スポーツクラブによるコミュニティー活性化戦略 ～活動から交流へ、交流を地域づくりへ～	岩本とみ代　（大分市）
25	「里浜　（さとはま）」づくりによるふるさと創造の実践　～都市化の中の浦添市港川地区自治公民館の挑戦～	銘苅全郎　（沖縄県浦添市）
26	地域組織の統合と改変と横断型化　～発想の掘り起こし、アイディアの集中と選択、そして実践へ～	西田寛司　（鳥取県三朝町）
27	「子育てアップ」チャレンジプラン　～学社連携による家庭の教育力向上のための実践事業～	中野又善　（福岡県春日市）
28	知的障がい者の挑戦と活動舞台の創造 ～年100回公演の瑞宝太鼓が引き出した可能性～	高倉照一　（長崎県雲仙市） 岩本友広

第28回大会　平成21年度

◇特別報告「変わってしまった女、変わりたくない男（男女共同参画の現状）」	
	三浦清一郎　（生涯学習・社会システム研究者）
◇特別企画　（インタビュー・ダイアローグ）	
第1部：小学校教育の革新－現在進行形	
登壇者	浜田満明　（鳥取県出雲市立今市小学校長） 三角幸三　（熊本県宇城市立豊福小学校長） 坂元正博　（長崎県壱岐市立霞翠小学校長）
コーディネーター	森本精造　（飯塚市教育委員会教育長）
第2部：生涯現役の方法－日々の実践と精進	
登壇者	永井丹穂子　（NPO車椅子レクダンス普及会理事） 大城節子　（沖縄婦連会長） 林義高　（FM長門ディスクジョッキー） 森一郎　（直方市中央公民館ふれあい交流コーディネーター）
コーディネーター	三浦清一郎　（生涯学習・社会システム研究者）

1	「女子商マルシェ」36 企業の女子商支店:出逢い、ふれあい、地域愛 ～福岡女子商が「市場」に変わる～	岡野利哉 （福岡県那珂川町）	
2	ヤンボラ高校生の地域貢献と活動メッセージの発信 ～えひめヤングボランティア支援事業の構想と展開～	窪田のぞみ （愛媛県松山市） 久保宏樹	
3	民間コーディネーターを活用した産学官連携による小・中・高キャリア教育事業の実践と課題	横尾敏史 （佐賀県佐賀市）	
4	「花より論語」: 中国文化で「学舎融合」 ～地域の特色を生かした多久市立中部小学校の学校運営～	松田美恵 （佐賀県多久市） 吉﨑泰 田島恭子	
5	15 小学校と校区公民館による学校支援地域本部事業での学社連携 ～地域ぐるみで子どもを育てる体制づくり～	有村博文 （鹿児島県鹿児島市）	
6	那覇市若狭小学校区の路地 （スージグァ） 文化の再生と協働のまちづくり ～ NPO、小学校、自治会連合会の子どもに焦点化したふるさと学習の成果と考察～	早川忠光 （沖縄県那覇市）	
7	学校の中にある公民館の学社融合 ～「のぞみがおか生楽館」の生涯学習まちづくりプログラム～	松熊小和子 （福岡県小郡市）	
8	官民協働の「有明海総合講座」の企画・運営・出前・押し掛け・情報発信 ～知る、楽しむから行動へ～	荒牧軍治 （佐賀県）	
9	「待つ図書館」から「打って出る図書館」へ ～生涯学習・研修事業と組み合わせた館外貸し出し出前・協働事業の実験～	船原文野 （鳥取県大山町）	
10	「放課後子ども教室ボランティア指導者」の養成とネットワークづくり ～防府市における学社連携への取組～	木原英樹 （山口県防府市）	
11	全町 30 の自治公民館で展開した「夏休みきらめき学習」の子ども支援と異世代交流	貞苅えり子 （福岡県広川町）	
12	地域が育てる体験的郷土プログラムの意義と方法 ～南九州市 7 つの子ども教室～	喜岡達也 （鹿児島県南九州市）	
13	まちの助っ人隊 ～ NPO 法人シニアネット光による ICT (Information and CommunicationTechnology) を活用したまちづくりと市民活動支援方策～	福森宏昌 （山口県光市）	
14	地域発見「まちあるき」プログラムの観光、教育、まちづくり成果 ～「かごしま探検の会」のまちあるきでまちづくり～	東川美和 （鹿児島県）	

15	地域づくり機能のネットワーク化による個別団体の活性化と相乗効果の創造 ～小川町まちづくり委員会に結集した各種団体機能の連携と融合～	中尾雅幸　(熊本県宇城市)	
16	団塊世代の学びと商店街の活性化のために：「浜んまち界隈キャンパス」 ～もう一度、ジーンズをはいて町へ出よう～	松尾修　(長崎県)	
17	" 商店街でママ元気 " ～子育て支援と商店街活性化構想を融合した「若松みらいネット」の実験事業～	四宮嵩世　(福岡県北九州市)	
18	青少年の青少年による地域貢献イベントの創造 ～周南市次世代リーダー育成「be･･･ プロジェクト事業」～	神杉朋史　(山口県周南市)	
19	「青年の家」による幼稚園・保育所の「幼児期自然体験」プログラムの開発と推進　－鳥取県大山青年の家「営業促進」プロジェクト－	生田信樹　(鳥取県)	
20	学生保育サポーターによる家庭訪問型子育て支援プログラムの方法と効果	黒田奈々　(宮崎県宮崎市)	
21	遊びと少年教育と環境保全を融合したおやじ達の地域活性化推進事業　～「羽合小ホエホエ隊」の協働ネットワーク事業～	新勝彦　(鳥取県湯梨浜町)	
22	「持ちつ、持たれつ」農村型学社融合プログラムの企画と運営　～「サマースクール」･「田んぼの学校」･「みんなで創る授業研究」～	鴻上哲也　(佐賀県伊万里市)	
23	おやじが変わった！学校が変わった！ ～できる人が、できる時に、できる事を！～	八川徹　(大分県由布市) 山崎充	
24	そろばんのよさを伝える学社連携 ～公民館講座を学校支援につなぐ～	中川有紀　(熊本県益城町)	
25	奥出雲町全小学校による「たたら製鉄操業体験」プログラム　～歴史と伝統と技能を体感するふるさと総合学習の企画と実践～	福田充雄　(島根県奥出雲町)	
26	番匠川流域ネットワークによる子どもの自然体験活動支援　～活動団体のネットワーク化と番匠川自然資源の教育的活用～	平野憲司　(大分県佐伯市)	
27	桃太郎の田舎へ泊まろう「瀬戸内島めぐりぼっけぇキャンプ 21」 ～長期キャンププログラムの手法と教育効果～	宇野均惠　(岡山県笠岡市)	
28	子どもとともに遊び、学び、汗を流す父親グループの教育貢献と地域交流 ～「福米東おやじの会」プロジェクト～	内藤旗彦　(鳥取県米子市)	

	◇特別報告　生涯現役の方法　～「生きがい」の構造～		
		三浦清一郎　（生涯学習・社会システム研究者）	
	◇特別企画　（インタビュー・ダイアローグ）		
	第1部：女子商『企業市場』は高校生の何を変えたか？ 那珂川町立福岡女子商業高等学校「女子商マルシェ」		
	登壇者　インタビューイー インタビューワー	岡野利哉　（福岡女子商業高校教諭） 森本精造　（飯塚市育委員会教育長）	
	第2部：学童保育になぜ教育プログラムが不可欠なのか？ 山口市立井関小学校「井関元氣塾」		
	インタビューイー インタビューワー	上野敦子　（山口市井関小学童保育指導員） 大島まな　（九州女子短期大学准教授）	
	第3部：区政に市民参画は何をもたらしたのか？ 北九州市若松みらいネット		
	インタビューイー インタビューワー	西之原鉄也　（前北九州市若松区長） 古市勝也　（九州共立大学教授）	
	第4部：相談事業はなぜ社会復帰に成功しないのか？		
	インタビューイー インタビューワー	谷口仁史　（NPO法人スチューデント・サポート・フェイス〈SSF〉代表理事） 三浦清一郎　（生涯学習・社会システム研究者）	
1	別府プロジェクト：子どもとアーティストの出会いの演出　～子どもが挑んだコミュニティダンス・ワークショップの5日間～	安達美和子　（大分県別府市）	
2	遊限会社「子育て建設」による幼児教育ネットワーク　～お父ちゃんの背中はでっかいぞ～	三浦竜也 塩満保　（島根県益田市）	
3	小学生の宿泊・野外体験プログラムの実践蓄積に見る教育効果　～佐賀県白石町立有明西小学校の体験活動の企画と地域連携～	百武博文　（佐賀県白石町）	

4	「関係育ち」の子育てひろば「ぽっかぽか」の思想と実践 ～「親力」・「中高生力」のエンパワーメント～	桑田久美子　（長崎県雲仙市）	
5	日野ボランティア・ネットワークが組織化した地域力　～災害に学ぶ相互支援の企画と実践～	松田暢子　（鳥取県日野町）	
6	公民館で育った地域創造活動「夢講座」17 年の成果と軌跡　～主催事業から自主活動を経て協働事業に展開した活動企画の未来課題～	中村由利江　（広島県府中町）	
7	地域ぐるみで取り組む琴浦町「10 秒の愛キャンペーン」の推進　～0 歳から 15 歳までの子どもの自尊感情を育む親子の絆づくり～	浜川明　（鳥取県琴浦町）	
8	「南陵太鼓」から「南陵塾」へ －人が人を育てる－ ～次世代に繋げる地域一体型社会教育～	斉原直樹　（福岡県鞍手町）	
9	公民館のコーディネート機能による小学校との学社融合事業の創造　～公民館講座生が指導する学校クラブの通年プログラム～	林田匡　（熊本県熊本市）	
10	いつでも、誰でも、どこからでもの総合的子育て支援プログラム ～「子育て支援センターゆめ・ぽけっと」の次世代育成支援～	黒木由美　（佐賀県佐賀市）	
11	石窯を核とした食育によるコミュニティ形成の未来企画　～宇城市「まちづくり 1 %」事業による地域交流拠点づくり事業～	内富裕登　（熊本県宇城市）	
12	絵本でつなぐ子育て支援の輪　～「出会い」「継続」「地域ぐるみ」をキーワードに～	安光真裕美　（山口県山口市） 兜坂招雄	
13	子ども会活動が生み出す地域の活力 ～子どもの笑顔が村を変える～	糸嶺直生　（沖縄県座間味村）	
14	学校統合を契機とした保小中高の連携した取り組み	藤原博　（島根県雲南市）	
15	光ジュニアクラブが創造したヤングカルチャーと中学生リーダーの歴史的意義　～青少年ボランティア育成事業 27 年の思想と実践～	守岡勝正　（山口県光市） 石川博之 松本年正 浴口努	
16	子育てネットワーク大分集会の「継続の力」 ～生み出された成果・未来の課題～	宮崎克己　（大分県中津市）	
17	桜島丸ごとエコミュージアム構想とエコツーリズムへの結合	福島大輔　（鹿児島県鹿児島市）	

18	馬を中心とした自然体験の通年的提供の総合的プログラム　～ポニーのいるひと育ち広場～	石井博史　（鳥取県鳥取市）	
19	学社連携「幸中朝学」　～新しい地域教育力を創造する学校・PTA・公民館・大学～	山本健志　（福岡県飯塚市）	
20	郷土芸能「浮立　（ふりゅう）」の保存・振興策の実践と世代間交流の創造　～自治会活性化モデル事業によるまちづくり実験～	森正芳　（長崎県時津町）	
21	無職少年等相談・支援事業　～「萩ユースふれあいスペース事業」が目指したもの～	末永光正　（山口県萩市）	
22	子どもを育てる地域の基盤形成につなぐコミュニティ・スクール　～学校・家庭・地域の連働（コンビネーション・プロジェクト）を通して～	今村隆信　（福岡県春日市）	
23	創作民話本「尾道草紙」の企画・執筆・挿絵・出版・活用　～尾道大学による地域資源の発掘と活性化の実験プログラム～	田村禎英　（広島県尾道市）	
24	ホタルの里づくりでまちづくり　～心のホタル、連帯のホタル、まちおこしのホタル～	井塚照雄　（鳥取県南部町）	
25	五ヶ瀬風の子自然学校　～社会教育から発達支援・子育て支援・地域の未来づくりへの循環～	杉田英治　（宮崎県五ヶ瀬町）	
26	無人島チャレンジキャンプの人間形成力 ～出会い、発見、ゆめ体験 in 御五神～	仙波英徳　（愛媛県松山市） 田井通臣	
27	デイ・サービスと子育て支援センターの併設によるコミュニティづくり ～支援活動は交流と活力の原点～	澤健　（岡山県赤磐市）	
28	情報モラル育成のための産官学民連携による地域的教育実践　～インターネット活用実践教育「総理大臣賞」受賞までの経緯～	陣内誠　（佐賀県佐賀市）	

第30回大会　平成23年度

	◇特別報告 「30年：741事例の教訓」		
		三浦清一郎 （生涯学習通信「風の便り」編集長）	
	◇特別企画 （インタビュー・ダイアローグ）		
	未来の必要 ～「学習」から「教育」へ～		
	登壇者	浅井経子 （日本生涯教育学会前会長、八州学園大学教授） 服部英二 （国立教育政策研究所社会教育実践研究センター長） 正平辰男 （実行委員、純真短期大学特任教授） 森本精造 （代表世話人、NPO法人幼老共生まちづくり支援協会理事長）	
	司会者	三浦清一郎 （生涯学習通信「風の便り」編集長）	
1	市民が立ち上げた観光ボランティアガイドの創意工夫 ～水木しげるロードはこげな所～	島谷修 （鳥取県境港市）	
2	食育で一石五鳥の喜び広がる周南 ～市民・行政・大学の協働で進める青少年育成支援の発想と方法～	木村弥々子 （山口県周南市）	
3	地域婦人会による教育参画事業 ～地域の子どもは地域で育てる婦人会活動～	西山智子 （長崎県諫早市）	
4	くまもと「親の学び」プログラムの提案 ～参加体験型学習の方法と進行役養成の意図～	田原里惠 （熊本市）	
5	地域コミュニティ南の島のアプローチ ～地域貢献型人材バンクの創設と官民協働によるヨロン方式のコミュニティ再生～	川口幸男 （鹿児島県与論町）	
6	「郷づくりコミュニティ」構想と連携したコミュニティ・スクール神興東の実践	小野稔 （福岡県福津市）	
7	健康づくり実践に踏み込んだ公民館の高齢者保健教育の思想とプロセス	平川裕之 （福岡県田川市）	
8	ビッグフィールド大野隊 ～大人が掲げた教育思想とその実践、子どもが受けとめた体験活動の成果と社会貢献～	川西董泰 （広島県廿日市市） 岡崎良雄 佐々木順子	

9	「家読　(うちどく)」で築く家族・地域の絆 ～佐賀県伊万里市黒川町「家読　(うちどく)」推進運動の挑戦と成果～	小島哲郎　(佐賀県伊万里市)	
10	キッズ・サイエンス・クラブの「おや？なぜ？実験・発見・体験」プログラム ～長与町「子ども科学教室」の教育課程～	桑原潤　(長崎県長与町) 江﨑孝	
11	家庭教育支援の多角的アプローチ ～「家庭教育 12 か条」と「6：30　(ロクサンマル) 運動」と「生活アンケート」～	吉松優子　(鳥取県北栄町)	
12	公民館が企画した「放課後子ども教室」のまちづくり交流	中野浩　(熊本市)	
13	公民館を核とする青少年の地域参画と住民協働のまちづくり ～「若鮎の遡上」環境整備の共育プログラム～	原和正　(鳥取県南部町)	
14	高等学校が仕掛ける体験的地域学の新しい仕組み ～地域を支え、地域に支えられる「やかげ学」～	室貴由輝　(岡山県矢掛町)	
15	" 子どもアートワークショップユニットえりのり " の参加体験型生活・芸術教育 ～つながろう、やってみよう、みつけよう！ えりのりができること～	江里口弘美　(佐賀県小城市) 田中紀子	
16	社会貢献の異世代交流で自己変革する高校生 ～身近なキャリア教育の組織化と地域交流の創造～	浅野昌子　(大分県国東市)	
17	「今図書館で何が起きているか」ご存知ですか ～図書館のレファレンス機能を中核とした学習の拠点づくり、情報提供システムのネットワーク化と生活化～	山田晋　(鳥取県) 小林隆志	
18	「周南市歴史博士検定」を核としたふるさと教育による地域形成の方法	柏村聡　(山口県周南市) 花野勝則	
19	新一年生に花を育てる心と規範を育てる佐賀「夕顔運動」の 22 年	糸山孝義　(佐賀市)	
20	ぼっけもんが植えた日本一の花文字のまちづくり ～霧島市福山町惣陣ヶ丘の空へのアピール～	川畑巧　(鹿児島県霧島市)	
21	津和野町「学びの協働」推進事業 ～ふるさとは大きな家族をめざして～	山下泰三　(島根県津和野町) 田中茂秋	
22	地域づくりは拠点づくりから ～森の体験教室「森の駅」の思想と方法～	園田秀則　(山口県美祢市)	
23	高齢者ボランティア集団の「3づくり」活動 ～「明治楽友会」の生涯現役実践法～	加藤俊一　(大分市)	

24	子どもの成長をサポートする地域と中学校の協働 〜地域資源を活用したプログラムの開発と課題〜	屋部文幹　(沖縄県那覇市)	
25	地域の特色を生かした青少年体験活動の再開 〜しまなみ尾道瀬戸田ウォータースポーツ教室〜	中本重徳　(広島県尾道市)	
26	トーンチャイム演奏を通しての多面的な社会貢献活動の過程と成果　〜トーンチャイムグループ「すいーてん・はーと」の10年〜	武智理恵　(愛媛県松山市)	
27	国が仕掛ける「子ども農山漁村交流プロジェクト」の自然体験学習とグリーンツーリズムの促進策	山口久臣　(熊本県)	
28	子どもによる子どものための美術館	中込潤　(福岡県直方市)	

第31回大会　平成24年度

	◇特別報告　「人は2度死ぬ－自分史は『紙の墓標』」		
	報告者	三浦清一郎　(生涯学習・社会システム研究者)	
	◇特別企画　インタビュー・ダイアローグ		
	1部　「通学合宿等『生活体験プログラム』の意義と方法」		
	登壇者 コーディネーター	朝日文隆　(福岡県みやま市立江浦小学校校長) 鎌田清一　(福岡県遠賀町教育委員会生涯学習課元社会教育係長) 相戸晴子　(NPO法人子育て市民活動サポートWill代表理事) 正平辰男　(純真短期大学特任教授)	
	2部　「壊れた地域社会を修復し、『無縁社会』を突破する方法はあるか？」		
	基調インタビュー　登壇者 コーディネーター	秋山千潮　(佐賀県佐賀市立勧興公民館館長) 森下碩哉　(福岡県糸島市立南風公民館館長) 三浦清一郎　(生涯学習通信「風の便り」編集長)	
1	県民が「学び・つながり・動き出す」 〜くまもと県民カレッジの仕組み〜	太田黒保宏　(熊本県生涯学習推進センター社会教育主事)	熊本県
2	子育て・親育ち「タムタムスクール」の協働実践 〜市民と行政による乳幼児期の家庭教育支援〜	ト蔵久子　(タムタムスクール実行委員会会長)	鳥取県米子市

3	地域を変える・暮らしを変える ～非地元系 NPO による中山間地コミュニティ再生に向けた実践～	齋藤かおり（特定非営利活動法人グラウンドワーク福岡事務局次長）	福岡県 八女市
4	宇宙のまちの「宇宙少年団」活動プログラムによる青少年育成	小西嘉秋（日本宇宙少年団南種子町宇宙科学分団（南種子町教育委員会社会教育課）副分団長(社会教育課長）	鹿児島県 南種子町
5	Let's Study, Let's Enjoy in 船上～小中学生を対象とした勉強合宿＆野外体験企画を大学生と少年自然の家が共催実施～	岩成智彦（船上山少年自然の家指導係長）	鳥取県 琴浦町
6	１週間通しの学社融合「人権」啓発プログラム～「熊本市ふれあい文化センター」が企画する「かけはしウイーク」の集中と選択～	石川貴博（熊本市ふれあい文化センター社会教育主事）	熊本県 熊本市
7	地域発「活力・発展・安心」デザイン実践交流会５年の歩みと思想	矢野　修（「活力・発展・安心」デザイン実践交流会運営委員会委員、大分県立社会教育総合センター社会教育主事）	大分県 国東市
8	アウトリーチ型家庭教育・子育て支援相談事業	松林廣美（橘・戸石地区民生委員児童委員協議会民生委員・主任児童委員）	長崎県 長崎市
9	伝統的豆腐づくり「あたいぐゎープロジェクト」が生み出すコミュニティの活力と学校支援活動の活性化	南信乃介（那覇市繁多川公民館リーダー）	沖縄県 那覇市
10	家庭教育リーダーの養成と修了生グループ「さんかく」の活動支援	三角幸三（NPO 法人チェンジライフ熊本理事）	熊本県 熊本市
11	「たくミュージカルカンパニー」の創造機能 ～手づくりミュージカルが生み出す新たなコミュニティ集団の成果と意義～	川内丸信吾（(財) 孔子の里たく市民大学 ゆい工房座長・TMC プロデューサー）	佐賀県 多久市
12	「生石子どもいきいき教室」が生み出した地域協働のシステム　～地域は子育て応援隊～	角田敏郎（生石子どもいきいき教室実行委員会会長）	愛媛県 松山市
13	「おのみち 100km 徒歩の旅」 ～意義と役割とサポートシステムの再検証～	柿本和彦・岩永奈々（NPO おのみち寺子屋理事長・会員）	広島県 尾道市
14	第１回「協育」見本市の思想と道筋	安達美和子（NPO 法人大分県「協育」アドバイザーネット事務局長）	大分県 別府市
15	過疎地における子育て支援システムの崩壊と再組織・再構築の過程	柳澤裕実（三蒲地域子育てネット会長）	山口県 周防大島町
16	朗読と音楽で物語を紡ぐ「わくわくお話し隊」の軌跡 ～「輝く大人であり続けよう」をモットーに～	小川真里（わくわくお話し隊代表）	島根県 雲南市

17	アウトリーチ型「放課後の達人」広域プロジェクト　～放課後子ども教室の充実のためのアドバイザー派遣事業～	緒方尚哉（熊本県教育庁社会教育課社会教育主事）	熊本県
18	地域教育力の向上を目指し、学校と地域を繋ぐPTAの工夫と挑戦	山本美咲（別府市立朝日中学校PTA会長）	大分県 別府市
19	「無縁社会」を「ご近所福祉」が突破する ～「いつでも、だれでも集える場」を提供するiikotoメイト～	藤本詔子（ご近所福祉の「iikotoメイト」事務局長）	山口県 宇部市
20	ふるさとの再生を目指す住民自治・活性化機構の組織と戦略　～出雲街道の今昔に学び、二部谷地域の活力を生み出す～	田邉公教（二部地区活性化推進機構会長）	鳥取県 伯耆町
21	木ヶ津千灯篭春まつり　～住民による住民のための地域活性化事業の構想と戦略～	村　節雄（木ヶ津千灯篭春まつり実行委員会実行委員長）	長崎県 平戸市
22	「家庭」と「学校」、「親」と「子」、「親」と「親」、「行政」と「支援チーム」をつなぐファミリーサポーターズ「和(なごみ)」	德永清美（福岡県大木町教育委員会家庭教育支援員）	福岡県 大木町
23	親の学びを核とした乳幼児から自立までの循環型子育て支援プログラムの意義と方法	赤迫康代（NPO法人子どもたちの環境を考えるひこうせん代表理事）	岡山県 備前市
24	加治木笑劇場「華の会」 ～スクリーン（映像）紙芝居に夢を託して～	馬場ひとみ（華の会会員）	鹿児島県 姶良市
25	嘉川子育て支援連絡組織“みらい”が目指す「子育てにやさしいまちづくり」	山村正子（嘉川子育て支援連絡組織”みらい”代表）	山口県 山口市
26	「三隅学」の創造と「地域力」の醸成 ～「三隅」の歴史を学び現代につなぐ～	野夙かおり（浜田市立三隅公民館主事）	島根県 浜田市
27	学校と地域をつなぐ企業発の総合的食育学習 ～「大豆100粒運動　大豆できずく食育の町佐賀」の継承と展開～	池田龍二（ショッピングシティー　アルタ開成店　企画室販売促進企画室長）	佐賀県 佐賀市
28	ゆにばの杜塾 ～大学が育む「中継ぎ世代」を中心とした社会参画と地域活性化～	保坂恵美子（NPO法人ゆにば市民ネットワーク理事長）	福岡県 久留米市

第32回大会　平成25年度

	◇特別報告　「健康寿命を延ばす」－暮らしの老年学の原理と方法		
	報告者	三浦清一郎	
	◇特別企画　（インタビュー・ダイアローグ）		
	1部　～幼児期の教育プログラムについて～ テーマ　「『鍛える』幼稚園・保育園に問う。一今なぜ幼児鍛錬なのか？－」		
	登壇者 司会者	浜田満明　（島根県出雲市立高浜幼稚園　園長） 矢野やす子　（鹿児島県志布志市 伊崎田保育園園長） 大島まな　（九州女子大学　准教授）	
	2部　～高齢者の社会参画を考える～ テーマ　「高齢研究者に問う。2020年の『高齢者爆発』をどう回避すべきか？」		
	登壇者 コーディネーター	三浦清一郎　（月刊生涯学習通信「風の便り」　編集・発行人） 瀬沼克彰　（桜美林大学　名誉教授） 森本精造　（NPO法人幼老共生まちづくり支援協会　理事長）	
1	幼稚園・家庭・地域をつなぐオヤジの会の挑戦－やりたいことを形にするプロジェクト・チームの力―	田中一臣　（湯梨浜町立松崎幼稚園082（オヤジ）の会）	鳥取県 湯梨浜町
2	困難な状況にある青少年を対象とした体験学習プログラムの開発　－児童相談所・児童養護施設・里親関係者との連携－	宮本慎也　（国立山口徳地青少年自然の家　企画指導専門職） 弘中昭子　（山口中央児童相談所　児童福祉司） 大西清文　（九州ぼうけん王）	山口県
3	鞍手竜徳高校の「子育てサロン」の複合機能－学校と社会教育と地域を結べばこんなことができる－	荒牧直子　（地域活動指導員） 宮若市教育委員会／福岡県立鞍手竜徳高校	福岡県 宮若市
4	手作り紙芝居から繋ぎ始めた地域活動の輪と和	木村泰代　（佐賀市諸富地区民生委員･児童委員協議会　会長）	佐賀県 佐賀市
5	子ども・大人の居場所を次世代に繋ぐ地域力	木下光子　（崎津地区子どもふれあい活動実行委員会　副会長） 貫近孝子　（崎津地区子どもふれあい活動実行委員会　委員）	鳥取県 米子市

6	「地域の子どもは地域で育てる」 ―新しい学校運営の創造―	三島智彰（佐世保市立祇園小学校支援会議 副委員長（校長））	長崎県 佐世保市
7	地域ぐるみの「防災教育キャンプ」 ―企画・運営の論理と方法―	野島弘宣（ひとづくりくまもとネット・三勢共同体）	熊本県 上天草市
8	四季折々の渓谷に神楽舞う里 ―住んでよし、訪ねてよしの　谷づくり―	澤田定成（谷自治振興会　会長）	島根県 飯南町
9	地域活性化を食に見いだした団塊世代の村づくり ―大山「手づくり豆腐サミット」による住民交流―	谷尾良（国信村づくり委員会とんトン倶楽部）	鳥取県 大山町
10	全地域網羅の「夏休みフリー塾」 ―つなげよう地域と子ども―	美咲美佐子（NPO 法人岡山市子どもセンター代表理事・子ども劇場、岡山市立公民館）	岡山県 岡山市
11	「市村自然塾九州」 ―宿泊共同体験で培う豊かな心―	合谷正一郎（NPO 法人市村自然塾　九州 塾頭） 黒田隆太郎（NPO 法人市村自然塾　九州　事務）	佐賀県 鳥栖市
12	日置市「おひさま」運動 ―「風格ある教育」を目指す実践４項目―	山田哲夫（日置市教育委員会社会教育課　参事兼社会教育主事）	鹿児島県 日置市
13	夢街道「岩国往来」の復元を起点とした地域活性化プロジェクト ―協働が蘇らせた歴史に埋もれた「岩国往来」―	藤森勝彦（岩国往来まちづくり協議会　会長）	山口県 岩国市
14	子どもチャレンジ塾	幾田奉文（生涯学習ボランティアグループ　ふれあいHEARTS　代表者）	広島県 東広島市
15	地域資源「白木湧水」を活用したコミュニティ活性化事業の波及効果	山口素子（杷木コミュニティ協議会　事務局長）	福岡県 朝倉市
16	「ふるさとづくり」とは何か、どうしたのか、どうなったのか ―大田ふるさとづくり協議会の挑戦―	野上美喜子（大田ふるさとづくり協議会　副会長）	大分県 杵築市
17	工場見学プログラムによるキャリア教育とリサイクル・エコ教育の実践 ―(株)久保田オートパーツの「企業力」を生かした地域貢献―	小川歩（(株）久保田オートパーツ主任）	宮崎県 宮崎市
18	「連塾」塾生による小学生のためのキャリア教育体験講座 ―「なりたい自分」を見つけよう―	角田みどり（NPO 法人連塾 副理事長）	岡山県 岡山市
19	学校支援で育てる教育の協働システムと地域の活力　―「なかつスクスクプロジェクト山国版」―	梶原豊美（山国中学校区ネットワーク会議　協育コーディネーター）	大分県 中津市
20	「美里フットパス」の戦略と効果	濱田孝正（特定非営利活動法人美里 NPO ホールディングス理事長）	熊本県 美里町

21	由布市庄内町６小学校集団宿泊指導の教育効果 －ここのえチャレンジスクールの論理と方法－	山崎　充（大分県立社会教育総合センター＆九重青少年の家指導主事）	大分県
22	地域資源を活かした花と歴史と安らぎの郷づくり－過疎に立ち向かう課題解決型地域づくり組織の協働戦略－	柴田俊彦（楢原ゆうあい会事務局長）	山口県 下関市
23	学校と地域がとけあう学びの創造 －学社融合10年の歩みを生かして－	遠藤敏朗（松山市立堀江小学校校長）	愛媛県 松山市
24	どうなるこの町、どうするこの街、あなたが主役！－データで検証する大蔵流まちづくり－	芳賀茂木（大蔵まちづくり協議会顧問）	福岡県 北九州市
25	地域の未来は公民館と地域商社がつくる	大庭　完（真砂公民館館長） 岩井賢朗（(有)真砂社長）	島根県 益田市
26	不登校クラス・ステップアップスクール当仁	内田富美子（福岡市立当仁中学校・ステップアップスクール当仁代表）	福岡県 福岡市
27	手づくりふるさと紙芝居	末岡美由紀（光紙芝居会長）	山口県 光市
28	歌で結び、歌で創る「人生の再生工場」－合唱愛好グループの生き甲斐づくりと地域連帯への貢献－	海老原郁子（公民館講座・音楽グループ音楽有志指導者）	鹿児島県 鹿児島市

第33回大会　平成26年度

◇特別報告 「心の危機」を予防する －医者に見えない教育問題、教育者が気付いていない医学症状－		
報告者	三浦清一郎	
◇特別企画　２つのミニ講演とインタビュー・ダイアローグ 「発想を変える、ボーダーを超える」		
1　若者支援のフロンティアに挑む		
登壇者	谷口仁史（NPOスチューデント・サポート・フェイス代表理事）	
2　過疎地の教育振興に挑む		
	岩本悠（島根県海士町教育委員会　高校魅力化プロデューサー）	
3　インタビュー・ダイアローグ 二つの実践の哲学・原理・方法論を聞く		
コーディネーター	三浦清一郎（月刊生涯学習通信「風の便り」編集長）	

1	「通学合宿」が目指す自主・自律の生活習慣と教育力ネットワーク	熊谷直久（宇部市鵜ノ島校区子ども委員会会長）	山口県 宇部市
2	地域の教育力を補完し、自身の生涯学習力を維持する土曜講座　～退職校長会の地域貢献～	鵜木孝夫（姶良市教育委員会社会教育指導員）	鹿児島県 姶良市
3	社会教育は「民草」を育て、「民草」が地域を拓く　～社会教育が生んだ自主組織：「草社の会」の志と実践～	松本英俊（長崎県社会教育支援「草社の会」会長）	長崎県
4	地域行事が「中学生ボランティア」を育て、「中学生ボランティア」が地域行事の「環」となる	宮地朝男（佐賀市巨勢校区子ども会連絡協議会会長）	佐賀県 佐賀市
5	大学公開講座を横断する自主学習組織「六一会」の挑戦	佐々木隆（徳島大学大学開放実践センター 同窓会「六一会」会長）	徳島県 徳島市
6	「青春部」が挑む地域交流 ～「無理せず」、「楽しく」、「若者が動く」～	山口智久（日吉津村「富吉青春部」部長） 増本唯史（日吉津村「富吉青春部」副部長） 石川裕資（日吉津村「富吉青春部」会計）	鳥取県 日吉津村
7	親同士の絆を育む「ファシリテーター」養成事業～ NPO がサポートする、２県にまたがった家庭教育支援～	三角幸三（NPO 法人チェンジライフ熊本理事）	熊本県 全域 長崎県 全市町村
8	自他の子育てを振り返り、親の「気付き」を促す参加型学習講座：「親プロ」の全町展開	米田珠美（府中町教育委員会社会教育委員） 幅野得恵（府中町教育委員会社会教育課主任）	広島県 府中町
9	「はやめ南人情ネットワーク」が創出した認知症見守りの「大牟田方式」 ～地域再生大賞に輝く 20 年～	汐待律子（大牟田市駛馬南校区社会福祉協議会会長）	福岡県 大牟田市
10	楽しいまちづくり講座「大原維新」～参加型学習のワークショップの導入による地域コミュニケーションの活性化～	夏目洋子（福岡市大原公民館主事）	福岡県 福岡市
11	サロンづくりからコミュニティ・ビジネスへの挑戦	藤田直子（みんなでワハハ代表）	長崎県 川棚町
12	地域と学校の「互恵関係」を育む学校支援地域本部事業	中村謙太郎（八代市立第四中学校区学校支援地域本部地域教育協議会地域教育コーディネーター）	熊本県 八代市
13	「笑わせたいわ笑学校」の基本理念と社会発信のための地域実践　～「話し方教室」から「笑いを基点とした人間関係の創造」へ～	マックビーン光子（笑わせたいわ笑学校事務局）	大分県 大分市

14	プールが育んだ地域の伝統・人々の絆 ～「はやぶさプール祭り」44年の軌跡～	西村昭二（八頭町隼地区公民館館長）	鳥取県 八頭町
15	「幻の淡水魚：アカザ」が町の自然を守る ～「アカザ」を守ることで川を守り、川を守る活動で子どもたちが育ち、彼らはやがて未来のふるさとを守る～	武貞誉裕(アカザを守る会代表)	福岡県 添田町
16	行政サービス機能を代替し、住民自らが地域課題の実働組織となる ～中山間地域の自立への挑戦～	中原英樹（NPO法人ゆうゆうグリーン俵山理事長）	山口県 長門市
17	「南輝子どもステーション」 ～どの子も輝ける居場所を目指す～	古谷義子（NPO法人タップ代表）	岡山県 岡山市
18	学校が送り出す土曜授業の「地域体験活動」、子どもを通して学校が仕掛けた地域活性化戦略	中野晃（阿蘇市立内牧小学校校長）	熊本県 阿蘇市
19	親の学びと家族の絆づくり ～参加体験型家庭教育支援～	藤﨑路子（宮崎県教育委員会家庭教育サポーター）	宮崎県
20	古代史跡を巡るキッズ・アドベンチャー ～少年自然の家が現代っ子につきつけた真夏の挑戦～	中本祐二（船上山少年自然の家指導主事）	鳥取県 琴浦町
21	協働のまちづくりと男女共同参画のリーダー養成 ～協働の確立、ネットワークの形成、各地に育ったリーダーの活躍～	金折美津子（やまぐちネットワークエコー事務局長） 益田徳子（やまぐちネットワークエコー副代表）	山口県 山口市
22	木製玩具を通した子育て支援ネットワークづくり ～企業の社会貢献活動とNPO機能の融合～	土屋佳子（株式会社オフィスハート代表）	沖縄県 浦添市
23	大学生による地域参画・地域交流が育む自助・共助のネットワーク ～大分大学高等教育開発センター学習ボランティアグループ「WITH」のまちづくり実践～	梶原里穂・宇野優希・山下露姫（大分大学高等教育開発センター学習ボランティアグループ「WITH」）	大分県 大分市
24	公民館が紡いだ「目的縁」の10年 ～住民による住民のための事業展開で、地域は力を蓄え、人々の縁は深まった～	竹谷強（松江市古志原公民館館長）	島根県 松江市
25	学校図書館を校内一素敵な場所に ～「学校図書館デザインサポーター」の図書館活性化戦略～	筑紫紀子（熊本県学校図書館デザインサポート事業学校図書館サポーター）	熊本県 熊本市
26	PTA「おやじ部」による教育力創造の挑戦 ～子どもが楽しむ！親も楽しむ！親子で楽しむ！～	伊藤憲一（西条市立小松小学校PTA副会長）	愛媛県 西条市

27	「体験」と「食」と「語り」で地域の子どもを育てる ～保育所発「ふるさとの養育意識」の変革～	河野利文（益田市保育研究会・ふるさと教育研究委員会委員長）	島根県 益田市
28	学校図書館の手づくりリニューアルの奇跡 ～激変した読書意欲の Before&After ～	峰文子（伊万里市立黒川小学校教頭）	佐賀県 伊万里市

第 34 回大会　平成 27 年度

	◇特別報告　「国際結婚の社会学－国際化で日本文化は変わるか？－」		
	報告者	三浦清一郎	
	◇特別企画　「笑学校」の理論と実践 ―「大分話し方教室」は笑いとコミュニケーションで人生を拓く―		
	第 1 部　インタビュー・ダイアローグ 1　「笑学校」校長インタビュー 「笑い」の中にどう「教育的メッセージ」を織り込んでいくのか？		
	登壇者　語り手 聞き手	矢野大和（「笑わせたいわ笑学校」校長） 三浦清一郎　（月刊生涯学習通信「風の便り」編集長）	
	第 2 部　インタビュー・ダイアローグ 2 「笑い」の中で何を言えというのか？ 注文の多い二人の晩学者に聞く		
	語り手 聞き手	正平辰男（純真短期大学特任教授） 三浦清一郎（月刊生涯学習通信「風の便り」編集長） 矢野大和（「笑わせたいわ笑学校」校長）	
	第 3 部		
	(1)「笑学校」の教育実習	三浦佳代子（笑わせたいわ笑学生）	
	(2) 矢野大和校長の講評…「笑い」＋「教育的メッセージ」	矢野大和（「笑わせたいわ笑学校」校長）	
1	安養寺サタデースクールのふるさと体感プログラム	田中靖子（安養寺サタデースクール指導員） 高橋伊尚（奥出雲町教育委員会社会教育課）	島根県 奥出雲町
2	「学びのカフェ」物語 ～ひとが変わり まちが変わる～	河内ひとみ（大竹市立玖波公民館職員）	広島県 大竹市

3	町の人材、島の資源を生かした「いせん親子チャレンジ教室」	富山勇生（伊仙町教育委員会社会教育課係長）	鹿児島県 伊仙町
4	「大豆 100 粒運動」第 2 弾 ～学校と農家と消費者をつなぐ企業発の食と流通の総合的学習：その継承と展開～	池田龍二（ショッピングシティーアルタ販売促進企画室長）	佐賀県 佐賀市
5	発酵食文化による地域自給の普及と田んぼアートの実践を起点としたスローフードのむら・まち交流	白木美和（すろーふーどらいふ山口ネット・和（なごみ）代表）	山口県 山口市
6	「がっこう」づくりから中山の活力を！ ～休耕田も、おしゃべりバスも、高齢者の社交場も、若い力を循環させて地域を支える～	横田光貴（安田町ふるさと応援隊） 小倉祐輔（NPO 法人スマイルひろば）（中山を元気にする会（集落活動センターなかやま））	高知県 安田町
7	図書館が挑む地域ネットワークの構築 ～「サイエンスモール in 飯塚」の取組み～	大石俊一（飯塚市立図書館館長）	福岡県 飯塚市
8	「学社融合」を積み上げて来た産山モデルの理念と実践	澁谷香織（産山村教育委員会生涯学習係長）	熊本県 産山村
9	「YKG60（矢掛小中高子ども連合）」の企画－発想－実践のサイクル	井辻美緒（からだ喜ぶ会（小中高子ども連合）代表）	岡山県 矢掛町
10	森は海の恋人…落葉広葉樹を 3,896 本 ～森林ボランティア「ふくの森の会」の 15 年～	乗兼佑司（森林ボランティア「ふくの森の会」広報担当）	山口県 下関市
11	子どもの「遊び特区」を創り、「ふるさと愛」を育む	嶋立輝行（「遊びの森」クラブ代表）	福岡県 鞍手町
12	県立施設－市町行政－公民館等が協働する「課題解決支援講座」による地域づくり ～「課題解決」は何が課題だったのか？～	北村恵理子（佐賀県立生涯学習センター（アバンセ）生涯学習事業部企画主任）	佐賀県 佐賀市
13	吉賀は本気だ！帰って来いよぉ ～地域を支える人材（財）を地域ぐるみで育てよう「サクラマス・プロジェクト」～	福原靖子（吉賀町教育委員会課長補佐） 杉内直也（吉賀町教育委員会派遣社会教育主事）	島根県 吉賀町
14	目指した成人式は「日本一」 ～新成人が発信するメッセージと表現力こそが成功のカギだ !! ～	野底武光（那覇市教育委員会成人式実践・プロデューサー）	沖縄県 那覇市
15	子どもによる伝統芸能の継承が地域をつなぎ、異年齢の仲間集団を育て、地域文化を支えている	森和明（長立会指導・世話人）	長崎県 諫早市
16	人も資源もつないで育てる八幡浜元気プロジェクト	濵田規史（NPO 法人八幡浜元気プロジェクト代表理事）	愛媛県 八幡浜市
17	「体験機会の創造」と「基礎学習サポート」を組み合わせた「放課後チャレンジ教室」	萱島かよ（国東市協育ネットワークコーディネーター）	大分県 国東市

18	「母なる海を守る会」の「協働」戦略 ～一人から始まり、850人を繋いだ「クリーンビーチ作戦」～	島寿一明（母なる海を守る会会長） 森田 和康（前油谷中央公民館館長）	山口県 長門市
19	ふるさとを知り、ふるさとを学ぶ総合的学習の学社連携　～「高千穂大好きプロジェクト」～	橋本香織（高千穂町立高千穂小学校指導教諭）	宮崎県 高千穂町
20	「大莞少年消防クラブ」26年の伝統と社会参画	北原幸則（大木町消防団第3分団前部長）	福岡県 大木町
21	「学校支援会議」が実践する地域・家庭・学校が一体となった教育事業の企画と戦略	中村浄子（南島原市教育委員会地域コーディネーター）	長崎県 南島原市
22	小規模校における社会教育施設との学社融合プログラムの試み　～地域は子どものために、子どもは地域を元気に～	林田匡（熊本市立本荘小学校教諭）	熊本県 熊本市
23	「男のクラブ」が主催する珈琲ショップが地域をつなぐ	枡田弘子（倉吉市小鴨公民館主事） 北村隆雄（男のクラブマスター）	鳥取県 倉吉市
24	「良き企業人は良き社会人」の理念にもとづく高校生キャリア教育の「学民協働」	花薗伸一（日章学園鹿児島城西高校中高連絡・広報副部長）	鹿児島県 日置市
25	「待つ支援」から「届ける支援」まで　～母親たちが創造した子育て支援の全方位的モデル～	松﨑美穂子（NPO法人子育て支援ネットワークとくしま理事長）	徳島県 徳島市
26	28年の歴史が築いた0歳児からの子育て支援	岸多津（鳥取市立賀露地区公民館主任） 岸睦（鳥取市立賀露地区公民館主事）	鳥取県 鳥取市
27	強い翼をつくるための心と身体の栄養 ～子どもたちを青空に！～	三浦章嘉（大分市立吉野中学校PTA会長）、相馬 剛、但馬環、飛田靖枝、小村美由紀、竹田 幸恵（大分市立吉野中学校PTA役員）	大分県 大分市
28	「親の学び」プログラムは未来の家庭教育支援 ～ターゲットは次世代！コミュニケーションのできる親になれ！！～	服部正(熊本県教育委員会社会教育課)	熊本県

第35回大会　平成28年度

	◇特別報告 **「現行施策で地方創生はできません－国土の均衡発展：その原理と方法** **―「消滅自治体」を救うのは、小中学校の地方分散事業である－**		
	報告者	三浦清一郎	
	◇特別企画		
	第１部　「小中学校聴講制度」の先見性と未来性 ―予算の要らない「生涯教育」、「世代間交流」、「教室の覚醒」、「高齢者の脳トレ」―		
	登壇者	河村共久（愛知県扶桑町元教育長　現全国公民館連合会理事） 中村隆象（福岡県古賀市 市長） 増野淳一（山口県宇部市立上宇部小学校校長）	
	コーディネーター	三浦清一郎 （月刊生涯学習通信「風の便り」編集長）	
	第２部　「生涯教育実践研究交流会」の意義と使命 ―「仕掛人」に聞く組織化の手順・方法・成果と実態―		
	登壇者	降旗友宏（元長崎県教育庁生涯学習課長、現内閣官房日本経済再生総合事務局参事官補佐） 鈴木昭博（茨城県教育庁総務企画部生涯学習課社会教育主事） 坂井孝吏（前高知県教育委員会事務局生涯学習課主任社会教育主事、現大月中学校） 中川忠宣（大分大学 COC ＋推進機構　特任教授）	
	コメンテーター	森本精造（前交流会代表世話人前飯塚市教育委員会教育長）	
	コーディネーター	古市勝也（交流会代表世話人）	
1	４つの知恵の輪！地域を越えた文化祭スタンプラリー	山本明子（倉吉市明倫公民館主事） 佐々木由香（倉吉市関金公民館主事）	鳥取県 倉吉市
2	伊万里をつくり、市民とともにそだつ　市民の図書館	末次健太郎（伊万里市民図書館係長）	佐賀県 伊万里市
3	民設民営古民家体験工房「とらいかん」での体験、交流、学習プログラム	柴山節子（古民家体験工房とらいかん代表）	長崎県 佐世保市

4	「地域の記憶遺産：八幡大空襲を語り継ぐ」 －「語り部」の発掘・「聞き書きボランティア」の養成・記録集の発行・教育への応用－	渡辺いづみ（北九州市立平野市民センター館長）	福岡県 北九州市
5	防災教育キャンプで地域をつなぎ、子どもと自然をつなぐ	小園貴寛（熊本県教育庁教育総務局社会教育課社会教育主事）	熊本県 山鹿市
6	みさと家庭教育 10 選（実践）　～地域が発想し、地域が実践する「家庭の教育力」向上戦略～	鎌田次郎（美郷町教育委員会主幹）	宮崎県 美郷町
7	井原市「夢源」・「みらいのひかりをつなげ」プロジェクト　～若者よ、自分をつくり、仲間をつくり、夢をつくり、地域の未来を拓け～	藤井剛（井原市教育委員会学校教育課指導主事）	岡山県 井原市
8	中学校をコミュニティづくりの核とし、地域活動を通して中学生の「志」を育てる ～キャリア教育で地域と学校を繋ぎ、地域の力を借りて豊かな体験活動を創る～	福本修司（島根県教育庁社会教育課社会教育主事）	島根県 安来市
9	高校はないが、高校生はいる：「With　you　翼」 ～南部町高校生サークルの地域貢献と自己教育～	大下真史（南部町教育委員会人権社会教育課主幹）	鳥取県 南部町
10	退職後の人生をブログで紡ぐ ～後期高齢者による生涯活動の情報発信～	瀬上征一（加治木高齢者学級受講生）	鹿児島県 姶良市
11	おごおり熟年集い塾　～学習と交流を目的とした市民による市民のための手づくり講座～	重村太次（おごおり熟年集い塾主宰）	山口県 山口市
12	福岡県立ありあけ新世高等学校「てっぱん部」の社会貢献活動	「てっぱん部」(福岡県立ありあけ新世高等学校)	福岡県 大牟田市
13	家庭教育支援チーム "親ぢから" の理念と実践 ～教育現場と連携して、きめ細かく繋ぐ・繋がる～	緒方恵理子（尾道市向東地区家庭教育支援チーム "親ぢから" 代表）	広島県 尾道市
14	学童保育のない町の放課後の教育力 ～地域ぐるみの放課後子ども教室～	岩木和美（上関町地域教育ネット統括コーディネーター）	山口県 上関町
15	「教育・保健福祉」の連携によるアウトリーチを基盤とする家庭教育支援	廣末ゆか（高知県中芸広域連合保健福祉課長）	高知県
16	「家庭教育地域リーダー養成講座」の実施 ～「くまもと親の学び」プログラムをマスターしよう～	石井憲子（NPO 法人 教育支援プロジェクト・マスターズ熊本理事長）	熊本県 熊本市
17	児童館を核にした防災の地域づくり ～中学生の地域活動への熱意が地域を動かす～	桃原弘子（まちづくり NPO うらそえ [浦添市立森の子児童センター] 職員）	沖縄県 浦添市
18	中高生ボランティアグループ「とよかわっしょい」の地域貢献と自分育て	河野利文（豊川地区つろうて子育て協議会事務局）ほか中高生ボランティアリーダー２名	島根県 益田市

19	サロンと講座を組み合わせて体系化した子育て支援策　～子育て世代から次世代まで～	東浩二（南九州市教育委員会社会教育課主幹兼社会教育係長）	鹿児島県南九州市
20	わくわく交流広場　～「子育て支援委員会」が作り出す活力と協働～	森本綾子（鳥取市立末恒公民館主事）	鳥取県鳥取市
21	学びあうコミュニティの創出と支援者育成プログラム ～住民の「参加」と「協働」を進めるために～	江口直隆（佐賀市立循誘公民館主事）	佐賀県佐賀市
22	お父さんが「気軽に子育て！」をする仲間づくり活動：「パパラフ」	馬場義之（パパラフ代表）	福岡県久留米市
23	NPO「協育」アドバイザーネットの理念と方法～５年間の成果と総括	安達美和子（NPO 法人大分県「協育」アドバイザーネット事務局長） 佐藤真由美（人と本を結ぶ読書支援プロジェクト「ゆい（結い）」主宰）	大分県別府市
24	ホタルを守り、「ホタル舟」を工夫し、町を創る	伊藤孝之（豊田町観光協会（ホタル舟実行委員会）観光開発部長）	山口県下関市
25	「朝活」と「プレゼンサークル」で繋がり、高め合い、実践に踏み出す　～社会人サークルが目指す生涯教育・まちづくり活動の理念と方法～	大谷瑛美（くまかつ！主宰・熊本プレゼンサークル代表）	熊本県熊本市
26	愛媛のおやじ井戸端会議から全国大会の開催まで　～「おやじの会」が作り出す人的ネットワークと地域活動～	佐川良（愛媛のおやじ井戸端会議会長）	愛媛県松山市
27	「パートナーデー」の啓発として、公募の「一言メッセージ」を組み合わせた「結い」の会の男女共同参画への挑戦	草場真智子（佐賀市男女共同参画ネットワーク：「結い」会長）	佐賀県佐賀市
28	子どもがきらめく、地域主体の交流・克服体験活動の展開	貞苅えり子（広川町教育委員会生涯学習係一般職非常勤職員）	福岡県広川町

第36回大会　平成29年度

	◇特別報告 不登校・ひきこもりの根本問題 ―分析と対処法が間違っていないか？―		
	報告者	三浦清一郎（生涯学習通信「風の便り」編集長）	
	◇特別企画　「未来の日本人を鍛える」		
	第1部 ＜特別講演＞　ヨコミネ式保育の理念と方法、子どもの可能性を引き出す ―成果・普及・未来展望―ヨコミネ式保育は何を目指し、何を成し遂げたのか―		
	＜インタビュー・ダイアローグ＞　登壇者 聞き手	横峯吉文（社会福祉法人純真福祉会理事長） 三浦清一郎（生涯学習通信「風の便り」編集長） 大島まな（九州女子大学教授）	
	第2部 ＜特別講演＞　なぜ「尾道100キロ」か―「若い力を若い力が育てる」プロセス―次世代育成思想・企画・運営・成果を検証する		
	＜インタビュー・ダイアローグ＞　登壇者 聞き手	柿本和彦（NPOおのみち寺子屋理事長） 古市勝也（交流会代表世話人九州共立大学名誉教授） 森本精造（青少年教育施設サンビレッジ茜理事長）	
1	本のある子育て・読書に親しむ地域づくりのお手伝い	廣田須美子（和水お話の会代表）	熊本県和水町
2	市民の　市民による　市民のためのイベントづくり　～あなたの心に火を灯したい～	原田祐一（「サンエールさわやかウエーブまつり」実行委員会実行委員長）	鹿児島県鹿児島市
3	地域と学校が協働して存続させる無形文化財：子ども人形浄瑠璃	原田浩（周南市安田の糸あやつり人形芝居保存会会員）	山口県周南市
4	防府しあわせマルシェ　～笑顔を育て、つながりを創る市民参加型まちづくり～	柴田優爾（防府しあわせマルシェ実行委員会代表） 中司俊生（同上　副代表）	山口県防府市
5	産官学の共創が生む力　～企業による食育の取組みを地域の未来づくりにつなげる～	難波裕扶子（南日本ハム株式会社総務人事部長付マネージャー〈食育・広報担当〉）	宮崎県日向市
6	人々を繋ぎ、対話を創りだす「公民館カレーの日」	松村早紀子（佐賀市立循誘公民館主事）	佐賀県佐賀市

7	自立・貢献・活性化を目指す白山青年団	古瀬彬　(島原市白山青年団団長)	長崎県島原市
8	停滞・制度疲労を活動スタイルの変革で乗り切った有明佐賀航空少年団 17 年の軌跡	横尾寛二（有明佐賀航空少年団団長）	佐賀県佐賀市
9	地域を耕し、人を繋ぎ、未来を拓く青年団	田山伊穂里（球磨村立球磨中学校養護教諭）	熊本県球磨村
10	村民みんなで創る「とうほうテレビ」	梶原京子（とうほうテレビ住民ディレクター）	福岡県東峰村
11	大山ガガガ学校 ～アートの力で蘇る旧分校と地域の力～	大下志穂（こっちの大山研究所代表）	鳥取県大山町
12	歴史を学び、景観を守り、まちづくりにつなげる	田中聡（鹿屋市教育委員会高須地区生涯学習センター館長）	鹿児島県鹿屋市
13	小学校の空き教室を活用した「地域交流スペース」から広がるスクール・コミュニティ	市川恵（益田市立豊川小学校社会教育コーディネーター）	島根県益田市
14	ゆめ・ひと・まちづくり「浦添市てだこ市民大学」 ～単位制のまちづくり人材育成と学習成果の地域還元～	石坂ひとみ（浦添市教育委員会生涯学習振興課課長）	沖縄県浦添市
15	「先生、菰プレするんですか？」 ～教育プログラムを取り入れた児童クラブ（学童保育）の子育て支援の可能性～	大村恵子（飯塚市穂波東児童クラブ副主任）	福岡県飯塚市
16	「校長」から「避難所所長」へ　～地震被災者支援に社会教育手法で対応する広安西小避難所～	井手文雄（益城町立広安西小学校校長）	熊本県益城町
17	放課後等の学び場に寄与するバンクの企画と運営	濱﨑博志（NPO 法人高知県生涯学習支援センター学び場人材バンクコーディネーター）	高知県
18	公民館を拠点とした「健康寿命延伸」プロジェクト	原田脩三（泉川公民館館長）	愛媛県新居浜市
19	赤碕「男の料理教室」の 10 年 ～腕を磨き、認知症を防止し、家事の一役を担い、人々を繋いだ～	西村仁優（赤碕「男の料理教室」会長） 永田瑞穂（赤碕「男の料理教室」副会長）	鳥取県琴浦町
20	障がい者の就労と地域の活性化を目指し、住民とともに自助・共助の地域づくりを進める「秀渓園」の取組みについて	古城芙美枝（社会福祉法人秀渓会理事長）	大分県国東市
21	子縁を核とした地域総ぐるみの活性化事業	懸樋勉（鳥取市立東郷地区公民館館長）	鳥取県鳥取市
22	人を繋ぎ、地域と共に歩む保育所の理念と実践	岡本由姫美（社会福祉法人光彩会和光園保育所所長）	広島県府中市

23	子育て支援・学校支援・環境保全を中核とした婦人会活動	菅富美子（佐々町地域婦人会会長）	長崎県 佐々町
24	「えほん侍」が見せる父の背中 ～絵本で繋がる家族と地域～	池田大助　（宮崎「えほん侍」リーダー）	宮崎県 日南市
25	村育（むらいく）～地方創生総合戦略の核心～	日下輝彦　（村育推進協議会会長）	徳島県 佐那河内村
26	地域おこしは人おこし ～地域おこし協力隊がもたらす地域変容～	藤井裕也（NPO 法人山村エンタープライズ代表理事）	岡山県 美作市
27	未来へ繋ぐまちづくり ～元気・やさしさ・幸せの創造～	山﨑順子（鳶巣コミュニティセンターチーフマネージャー） 山﨑明子（鳶巣コミュニティセンターマネージャー）	島根県 出雲市
28	想いを繋いで 35 年 ～子どもと青年が共に育つ場を繋いできた「ウハウハ長尾」の軌跡と想い～	角田愛美（非営利団体ウハウハ長尾代表）	福岡県 福岡市

第 37 回大会　平成 30 年度

	◇特別報告　老いてひとりを生き抜く **－暮らしに負けず、自分に負けず、世間に負けず－**		
	報告者	三浦清一郎　（生涯学習通信「風の便り」編集長）	
	◇特別企画　「男女共同参画時代の子どもの発達支援」		
	第 1 部　「保教育」を展望する「飯塚プラン」の革新性		
	＜インタビュー・ダイアローグ＞　登壇者 聞き手	片峯誠（飯塚市長） 森本精造（元飯塚市教育委員会教育長） 三浦清一郎（生涯学習通信「風の便り」編集長）	
	第 2 部　「通学合宿」の 30 年を振り返る		
	＜インタビュー・ダイアローグ＞　登壇者 聞き手	正平辰男（飯塚市庄内生活体験学校館長） 古市勝也（九州共立大学名誉教授、交流会代表世話人） 大島まな（九州女子大学教授）	

1	大人としゃべり場 〜トークフォークダンスで語ろう〜	戸島教明、宮園祐美子、宇野紀子（直方第一中学校PTA）、花田喜朗（直方第一中学校教頭）	福岡県 直方市
2	地元農家の主婦力による「農家れすとらん つつじ亭」の開業とその知恵	守永和子 （(有) 農家れすとらん つつじ亭／ 明木 (あきらぎ) 手芸を楽しむ会代表）	山口県 萩市
3	地域住民力の活用実例がここにある！〜おせっかいおばちゃんたちと行政のおいしい関係〜	安永友紀（川棚町健康推進課健康増進班係長）	長崎県 川棚町
4	手づくりの絵本と歌で伝えよう 〜手づくり絵本に願いを込めて〜	しまだようこ （境港市立上道小学校図書館職員／絵本作家・シンガーソングライター）	鳥取県 境港市
5	子どもの「自立」をめざして 〜家庭教育力向上への新たな試み〜	宇井知隆（姶良市教育委員会社会教育課課長補佐兼係長）	鹿児島県 姶良市
6	地域の人材多数が結集する姿が見えてきた 〜チャレンジ通学キャンプの 11 年〜	上野祥子（UEKI・レクリエーション協会会長）	熊本県 熊本市
7	より身近に、誰でもコンビニ感覚で立ち寄れる公民館をめざして 〜人的ネットワークの拡大と情報発信の挑戦〜	吉岡理恵 （諫早市教育委員会生涯学習課本野公民館社会教育指導員）	長崎県 諫早市
8	コーヒー一杯で学習を 〜むなかた市民学習ネットワーク 33 年の歩み〜	東晏宏（むなかた市民学習ネットワーク副会長）	福岡県 宗像市
9	学びの循環のある地域社会を目指して 〜成人講座の充実〜	串田啓介 （霧島市教育委員会社会教育グループ主任主事兼社会教育主事）	鹿児島県 霧島市
10	歩く人を歓迎するまちづくり 〜熊本県美里町から発信するフットパス〜	濱田孝正（美里フットパス協会事務局長）	熊本県 美里町
11	少子化時代でも運動会開催を可能にする学校と地域の連携	村岡健（小鹿地域協議会体育部事務局）	鳥取県 三朝町
12	地域をつなぐ「BG レンジャー」（青少年育成支援事業）	黒葛原緑 （筑紫野市教育委員会生涯学習課　生涯学習推進青少年担当）	福岡県 筑紫野市
13	講座から生まれた「サンコアマルシェ」 〜子育て世代の方々が集う取組を通して〜	水落龍彦 （筑後市中央公民館元館長） 小川美弥 （筑後市教育委員会社会教育課主事）	福岡県 筑後市
14	講座の成果を市政に活かす 〜「協働による那覇のまちづくり憲章（案）」と市民の実践力〜	饒波正博 （なは市民協議会代表）	沖縄県 那覇市
15	夏祭り復活から地域活性化までの道のり 〜 We love MATSUO 〜	甲斐裕崇（椎葉村青年団連絡協議会松尾青年会会長）	宮崎県 椎葉村

16	「まちづくり・いきいき成器の会」を掲げた住民総力の「じげ（地域）おこし」の展開 ～地区全体で取り組む「殿ダムウォーキング大会」の成功手法を中心に～	福田悦子　（まちづくり・いきいき成器の会／鳥取市立成器地区公民館館長）	鳥取県 鳥取市
17	県内に「うちどく（家読）」を広め隊！ ～県域ネットワークにつながる教育行政と図書館の協働による成果～	末次健太郎（伊万里市民図書館うちどく推進室係長）	佐賀県 伊万里市
18	笑顔拡がる「大内コドモジカン」 ～自治会とまちづくり協議会の連携による子ども体験活動支援～	佐伯玲子（大内まちづくり協議会文化教養部員）	山口県 山口市
19	「かいじゅうネット」で笑顔と輝きを！ ～海田住民活動ネットワークの活動から～	神田一之　（海田住民活動ネットワーク代表） 石橋京子　（海田さつまの会会員）	広島県 海田町
20	「カタリ場」を活用した「ライフキャリア教育」の可能性　～中学生から大人までの益田市民が本音の対話～	檜垣賢一　（益田市教育委員会ライフキャリア教育コーディネーター）	島根県 益田市
21	中高生の！幸雲南塾　～中高生をターゲットにしたキャリア教育の取組～	青木拓夫　（雲南市教育委員会社会教育課キャリア教育推進室派遣社会教育主事）	島根県 雲南市
22	高校生による海・山で暮らす匠への「聞き書き」 ～海と山をつなぐ～	森光康恵（備中「聞き書き」実行委員会事務局）	岡山県 総社市
23	古民家を活かした「喜久家」プロジェクト ～世界の若者たちとの郷づくり～	浅野長武（喜久家プロジェクト副代表）	愛媛県 伊方町
24	「子ども中心の地域づくり」 ～みんなが主役のまちづくり～	柴田正行（篠栗小校区づくり実行委員会実行委員長）	福岡県 篠栗町
25	震災体験後の熊本市「秋津公民館」の「地域づくり」への取組　～拠点避難所から得た、防災教育の核となる「つながり」への工夫～	宮尾有（花園公民館社会教育主事）	熊本県 熊本市
26	学生NPOと町教委との協働による教育支援活動と地域活力の創出	大西浩正（NPO法人牟岐キャリアサポート理事長） 高野風人（NPO法人ひとつむぎ副理事長）	徳島県 牟岐町
27	災害に対処する力の育成と避難時支援のための協働の仕組みづくり	川村正人　（NPO法人大分県防災活動支援センター主任研究員）	大分県 大分市
28	コミュニティ・スクールに関係していく公民館 ～公民館を核に取り組む地域学校協働活動と地域づくり～	和西禎行　（山陽小野田市企画部企画政策課課長） 柿並健吾　（山陽小野田市教育委員会中央公民館係長）	山口県 山陽小野田市

第38回大会　令和元年度

	◇**特別報告　「グローバル時代の日本文化再考」 ～文化がつくりだす「国柄」と「副作用」～**		
	報告者	三浦清一郎　（月刊生涯学習通信『風の便り』編集長）	
	◇**特別企画　「超高齢社会の『未来の必要』」**		
	第１部　「高齢社会の放送大学」～その使命と活用の可能性～		
	＜インタビュー・ダイアローグ＞　登壇者	菊川律子　（中央教育審議会委員・放送大学特任教授・福岡学習センター所長） 西之原鉄也（放送大学大学院修了者・元北九州市若松区長）	
	聞き手	古市勝也（九州共立大学名誉教授） 大島まな（九州女子大学教授）	
	第２部　「『学習療法』で認知症高齢者の脳機能活性化に挑む」		
	＜インタビュー・ダイアローグ＞　登壇者	山崎律美（社会福祉法人道海永寿会総所長介護老人福祉施設永寿園園長）	
	聞き手	三浦清一郎（月刊生涯学習通信『風の便り』編集長） 森本精造（元飯塚市教育委員会教育長、飯塚市青少年教育施設サンビレッジ茜理事長）	
1	開成中学星サンタ ～中学生の地域交流の創出～	宮田朋美（佐賀市立開成公民館主事）	佐賀県 佐賀市
2	高校生が本気で動き出す！ ～高校生×宮崎のかっこいい大人～	猪俣志保（みやざきジョブシャドウイング実行委員会代表） 川内健二・桑畑夏生（副代表）	宮崎県 宮崎市
3	未来を織りなす人づくり　～西郷どんの里「龍郷町」、地域ぐるみ青少年事業の特色～	重田美咲（龍郷町教育委員会主査）	鹿児島県 龍郷町
4	廃校舎活用の新たな試み ～限界集落の負けない底力～	上村博雅・篠田三宜・田中時子（ふるさとづくり推進協議会）	山口県 岩国市
5	歌とダンスで村の魅力発信！　～ほせぇ村からこんにちは、元気もりもり日吉津村～	井田博之（日吉津村教育委員会教育長）	鳥取県 日吉津村
6	小学校留守家庭子ども会での活動	中馬綾香（Little Hands 代表）	福岡県 福岡市

7	今、求められる公民館活動 ～「サテライト菊池教室」からの学び～	山本美千代（菊池市中央公民館長）	熊本県 菊池市
8	学校と連携・協働した公民館事業	花田健司（東箱崎公民館元館長）	福岡県 福岡市
9	公民館活動における協働の仕組みづくり ～子どもを育てる公民館と学校の協働～	赤峯友子（大分市川添公民館主事）	大分県 大分市
10	おもちゃ病院活動の生涯学習への貢献	波多江保彦（ボランティア団体おもちゃ病院伊都国顧問）	福岡県 糸島市
11	おいでよ～「なぎさ未来塾・ひまわりハウス『わいわい食堂』」	追鳥嘉正（松原なぎさ校区コミュニティ協議会長） 吉村哲朗（NPO 法人Ｌかごしま理事長）	鹿児島県 姶良市
12	女子目線でのマチナカ再発見 ～女子部流楽しさの仕掛けとその先～	阿部美和子（ナガサキマチナカ女子部長）	長崎県 長崎市
13	霧島おむすび自然学校 ～障がいのある人たちの野外活動の実践～	壹岐博彦　（霧島おむすび自然学校事務局長）	宮崎県 小林市
14	高校生による地元再発見 ～「民家の甲子園」愛媛県大会がもたらす効果～	處淳子　（「民家の甲子園」愛媛県大会実行委員）	愛媛県 西条市
15	「勝央町カタルバ講座」の実践・手法～中高生が地域で輝く出番づくり～	三戸祥恵（勝央町教育委員会社会教育主事・主査）	岡山県 勝央町
16	舞台体験を通した子どもたちの居場所づくり・地域づくりの実際　～子どもも大人もつながる新たなコミュニティの構築～	田中晶子（大阪狭山ギジムナーの会代表）	大阪府 狭山市
17	「ながとジュニアリーダーズクラブ」の組織と連携活動の実際	久保田啓子（長門市教育員会社会教育指導員）	山口県 長門市
18	三方良しの「新・職場体験」	田原俊輔　（益田市教育委員会派遣社会教育主事） 豊田浩司　（主任主事）	島根県 益田市
19	キャリア教育『夢授業』	木原大助（北九州キャリア教育研究会長）	福岡県 北九州市
20	子どもたちが「楽しく学べる出前講座」への思いと活動	高橋昌美（学び場人材バンク登録講師・地球 33 番地クラフト工房代表）	高知県 高知市
21	ハッチョウトンボを通じた地域ぐるみのＥＳＤ学習	岡本修治（浜田市立雲城公民館長）	島根県 浜田市
22	「親孝行の里」の地域力の源泉 ～津波見名（つばみみょう）振興協議会の挑戦～	山下信二（津波見名振興協議会顧問）	長崎県 南島原市
23	「このまちにくらしたいプロジェクト」の運営と手法	為政久雄（古田公民館主事）	広島県 広島市

24	「いいづか市民マナビネットワーク」のシステムと取り組み	村岡剛（飯塚市教育委員会教育部生涯学習課中央公民館・図書館係）	福岡県 飯塚市
25	地域活性化に導入した「リードフォーアクション」の仕組みと手法 ～仲間と一緒に読書・対話・課題発見・解決～	観元眞人（一般社団法人地域活性士会理事・事務局長）	徳島県 徳島市
26	地域みんなで防災アクティブラーニング ～熊本地震の経験から学ぶ～	徳永伸介（くまもとクロスロード研究会代表）	熊本県 全域
27	世界遺産 「勝連城」復活プロジェクト ～ 560 年前に滅んだ城を蘇らせる～	牧門司 （勝連城復活プロジェクト実行委員長） 與那嶺忠（南原小学校校長）	沖縄県 うるま市
28	まちづくりは○○○！ ～生き残りをかけたコミュニティの幕開け～	橋﨑和弘（NPO 法人とうごう未来応援隊代表理事）	鳥取県 鳥取市

第 39 回大会　令和４年度　　※令和２・３年度延期

	◇特別報告 **「気を抜かず、『前期』楽せず、がんばれば、健康寿命は『後期』までもつ** **－後期高齢者の健康原則－」**		
	報告者	三浦清一郎 （月刊生涯学習通信『風の便り』編集長）	
	◇特別企画 『大学・企業』と繋がる社会教育の「未来の必要」 **～地域づくり・人づくりへの役割～**		
	第１部 「生涯教育と企業の連携はいかにして生まれ、社会教育の未来をどう変えるか？～宮崎モデルの可能性～」		
	＜インタビュー・ダイアローグ＞ 登壇者 聞き手	黒木政信（一般社団法人ひなたネットワーク会長） 枝元倫介（株式会社ホテルマリックス会長） 三浦清一郎（月刊生涯学習通信『風の便り』編集長） 大島まな（九州女子大学教授）	
	第２部 「大学と自治体が始めた『地域連携協定』は、両者に何を生み、どう変えるのか？」		
	＜インタビュー・ダイアローグ＞ 登壇者 聞き手	門司晋（福岡県岡垣町長） 山田明（九州共立大学教授） 森本精造（元飯塚市教育委員会教育長） 古市勝也（九州共立大学名誉教授）	

1	地域の人材獲得・育成のエコシステム ～伊万里の地域人材育成の挑戦～	いわたてただすけ（伊万里の求人運営事務局長・まちの大学いまり代表）	佐賀県 伊万里市
2	竹矢のわけぇもんやらこい！ ～若い人たちの力で住み続けたいまちづくりを～	山﨑祥子（島根県松江市東出雲公民館主事）	島根県 松江市 八幡町
3	防災・減災に向けた私たちの取組とその後	星野洋子（NPO 法人住みよいあさくらをつくる風おこしの会理事長）	福岡県 朝倉市
4	おごおりウィークエンドアドベンチャー	青木義明（おごおりウィークエンドアドベンチャー実行委員会事務局）	山口県 山口市
5	誰もが安心して平等に住み続けられるまちづくりを目指して　～ CSO を核としたコレクティブインパクトで様々な居場所を確保～	塚原功（NPO 法人空家・空地活用サポート SAGA 代表理事）	佐賀県
6	復活！南部町新☆青年団のおもしろ活動 ～自分たちのみらいは自分たちの手で～	大下真史（鳥取県南部町教育委員会社会教育主事） 亀尾勇志（鳥取県南部町新☆青年団「へん to つくり」）	鳥取県 南部町
7	新しい生活様式に対応した子どもたちの体験活動の創出事例と、「親になる前の青年層」や「就職氷河期世代」の学びの必要性	大神健治（一般社団法人 STANDARD KOGA 代表理事） 井手口誠（一般社団法人 STANDARD KOGA コーディネーター）	福岡県 古賀市
8	地域学校協働本部とコミュニティ・スクールの効果的な仕組づくり ～中津市今津校区の協働の取り組みから～	金丸隆（中津市教育委員会社会教育課今津コミュニティーセンター館長）	大分県 中津市
9	「ぼくのまちわたしのまちプロジェクト」	松本雅知（廿日市市串戸市民センター所長） 福松拓誠（廿日市市串戸市民センター社会教育担当）	広島県 廿日市市
10	太鼓を仲立ちに人づくり！まちづくり！	田中繁幸（宇和島市社会教育委員・津島太鼓集団「雅」初代会長）	愛媛県 宇和島市 津島町
11	みんなが安心して暮らせる支え合いのまちづくり ～演劇未経験者が劇団を結成し、地域福祉活動の担い手増加に挑む～	梶初美（ふくし劇団こくら南プチボ事務局）	福岡県 北九州市
12	スポーツによる地方創生 ～つの職育プロジェクトの挑戦～	石原英明（一般社団法人ツノスポーツコミッション代表理事）	宮崎県 都農町

13	中高生と社会人の対話による学びを創出する「三四郎の学校」の挑戦！	日賀優一（三四郎の学校事務局）	福岡県 みやこ町
14	令和2年7月豪雨における災害支援の連携手法～NPOと社会教育行政等との連携による被災地の子ども支援～	井下友梨花（認定NPO法人カタリバカタリバパーク責任者） 清永淳子（熊本県教育庁市町村教育局社会教育課社会教育主事）	熊本県
15	いい出会いは、いい人生をつくる～ ～「中高生×大学生×地域の大人」の交流プログラム～	和泉克軌（NPO法人だっぴ 鳥取支部代表・（一社）鳥取県地域教育推進局スタッフ）	岡山県 岡山市
16	熊本地震復興支援活動とSDGs（持続可能な開発目標）の推進	神田みゆき（NPO法人SDGs Association熊本代表理事・なないろネットワーク熊本 代表）	熊本県 熊本市 近郊
17	小学校教員発 ～悩めるお母さんを元気にする子育て支援～	中村隆（かすや子育て研究会・かぶとむし代表）	福岡県 粕屋町
18	若者支援のはちみつ作り「ブンブンプロジェクト」	宮城仁太郎（一般社団法人まちづくりうらそえ浦添市宮城っ子児童センター）	沖縄県 浦添市
19	歴史遺産を活かした地域づくり ～天正遣欧使節出生の地から～	岸本徹也（西海市郷土史研究会事務局長）	長崎県 西海市
20	自然と歴史の学びの郷整備・活用 ～再生・維持から創造へ～	柴田俊彦（楢原ゆうあい会事務局長）	山口県 下関市 豊田町
21	ロケットと共に ～宇宙にいちばん近いまち南種子町の取組～	茅切正俊（南種子町教育委員会社会教育課社会教育主事）	鹿児島県 南種子町
22	コミュニティ・スクールのその先へ	前田亜樹（Kananowa代表）	山口県 下関市
23	「ながさきファミリープログラム」で学ぶ楽しい子育て	永田しのぶ（ながさきファミリープログラムファシリテータの会 会長）	長崎県
24	「学校の学び」と「地域の実践」の往還 ～益田をしあわせなまちにしようプロジェクトによる「社会に開かれた教育課程」の実践～	谷上元織（益田市立益田小学校） 三浦裕美（益田公民館主事）	島根県 益田市

第39回大会までの実践発表数　1073本

編著者紹介

三浦清一郎（みうら・せいいちろう）

1941年東京都出身。福岡県在住。月刊生涯学習通信「風の便り」編集長。国立社会教育研修所、文部省を経て、福岡教育大学教授。この間フルブライト交換教授として、米国シラキューズ大学、北カロライナ州立大学客員教授。福岡教育大学退職後、九州女子大学・九州共立大学副学長。副学長退職後の翌2000（平成12）年三浦清一郎事務所を設立。福岡県生涯学習推進会議座長、中国・四国・九州地区生涯学習実践研究交流会代表世話人などを歴任。

主な著書に、『子育て支援の方法と少年教育の原点』（2006）、『熟年の自分史～人生のラストメッセージを書こう』（2012）、以上学文社。『明日の学童保育』（共著2013）、『「心の危機」の処方箋』（2014）、『詩歌自分史のすすめ』（2015）、『隠居文化と戦え』（2016）、『子育て・孫育ての忘れ物』（2017）、『不登校を直す ひきこもりを救う』（2017）、『老いてひとりを生き抜く！』（2017）、『「学びの縁」によるコミュニティの創造』（2018）、『差別のない世の中へ』（2018）、『高齢期の生き方カルタ～動けば元気、休めば錆びる』（2019）、『次代に伝えたい日本文化の光と影』（2019）、『子どもに豊かな放課後を～学童保育と学校を繋ぐ飯塚市の挑戦』（共著2019）、『75歳からの健康寿命』（2020）、『聞き書き自分史　未来へ繋ぐバトン』『そんなサロンならいらない』（共著：渡辺いづみ/2022）　以上日本地域社会研究所、など多数。

教育（きょういく）こそ未来（みらい）より先（さき）に動（うご）かなければならない　～未来の必要Ⅱ～

2023年5月10日　第1刷発行

編著者　三浦清一郎（みうらせいいちろう）
発行者　落合英秋
発行所　株式会社 日本地域社会研究所
〒167-0043　東京都杉並区上荻1-25-1
TEL（03）5397-1231（代表）
FAX（03）5397-1237
メールアドレス　tps@n-chiken.com
ホームページ　http://www.n-chiken.com
郵便振替口座　00150-1-41143
印刷所　中央精版印刷株式会社

ISBN978-4-89022-299-5